돈, 섹스, 권력
MONEY, SEX & POWER

Money, Sex & Power

This Korean translation edition © 1989, 2023 by Duranno Ministry, Seoul, Republic of Korea
Published by arrangement with Richard J. Foster, L.L.C.

두란노 시그니처
리커버 시리즈 5

돈, 섹스, 권력

지은이 | 리처드 포스터
옮긴이 | 김영호
초판 1쇄 발행 | 1989. 5. 25
개정 3판 1쇄 발행 | 2023. 8. 23
등록번호 | 제1988-000080호
등록된 곳 | 서울특별시 용산구 서빙고로65길 38
발행처 | 사단법인 두란노서원
영업부 | 02)2078-3333 FAX | 080-749-3705
출판부 | 02)2078-3330

책값은 뒤표지에 있습니다.
ISBN 978-89-531-4540-5 03230

독자의 의견을 기다립니다.
tpress@duranno.com www.duranno.com

두란노서원은 바울 사도가 3차 전도 여행 때 에베소에서 성령 받은 제자들을 따로 세워 하나님의 말씀으로 양육
하던 장소입니다. 사도행전 19장 8-20절의 정신에 따라 첫째 목회자를 돕는 사역과 평신도를 훈련시키는 사역,
둘째 세계선교™와 문서선교단행본·잡지 사역, 셋째 예수문화 및 경배와 찬양 사역, 그리고 가정·상담 사역 등을 감
당하고 있습니다. 1980년 12월 22일에 창립된 두란노서원은 주님 오실 때까지 이 사역들을 계속할 것입니다.

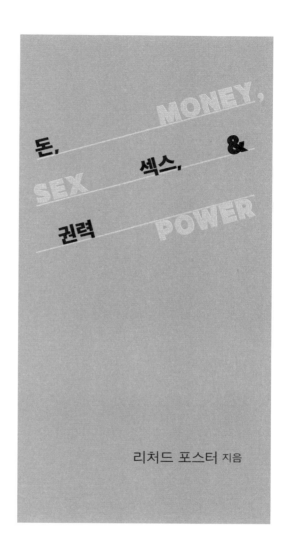

MONEY,

돈,

SEX 섹스, &

권력 POWER

리처드 포스터 지음

두란노 시그니처
리커버 시리즈
5

contents

성경적 관점에서 배우는 　돈

MONEY

Part 2

성경적 관점에서 배우는　　성

SEX

&

POWER

우리는 지금 거룩한 땅에 서 있다

기도라든가 예배 같은 주제는 어쩐지 영적인 기운이 감도는 반면, 돈(money)이라든가 섹스(sex), 권력(power) 같은 주제는 몹시 '세속적인' 것으로 들리는 게 일반적인 생각이다. 나는 이 책을 쓰는 내내, 사람들이 이런 이른바 '세속적인' 문제에 접근할 때 자신이 거룩한 땅을 밟고 있다는 사실을 느끼도록 돕고 싶은 마음으로 가득했다. 돈, 성, 권력과 관련해 올바르게 살아간다는 것은 삶을 거룩하게 살아간다는 것을 의미한다. 반대로 이것들을 오용하고 남용한다는 것은 곧 하나님의 거룩한 것들을 더럽히는 일이다.

　　이렇듯 이 책은 성스러운 주제를 다루기에 나는 하나님을 경외하는 마음과 예배하는 마음으로 글을 쓰려고 애썼다. 매일 시편을 한 편씩 묵상하면서 집필을 시작했고, 덕분에 시편 전체를 묵상할 수 있었다. 나는 시편 기자들이 품은 소망과 열망으로 세례받기를 간절히 바랐다. 시편이 교회를 위한 기도서이기 때문이다. 그 시편들에서 우러나오는 기쁨과 아름다움의 운율, 예배와 찬양을 통해 나는 돈과 섹스와 권력이라는 주제를 새로운 눈으로 바라볼 수 있었다. 그리고 나서, 아니 오직 그리고 난 뒤에야 나는 하나님과 그토록 가까이에 있는 이와 같은 주제들에 관한 글을 쓸 준비가 된 것이다. 이 책에 담은 내용이 내게 도움이 되었듯 당신에게도 도움이 되기를 간절히 기도한다.

1985년 2월,
프렌즈대학교

리처드 포스터
Richard J. Foster

이 시대에 걸맞은 영적 갱신이 절실하다

죽어 없어질 부를 추구하며 그 안에 소망을 두는 것은 허영이다.
명예를 열망하며 높은 지위에 오르고자 하는 것 또한 허영이다.
육신의 정욕을 좇는 것도 허영이다.
· 토마스 아 켐피스

이 시대 그리스도인에게 무엇보다 시급한 것은 '신실한 삶'의 회복이다. 이는 인간이 실존하는 모든 영역에서 필요하지만, 특히 돈과 섹스와 권력과 관련해서 더욱 요구된다. 돈, 섹스, 권력만큼 인간에게 중요하면서도 보편적으로 다가오는 문제도 없을 것이다. 이것들은 서로 상당히 복잡하게 뒤얽혀 있으며, 세상 어떤 이야깃거리보다 논쟁을 불러일으키고, 우리의 현실에 복이나 저주를 불러오는 막대한 영향력을 행사한다. 오랜 세월 수많은 사람들이 그토록 원하면서도 고민을 멈추지 못하는 이슈인 만큼, 이 문제들에 대한 기독교적 대응은 더없이 중요한 사안이다.

돈, 섹스, 권력의 문제는 우리를 '도덕적(윤리적) 선택'이라는 장(場)으로 거세게 몰아붙인다. 이 책에서 나는 우리가 어떻게 윤리적으로 살 것인가를 기술할 텐데, 그렇다고 윤리 교과서를 쓰듯 윤리적 탐구의 모든 관점에서 문제를 논하려는 것은 아니다. 다만 현대사회를 움직이는 이 중요한 세 가지 문제를 정리함으로써, 그리스도를 따르는 우리가 매일매일 직면하는 수많은 윤리적 선택을 어떻게 다루어야 할 것인지 실마리를 제공하려 한다.

이 여정에서 나는 그리스도께서 보이신 본을 그대로 따르려 한다. 예수님은 우리가 삶의 모든 구석구석에서 어떻게 살아야 하는지 하나하나 조목조목 지시하지 않으셨다. 대신 당대의 중요한 사안들을 들어 '복음'이 그런 문제에 어떤 의미를 지니는지를 보여 주셨다. 그리고 같은 방식으로 예수님은 '윤리적 선택'이라는 수많은 동사들을 변화(conjugate)시킬 수 있는 일종의 '어형 변화표'(paradigms)를 우리에게 주셨다.

예수님은 돈, 섹스, 권력 문제에 상당히 관심을 보이셨다. 그중에서도 특히 돈과 권력에 관해 많이 말씀하셨는데, 당시 성 문제는 오늘날처럼 심각한 문제가 아니었기 때문이다. 하지만 오늘날 우리는 성 문제를 철저히 다루어야 한다. 에로스를 아가페에 복종시키지 않은 탓에 현대사회 도처에서 명백한 비극이 속출하고 있기 때문이다.

왜 돈, 섹스, 권력인가

'돈, 섹스, 권력'이라는 주제로 책을 쓰게 된 이유는 간단하다. 우선, 전 인류 역사와 우리의 지난 경험들 속에 이 문제들이 떼려야 뗄 수 없이 서로 얽혀 있기 때문이다. 돈은 권력임을 자처한다. 섹스는 돈과 권력을 얻기 위한 수단으로 사용된다. 권력은 자주 "최상의 최음제"라 불린다. 우리는 이렇듯 서로 얽혀 있는 관계들을 상세히 짚어 볼 것이다. 예를 들면, 섹스와 가난은 아주 중요한 관계가 있다. 섹스는 가난한 남자의 휴일이며, 가난한 여자의 재앙이다. 또한 가난과 부(富)와의 관계도 주목해야 한다. 권력은 종종 부를 조작하기 위해 사용되고, 부 역시 똑같은 빈도로 권력을 사는 데 이용된다. 그리고 이런 식이 계속 반복된다. 여기에서 드러나는 사실은, 돈과 섹스와 권력이 얽어 내는 모든 복잡한 길을 풀어내는 일은 실제로 불가능하다는 것이다.

이 주제로 책을 쓴 두 번째 이유는, 오늘날 시대적 요구가 굉장히 크다는 것이다. 우리는 문화 속에서 이 세 가지 이슈에 대한 가치관의 대격변을 겪어 왔다. 이 세 영역에서 신실하게 산다는 것이 무엇인지 현대를 사는 그리스도인에게 새롭고 분명한 기준이 필요하다. 또 혹시라도 기독교 신앙을 가져 볼까 생각하는 사람이라면 자신이 그리스도를 따르게 될 경우 무엇을 기대할 수 있을지 알 필요가 있다.

마지막으로, 기독교 역사 속에서 '영적 부흥'은 항상 돈, 섹스, 권력 문제에 대한 분명하고 대담한 대응을 수반해 왔기 때문이다. 베네딕토회 수도원 운동이나 프란체스코회 수도원 운동, 시터회 수도원 운동, 종교개혁 운동, 감리교 운동, 현대 선교 운동 또는 어떤 다른 기독교 운동을 생각하든 사실이다. 이런 부흥 운동이 문화 안에서 일어나면 경건한 경험과 윤리적 삶 모두가 갱신되었다. 이 시대에도 이렇게 윤리적 측면을 포함해 우리 삶 전체를 새롭게 뒤바꿀 영적 부흥이 필요하다.

인간 사회의 핵심 주제

우리가 다루려는 문제의 광범위한 사회적 함의를 짚어 보는 작업은 중요하다. 돈, 섹스, 권력 이 세 가지는 개인의 삶뿐 아니라, 기업이나 기관의 운영에도 깊은 영향을 끼친다. 돈의 사회적 차원은 '비즈니스'이며, 섹스에 있어서는 '결혼', 권력에 있어서는 '정부'다.[1]

나는 여기에서 '비즈니스, 결혼, 정부'라는 용어를 가장 넓은 의미에서 썼다. 비즈니스란 지구상의 재화와 용역을 인류를 복되게 하거나 억압하기 위해 산출하는 과업을 의미한다. 결혼이란 가장 깊은 친밀함 또는 외로움의 상황을 만들어 내는 인간관계를 말한다. 정부란 자유 또는 독재로 이끌어 갈 수 있는 인간 조직체를 말한다. 이쯤 되면, 돈, 섹스, 권력 문제가 우리 개개인에게뿐 아니라, 인간 사회의 핵심 주제임을 눈치챘을 것이다.

비즈니스, 결혼, 정부는 최고의 이익을 가져다줄 수도, 반대로 어마어마한 재앙을 가져올 수도 있다. 어느 쪽이든 국면을 전환시키는 변수는 단순히 개개인의 성격을 넘어 훨씬 많고도 복잡하다. 기업 같은 비즈니스 현장이나 정부에 단지 '올바른' 사람들을 데려다 놓는다고 우리가 인식하는 문제들이 해결되지는 않을 것이다. 그것은 분명 좋은 일이긴 하나, 그렇더라도 이런 기관이 인류를 위해 봉사하리라고 장담할 수 없다. 제도적 구조 자체에 내재한 파괴적인 힘이 인간 사회에 유익을 끼치려면 하나님의 능력으로 달라져야만 한다.

인류의 오랜 씨름

돈, 섹스, 권력은 수 세기에 걸쳐 인류와 엮여 있는 거대한 윤리적 주제다. 도스토옙스키는 그의 명작 《백치》(The Idiot)에서 이 주제를 민감하게 다루었다.[2] 이 소설에서 그리스도적 형상을 지닌 등장인물, 미시킨 공작은 부와 권력과 성적 정복욕에 사로잡혀 있는 문화권에 내던져진다. 그러나 그는 아무런 자만심도, 탐욕도, 악의도, 질투도, 허영도, 두려움도 없다. 그의 이런 행동은 너무나 비정상적이라 사람들은 그를 어떻게 바라봐야 할지 어리둥절할 뿐이다. 그가 순진하고 단순하기에 사람들은 그를 신뢰하지만, 끝내는 어떤 숨은 동기도 없는 그를 '백치'라고 결론 내린다.

도스토옙스키는 이야기 속에서 돈, 섹스, 권력이라는 주제를 능숙하게 엮어 나가면서 미시킨 공작과 그를 둘러싼 사람들의 정신을 대조한다. 책의 내레이터는 그에 관해 이렇게 말한다. "그는 화려함이나 부함뿐 아니라 대중의 존경조차 전혀 신경 쓰지 않았다. 단지 그는 진실에만 관심이 있었다!"[3] 도스토옙스키는 한 편지에서 미시킨 공작 캐릭터를 두고 이렇게 설명했다. "진정으로 아름다운 영혼을 묘사하는 것이 내 의도였습니다."[4]

도스토옙스키 시대의 귀족정치 사회는 미시킨 공작 같은 사람을 이해할 수 없었다. 그러나 그것은 현대사회도 마찬가지다. 미시킨이 우리가 보는 텔레비전 연속극 등장인물이라고 상상해 보라. 소유욕이나 성적 정복에 대한 갈망이 없고, 누군가나 무엇을 지배할 필요를 전혀 느끼지 않는 인물을 가지고 작가가 이야기를 어떻게 그려 나가야 할지 감이나 잡을 수 있겠는가.

말할 것도 없이, 소설 《백치》의 전반에 걸쳐 제기되는 진짜 질문은 '누가 참으로 백치인가'다. 분명 진짜 바보는 자기 삶이 '탐욕과 권력과 성욕의 지배를 받는' 사람이리라.

물론 도스토옙스키는 오랜 옛날부터 돈, 섹스, 권력이라는 주제에 부단한 관심을 보인 숱한 개인과 그룹을 대표하는 한 사람일 뿐이다. 실제로 수많은 훌륭한 사상가와 위대한 운동들이 이 주제들과 씨름했다. 오래전 수도원의 청빈 서약, 정결(독신) 서약, 복종 서약도 돈, 섹스, 권력 문제에 대한 직접적인 대응이었다. 또 청교도들은 근면과 순결과 질서 정신으로 이 문제들에 대해 대응했다. 과거 그들의 노력을 엿봄으로써 오늘날의 우리는 적잖이 배울 수 있을 것이다.

역사적 서약 살펴보기 // 돈

강박적인 낭비는 현대의 광기다. '더, 더, 더 많이' 얻으려는 현대 사회의 탐욕은 분명히 정신병이라고 말할 수밖에 없다. 현실 감각을 완전히 잃어버린 현상이다. 제3세계의 빈곤과 선진 자본주의 국가의 풍요 사이의 괴리는 놀랄 만한 비율로 가속화되고 있다. 많은 그리스도인이 이 혼돈의 현실 한복판에서 어쩔 줄 모르고 있다.

돈 문제에 대한 수도원의 대응은 '청빈 서약'이었다. 이같이 강력하게 포기를 선언하는 것은 사회에 편만한 가치들에 대해 "노"(No)라고 외치는 그들만의 방법이었다. 그러나 그들은 부정적인 표현 그 이상을 제시했다. 그들은 "예스"(Yes)라고 말하기 위해 "노"라고 말한 것이다. 초연함을 배우기 위해 그들은 소유를 포기했다.

사랑스러운(그리고 때로는 우리를 좌절에 빠뜨리는) 프란체스코회 주니퍼 수사는 초연함의 의미를 너무나 잘 배운 나머지 많은 사람이 그를 바보라고 생각할 정도였다. 하루는 그가 은으로 된 작은 고리들이 드리워져 있고 정교하게 다듬어진 제단 앞에 가서 훑어보고는 "이 은 고리들은 여기 있을 필요가 없어" 하고 은 고리들을 잘라 가난한 이들에게 나누어 주었다. 물론 그 마을의 사제는 화가 잔뜩 났다. 청빈한 주니퍼는 왜 그 사제가 화를 내는지 도무지 이해할 수 없었다. 그는 자기가 그 사제를 "세상적 허영의 전시"[5]에서 자유하게 했으니 도리어 그 사제를 크게 섬긴 것이라 생각했기 때문이다. 성 프란체스코는 이 주니퍼 수사의 초연의 정신에 감동해 한번은 다음과 같이 소리쳤다고 한다. "형제들이여, 내게 주니퍼 같은 사람들로 가득 찬 커다란 숲이 하나 있다면!"[6]

이 시대 모든 그리스도인은 오늘 이들의 말을 귀담아 들어야 한다. 복음보다 탐욕을 더 사랑하고, 신뢰를 모르고 두려움 가운데 살고 있는 부류도. 사람들을 그 소유에 따라 가늠하며, 조금이라도 더 큰 몫을 차지하고자 밀치고 당기는 부류도.

돈 문제에 대한 청교도의 대응은 '근면'이었다. 청교도들은 모든 정직한 일의 거룩함을 매우 강하게 믿었기에 근면을 강조했다. 그들은 거룩한 것과 속된 것에 대한 옛 구분을 완전히 거부했다. 그들에게 직업(vocation)은 그 사람의 영적 삶의 한 표현이었다. 리처드 스틸은 *The Tradesman's Calling*(상인의 소명)이라는 책에서 "당신이 하나님의 임재와 복 주심을 가장 확신 있게 기대할 수 있는 곳은 바로 상점 안에서다"라고 천명했다.[7]

그들에게 직업은 곧 하나님의 부르심이었다. 코튼 매더는 다음과 같이 외쳤다. "오, 모든 그리스도인이 하나님과 동행하게 하라. 그가 소명을 따라 일할 때, 일터에서 하나님을 바라보는 눈으로 행동할 때, 하나님의 시선 아래에서 행동할 때!"[8] 그들에게 일은 하나님을 영화롭게 하고 이웃을 섬기는 기회였다.

청교도들은 일할 때 '절제'할 것을 강조했다. 그들은 게으름 피우는 정신을 비판한 것과 마찬가지로, 일에 빠져 있는 정신 또한 비판했다. 일은 돈을 버는 것이 아닌 하나님을 영화롭게 하는 것이기에, 일을 너무 적게 하는 것과 마찬가지로 일을 너무 많이 하는 것도 악한 것일 수 있었다. 리처드 스틸은 "사람이 단지 자신의 부를 증가시키기 위해 두 가지, 세 가지 소명(혹은 직업)을 모으지" 말아야 한다고 지적한다.[9]

이 시대 모든 그리스도인은 오늘 이들의 말을 귀담아 들어야 한다. 일이 아무 의미 없고 지루하다고 느끼며 게으름의 유혹에 번번이 넘어지는 부류도. 일중독에 빠져 있고, 경제적 사다리를 한 칸이라도 더 오르려고 온갖 일을 바삐 하는 부류도.

막막하던 차에 수도원의 '청빈 서약'과 청교도의 '근면 정신'이 반가울 수 있으나, 우리는 이 시대에 산적한 돈 문제에 창조적으로 대담하게 대응하는 '새로운 현대적 서약'을 해야 할 것이다. 그것은 불건전한 금욕주의에 빠져들지 않으면서, 동시에 부를 추구하는 현대적 광기를 거절하는 서약이어야 한다. 또한 돈을 섬기지 않고 돈을 사용하게 하는 서약이어야 한다. 돈을 하나님의 뜻과 방식에 복종시키는 서약이어야 한다.

오늘날 많은 사람이 '사랑'이라는 단어를 단지 잠자리를 위해 침대로 기어드는 것 이상의 의미로 여기지 않고 있다. 또 정사(情事)를 하나의 명예 훈장쯤으로 생각한다. 사랑의 영속성과 신의(정조)를 다져온 오랜 개념이 모두 좀먹은 듯하다. 많은 그리스도인이 성에 대한 현대 문화의 안개 속에서 당황한 채 헤매고 있으며, 다른 한편으로는 그들 나름대로 성을 정의하기 위해 분투하고 있다.

성 문제에 대한 수도원의 대응은 '정결(독신) 서약'이었다. 그들은 '비움'을 배우고자 결혼을 포기했다. 정결 서약은 사람끼리의 관계로 꽉 차 있는 세계에서 '거룩한 빈 공간'을 내는 일의 중요성을 천명하는 것이다. 토마스 아퀴나스는 독신을 일컬어 "하나님을 위한 비움"(vacare Deo)이라고 불렀다. 헨리 나우웬은 이렇게 말했다. "독신이 된다는 것은 하나님을 위해 비워지는 것, 그분의 임재에 자유롭게 열려 있는 것, 그분의 사역을 위해 언제든 쓰임받을 수 있게 되는 것을 의미한다."[10]

정결 서약은 절제되지 않은 자기 탐닉에 맞서, 훈련과 절제가 복음의 명령임을 상기시킨다. 우리의 성적 탐닉은 우리가 사는 세계를 지배하는 무절제의 분위기를 나타내는 단적인 예에 불과하다. 프란체스코회의 길레스 형제는 이렇게 말했다. "내가 독신을 말할 때는 하나님의 은총으로 모든 감각을 파수(把守)하는 것을 의미한다."[11] 우리는 "하나님의 은총으로 모든 감각을 어떻게 파수"할지를 배워야 한다. 정결 서약이 우리에게 이런 필요를 깨닫게 해 줄 수 있다면 그것은 우리에게 굉장한 일을 해 준 셈이다.

이 시대 모든 그리스도인은 오늘 이들의 말을 귀담아 들어야 한다. 혼자 있는 것을 과도하게 두려워하며, 하나님과의 관계를 쉬이 사람과의 관계로 대치시키려는 부류도. 나르시시즘이라는 현대적 광기에 사로잡혀 있고, 훈련이라면 마치 전염병인 듯 피하려 드는 부류도.

성 문제에 대한 청교도의 대응은 '순결'이었다. 불행히도 우리는 그들의 생각을 완전히 곡해해서 그들의 건전한 접근을 흐려 놓았다. 그 오해는 참으로 심각하여, '청교도'(Puritan)라는 단어가 오늘날 '성적 금기와 건강하지 않은 온갖 금지 때문에 고역을 치르는 어떤 사람'을 정의하는 명사로 쓰일 정도다. 이런 정의는 사실 17-18세기 청교도가 아니라, 까다로운 19세기 빅토리아 시대 사람들에게나 어울린다.

청교도들은 결코 엄격한 금욕주의자들이 아니다. 그들은 웃을 줄도 알고 사랑할 줄도 아는 사람들이었다. 1660년에 프리츠-존 윈스럽은 존 헤인즈에게 자기 약혼녀에게 선물할 [서양식] 양말 대님을 하나 사 달라고 부탁했다. 그런데 헤인즈는 대님과 함께 봉한 편지에서 윈스럽을 이렇게 놀려 댔다. "당신은 숙녀의 다리와 모든 것을 갖게 되어서 기쁘겠습니다."[12] 존 코튼은 1694년에 어느 결혼식 주례 설교에서, 성관계를 맺지 않고 사색적인 삶을 살고자 결심한 한 쌍의 이야기를 들려주며 그들의 결심을 "맹목적 열정"이라고 비판했고, "그것은 '남자가 독처하는 것이 좋지 못하니라'라고 말씀하신 성령의 결정이 아니었습니다"라고 지적했다.[13]

청교도들은 결혼과 가정생활을 위한 기독교적 원칙을 찾고자 깊이 숙고하며 추구했다. 그들이 가톨릭-영국 국교회 관점에서 떠나게 된 가장 근본적 출발점은 '결혼의 최우선 목표는 동지애이며, 결혼 안에서의 건강한 성생활은 이런 동지애의 지극히 중요한 부분'이라는 확신이었다. 프랜시스 브레머는 이렇게 말했다. "청교도들이 지나치게 얌전을 빼며 섹스를 정죄해 왔다고 하는 판에 박힌 생각은 사실 아무 근거가 없다. …… 그들의 일기와 편지와 다른 저작들이 증명하듯 청교도들은 그들의 많은 후손보다도 훨씬 편안하게 성적 문제들을 논의했다."[14]

청교도들은 또한 이혼과 재혼에 대한 기독교적 근거를 세우고자 노력했다. 이 문제에 내놓은 청교도들의 입장을 당시의 관점에서 보자면, 사실상 그들은 자유주의자로 불릴 만했다. 그들은 성경과 실제적 근거에 입각해, 중세 교회가 주장한 '이혼 금지'를 거부했다. 윌리엄 퍼킨스는 남녀에게 동등한 권리를 부여해 배우자의 부정(不貞), 아내나 자식을 버리는 일, 질병 및 정신 이상 같은 사유로 인한 이혼을 인정했다. 또한 존 밀턴은 부부가 서로 맞지 않는 것은 이혼의 적법한 근거라고 주장했다. 청교도 신학은 동지애를 결혼의 목적 중 가장 우선으로 두고 있기 때문이다.[15]

이 시대 모든 그리스도인은 오늘 이들의 말을 귀담아 들어야 한다. 결혼과 이혼을 너무 쉽게 생각하는 부류도. 이혼의 물결을 저지하겠다는 미친 듯한 열정으로 사람들에게 불가능한 짐을 지우는 부류도.

수도원의 '정결 서약'과 청교도의 '순결 정신'을 높이 평가할 수 있으나, 우리에게는 이 시대의 성 문제에 솔직하고 열정적으로 대응할 '새로운 현대적 서약'이 절실하다. 그것은 난잡한 성생활을 조장하지 않고 하나님이 우리에게 주신 성생활을 긍정하는 서약이어야 한다. 독신(싱글) 생활을 경시하지 않되, 결혼 생활에 온 정성을 부여하는 서약이어야 한다. 또한 성생활의 도덕적 한계를 정의하고, 그 한계 안에서 즐겁게 표현하도록 우리를 부르는 서약이어야 한다.

역사적 서약 살펴보기 // 권력

오늘날의 우상숭배는 권력에 대한 우상숭배다. 수많은 책이 마키아벨리식 열정에 호소하고 있다. 대체로 이 시대 정치 지도자들은 공공의 선을 위한 봉사보다 권좌를 유지하기 위한 권모술수에 더 많은 에너지를 쏟는다. 기업 중역들은 쓸모 있는 제품의 생산보다 사람들 무리에서 꼭대기 자리를 유지하는 일에 더 많은 신경을 쓴다. 대학 교수들은 진리보다 세련된 교양을 추구하며, 종교 지도자들은 복음보다 자기 이미지에 더 신경 쓴다. 이처럼 권력에 미친 사회 한가운데서 사는 많은 그리스도인은 어떻게 온전한 삶을 살아야 할지 의문투성이다.

권력 문제에 대한 수도원의 대응은 '복종 서약'이었다. 그들은 섬김을 배우려고 권력을 포기했다. 누군가가, 아니 누구라도 우리 삶에 대해 어떤 말을 할 권리가 있다는 생각 자체가 현대사회의 지배적인 통념에 어긋나는 탓에, 오늘날 사람들은 복종이라는 개념에 거의 자동적으로 분노와 적의로 반응한다.

하지만 수도사들은 복종 서약을 통해 섬김을 배우고자 노력했다. 복종은 그들의 협동적 삶을 고백하는 강력한 방법이었다. 그들은 서로에게 의무와 책임을 지면서 살고 있었다. 그들은 서로에게 복종함으로써 '사람을 통한 하나님의 올바른 다스리심'을 받아들이고자 했다.

한번은 성 프란체스코가 클레어 자매와 마세오 형제에게 자기 사역에 관한 주님의 생각을 구해 달라고 부탁했다. 그들이 돌아왔을 때 성 프란체스코는 무릎을 꿇고 이렇게 말했다. "나의 주 예수 그리스도께서 내게 무엇을 하라고 명하십니까?"[16] 말했다시피 그는 단순히 그 사람들의 개인적 견해나 자문을 구한 것이 아니었다. 하나님의 행군 명령을 구한 것이었다. "거룩한 복종" 아래서 그는 그리스도의 길을 듣기 위해 자신의 길을 버렸고, 이 경우에는 다른 사람을 통해 그분의 음성 듣는 것을 배웠다.

레오나르도 보프는 "복종은 사람이 하나님을 위해 내리는 가장 자유롭고 위대한 결정이다"라고 말했다.[17] 복종 서약은 나를 잃는 것이 진정으로 나를 찾는 길임을 확인시켜 준다.

이 시대 모든 그리스도인은 오늘 이들의 말을 귀담아 들어야 한다. 아무에게도 의무를 지지 않으려 하고, 아무에게도 책임지지 않으려는 부류도. 권력과 지위를 탐내고, 다른 이들을 섬기는 것은 자기 품위에 손상을 가져온다 생각하는 부류도.

권력 문제에 대한 청교도의 대응은 '질서'였다. 교회에서 '질서'는 서로 지지와 책임성을 약속하는 "가시적인 언약"의 개념을 바탕으로 이루어졌다. 이 상호 책임과 돌봄의 목적은 "교회의 권력을 서로에게" 주는 것이었다.[18] 그리고 이 교회 권력의 목적이 서로에게서 사랑과 선행을 이끌어 내는 것일 때는 막대한 도움이 되었다.

정부에서 질서는 "거룩한 영국 공화국"(Holy Commonwealth) 사상을 바탕으로 세워졌다. 참으로 야심 찬 비전이었다. 행정 관료들이 성경에 근거해 하나님의 뜻을 집행하는 정부를 꿈꾼 것이다. 청교도들은 국가권력을 통해 개인적 삶뿐 아니라, 공공 생활에도 도덕적 성격을 부여하고자 노력했다.

이 시대 모든 그리스도인은 오늘 이들의 말을 귀담아 들어야 한다. 질서란 질서, 권위란 권위는 하나같이 거부하는 부류도. 거룩한 교제를 사랑하기보다 자신의 길을 더 많이 사랑하는 부류도.

분명히 수도원의 '복종 서약'과 청교도의 '질서 정신'은 우리에게 많은 것을 가르쳐 줄 수 있으나, 우리는 이 시대의 권력 문제에 창조적이고 적극적으로 대응하는 '새로운 현대적 서약'을 마련해야 한다. 그것은 권력의 어두운 면에 탐닉하지 않으면서 좋은 면을 적용할 수 있는 서약이어야 한다. 또한 권위와 복종이 적절하게 균형을 이루는 서약이어야 한다. 리더십을 '섬김'의 맥락 안에서 설계하는 서약이어야 한다.

좋은 것에 악이 파고들 때

물론 그리스도인의 삶에 돈과 섹스와 권력이 알맞은 곳에 자리하고 효과적으로 기능할 경우, 이 세 가지는 다른 어떤 것도 해낼 수 없을 만큼 삶을 풍성하고 복되게 한다. 예를 들면, 돈은 우리의 삶을 풍요롭게 해 줄 수 있다. 음식, 집, 교육 등은 돈이 있어야 얻을 수 있다. 나는 학생들이 학비를 마련하게 되어 즐거이 뛰는 모습을 여러 번 보았다. 또 지난 성적 상처로부터 내적 치유를 받고 성에 대한 새로운 통찰을 얻어 놀라우리만큼 변화된 젊은 부부를 상담하고 함께 기도해 본 경험이 있다. 또 순전한 영적 권위를 지닌 개개인이 영적 능력을 사용함으로써 그들 주변에 있는 모든 사람을 실제로 축복하고 해방시킬 수 있다. 나는 '존재 자체로 풍요롭게 하는' 사람들을 많이 보았다.

다시 말하건대, 돈과 섹스와 권력이 적절한 자기 자리에 있고 효과적으로 기능할 때는 우리 삶에 지대한 선을 가져다준다. 그 자리가 정확하게 어디며 그곳에서 그것들이 어떻게 기능하는지를 파악하는 것이 이 책이 해 나가야 할 임무다.

동시에 우리가 '삶을 커다란 비극으로 만드는 악마'로 돌변하기 쉬운 매우 위험한 주제를 다루고 있음을 계속해서 되새겨야 할 것이다. 돈을 파고드는 악마는 '탐욕'이다. 무언가를 가지고자 하는 열망만큼 인간을 파괴시킬 수 있는 것도 없다. 《백치》에서 도스토옙스키는 등장인물 중 한 사람의 입을 빌려 이렇게 말한다. "오늘날에는 모든 사람이 탐욕에 사로잡혀 있고 모든 사람이 돈에 대한 생각으로 꽉

차 있어서 다들 미친 것 같아 보인다."[19]

성을 파고드는 악마는 '육욕'이다. 참된 성생활은 인간다움으로 이끌지만 육체에 대한 정욕은 비인간화로 이끌 뿐이다. 육욕은 해방시켜 주지 않고 포로로 만들며, 양육해 주는 대신 삼켜 버린다.

권력을 파고드는 악마는 '오만'이다. 참된 권력은 사람들을 자유롭게 하는 것을 목표로 삼는 반면 오만은 지배하려고만 든다. 참된 권력은 관계를 증진시키지만 오만은 관계를 파괴시킬 뿐이다.

물론 탐욕과 육욕과 오만이라는 악마들은 추방될 수 있으나, 그리 쉽게 추방되지는 않는다는 것을 경고해 둔다. 섣불리 악령 추방 행위를 하게 되면 거의 대부분 악마뿐 아니라 선한 영(angels)까지도 쫓아내게 된다.[20] 그리고 일단 악마를 내쫓으면 우리는 그 빈자리를 무엇으로 채워야 할지를 분명하게 해 두어야 한다. 빈 공간은 결코 빈 채로 오래 남아 있는 법이 없기 때문이다(마 12:43-45).

이것이 우리가 중립을 지킬 수 있거나, 우리에게서 떠나가 버렸으면 하고 바랄 수 있는 차원의 문제가 아님을 알아야 한다. 우리가 만일 탐욕과 육욕과 오만이라는 악마들을 쫓아내지 못한다면 우리는 반드시 그것들의 지배를 받을 수밖에 없는 운명에 처한다. 그것들은 천사의 모양으로 나타날 수도 있지만, 좋든 싫든 악마적 힘을 지닌다.

우리는 돈을 이용해 사람들을 도울 수 있다. 그러나 그 돈에 탐욕이라는 악마의 씨가 들어 있으면 우리는 사람들을 빚더미 속으로 집어넣어 파괴시키게 된다. 탐욕이 '베풂'과 연결될 때 돈은 특별히 더 파괴적이다. 돈이 마치 빛의 천사와도 같은 너무나 선한 허울을 쓰고 있기 때문이다. 우리가 탐욕의 정신으로 베풀게 되면 만연한 '온정주의' 태도가 기업 전체에 독을 끼치게 된다. 탐욕이 베풂의 동기가 될 때 우리는 그 거래에서 이득을 얻고자 애쓰게 된다. 이것이 바로 사도 바울이 우리가 모든 것을 내줄지라도 사랑이 없으면 "아무 유익이 없다"고 말한 이유다(고전 13:3).

육욕 역시 빛의 자녀의 모습인 양 나타날 수 있다. 육욕은 상대방을 가두는데, 그 감금이 여러 각도에서 선하게 보일 수 있다. 육욕은 적대적인 세상에서 안전과 보장을 약속해 준다. 실상 많은 사람이 사랑보다는 육체의 정욕에 기초를 두고 결혼이라는 관계를 맺으려 한다. 그 두 가지가 너무나 흡사해 보일 때가 많기 때문이다. 하지만 육체의 정욕의 종착역은 분명 비인간화이며, 그 안에서는 중요한 것이 상대방이 아닌 '상대방을 소유하는 일'이다. 사람이 소유하기 위한 물건이자 승리를 위한 전리품이 되고, 통제하기 위한 대상이 된다. '내 아내', '내 남편'이 '내 장난감'이 되는 것이다.

권력 역시 좋은 방식으로 사용할 수 있다. 그러나 오만이라는 악마적 힘이 아직 남아 있다면 그 결과는 조종과 지배와 독재다. 존스타운의 비극이 그 명백한 사례다. 그곳에서 짐 존스의 사역은 처음에는 고매한 목회였지만 마침내는 파괴로 끝나지 않았던가. 오만이 횡행하는 권력은 반드시 병적 자기중심주의를 불러온다.

다시, 순종의 자리로

이 시대를 사는 우리는 돈, 섹스, 권력 문제에서 어떻게 그리스도인다울 것인가? 이 질문에 대한 답은 빨리, 쉽게 얻어지지 않을 것이다. 오히려 우리에게 최선의 노력을 기울여 숙고하고, 할 수 있는 한 가장 크고 깊은 헌신을 하라고 요구할 것이다.

청빈 서약, 정절(독신) 서약, 복종 서약과 더불어, 수도원 운동은 당시의 문화의 맥락에서 이 질문에 답하려는 시도였다. 그리고 이런 수도원의 확신을 근면, 순결, 질서 정신으로 일상생활에 적용하려 했던 청교도의 노력은, 앞선 질문에 대해 또 다른 문화의 맥락에서 답하려는 노력이었다.

그렇다면 지금 우리가 몸담은 이 문화에서는 이 질문에 어떻게 답해야 할 것인가? 이것이 바로 우리가 마주한 문제다.

우리는 순종적 삶을 추구했던 믿음의 선진들에게서 많은 것을 배울 수 있다. 그러나 현대사회를 사는 우리가 돈, 섹스, 권력 문제를 과거 그들이 했던 것과 똑같은 방법으로 대할 수는 없다. 그들과는 전혀 다른 시대에서 살고 있기 때문이다. 우리는 과거의 그들에게는 존재하지 않았던 수많은 문제에 당면해 있다. 새로운 상황과 여건이 새로운 대응을 요구하고 있다. 우리는 현시대에 걸맞은 대응 틀을 만들어야 한다.

이제 기독교적 서약을 새롭게 마련할 때다. 이런 서약들은 현대사회 한복판에서 '그리스도께 순종'이라는 새로운 부르심을 외칠 것이다. 시급한 요구요, 위대한 과업이다. 이 세대는 '즐겁고 자신감 넘치

며 순종하는 삶'을 누군가가 새롭게 실제로 증명해 줄 것을 고대하고
있다. 부디 우리가 그 본보기가 되기를!

※ 일러두기
문맥에 따라 원문의 "sex"를 "섹스", "성", "성교", "성관계" 등으로,
"power"를 "권력", "권능", "능력", "힘", "권세" 등으로 다양하게 옮겼다.

Part 1

성경적 관점에서 배우는

돈

돈은 비인격적인 교환수단일 뿐이라는
순진한 착각

현대사회에서 돈은
성령이 교회에서 차지해야 할 역할을
악마적으로 찬탈해 버렸다.
　• 토머스 머튼

마틴 루터는 다음과 같이 예리하게 짚었다. "세 가지 회심이 필요하다. 머리의 회심, 가슴의 회심, 돈지갑의 회심."[1] 이 세 가지 가운데 현대인에게는 돈지갑의 회심이 가장 어려운 듯하다. 우리로서는 돈 이야기를 꺼내는 것조차 힘겹다.

최근 어느 심리학자 부부 이야기를 들었다. 그 부부는 심리 전문가답게 자녀들 앞에서도 성(性), 죽음, 온갖 어려운 주제에 관해 개방적이고 솔직하게 나누곤 했다고 한다. 그러나 그들조차 막상 돈 이야기를 하고 싶을 때는 침실로 가서 문을 닫고서 했다는 것이다. 심리 치료사가 환자와 해서는 안 되는 일을 작성한 조사서 목록을 보면, 환자에게 돈을 빌려주는 일이 환자를 애무하거나, 키스하거나, 심지어 성교보다 더 큰 금기라고 한다. 우리에게 돈 문제란 참으로 금단의 주제다.

하지만 예수님은 하나님 나라에 관한 것을 제외하고는 다른 어떤 주제보다 더 자주 돈에 관해 말씀하셨다. 예수님은 돈 문제에 유독 시간과 에너지를 쏟으셨다. '과부의 헌금' 이야기에서 우리는 예수님이 일부러 연보궤 앞에 앉아서 사람들이 헌금하는 모습을 지켜보셨다는 사실을 알게 된다. 예수님은 짐짓 사람들이 헌금을 드리는 모습을 보고 그들의 영적 상태를 분간하셨다. 예수님에게 헌금은 개인적인 사안이 아니었다. 예수님은 오늘날 우리가 곧잘 그러하듯 어떤 개인의 사적인 행동을 훔쳐보고 당황해 눈길을 피하지 않으셨다. 도리어 예수님은 헌금 드리는 일을 공적인 일로 간주하셨고, 이를 통해 재산을 아끼지 아니하고 바치는 봉헌에 관해 가르치셨다.

돈 문제에 예수님이 깊은 관심을 보이셨다는 사실은 복음의 내러

티브에서 놀라운 부분 중 하나다. 그분의 관심의 범위 또한 놀랍다. 씨 뿌리는 자 비유에서 부유한 농부 비유에 이르기까지, 젊은 부자 관리를 만난 사건에서 삭개오를 만난 사건에 이르기까지, 그리고 마태복음 6장 하나님께 맡기는 믿음에 관한 가르침에서 누가복음 12, 16장 부요함의 위험에 대한 가르침에 이르기까지.

돈에 대한 성경의 두 흐름

내 책 *Freedom of Simplicity*(단순성의 자유)에서 나는 성경 전체에 걸쳐 돈에 대한 성경적 관점을 상세히 다루었다. 따라서 여기서 다시 다루지는 않겠다. 하지만 우리는 신약성경뿐 아니라 성경 전체에서 발견되는 돈에 대한 두 가지 주요한 흐름을 꼭 알아야 한다.

이 두 흐름은 분명 서로 역설적이며 때로는 철저히 정반대다. 하지만 그렇다고 놀랄 것 없다. 하나님이 성경이 기록되는 것을 감찰하셨기에 성경은 우리가 살고 있는 세상의 실질적인 모습을 정확하게 반영하고 있으며, 우리가 경험하는 세계에서 역설과 당혹한 일에 익숙해져 있는 우리 대부분은 이를 이해할 수 있다. 오만하고 독단적인 자만이 역설을 받아들이기 힘들 뿐.

돈의 어두운 면

첫 번째 흐름은 '돈의 어두운 면'이다. 나는 돈이 우리와 하나님과의 관계를 위협하는 것이 될 수 있는 길과, 예수님 말씀에서 심할 정도로 자주 발견되는 부에 대한 과격한 비판을 살펴보려 한다. 예수님의 경고와 권고는 반복적이며 거의 한결같다. "화 있을진저 너희 부요한 자여"(눅 6:24). "너희는 하나님과 재물을 겸하여 섬길 수 없느니라"(눅 16:13). "너희를 위하여 보물을 땅에 쌓아 두지 말라"(마 6:19). "낙타가 바늘귀로 들어가는 것이 부자가 하나님의 나라에 들어가는 것보다 쉬우니라"(마 19:24). "삼가 모든 탐심을 물리치라"(눅 12:15). "너희소유를 팔아 구제하여"(눅 12:33). "네게 구하는 자에게 주며 네 것을 가져가는 자에게 다시 달라 하지 말며"(눅 6:30). 물론 찾자면 훨씬 더 많이 찾아낼 수 있다.

요점은 예수님의 가르침이 대단히 명백하면서도 엄격하다는 것이다. 바로 이 시점에서 우리는 예수님의 비판을 좀 누그러뜨리거나, 아니면 최소한 보다 긍정적인 다른 성경 말씀을 가지고 과한 비판의 균형을 맞추고 싶은 유혹에 직면하게 된다. 하지만 이것이야말로 우리가 (적어도 아직은) 해서는 안 되는 일이다. 우리는 먼저 성경이 우리에게 이 문제에 관해 말하게 해야 한다. 말씀이 너무 따끔하게 쏜다고 그 말씀을 너무 빨리 피해서는 안 된다. 그것이 왜 오늘날 우리에게는 적용될 수 없는지 설명하려 들기 전에, 수많은 조건을 내밀기 전에, 어떤 방법으로든 그 문제를 해석하거나 설명하거나 해결하려 들기 전에, 우리는 그저 성경 말씀을 있는 그대로 들어야 한다.

성경에서 돈에 대한 가르침을 발견하기가 어렵지 않다는 사실부터 인정하라. 우리가 만일 그 가르침을 정직한 마음으로 단순히 읽어

내려간다면 이 주제에 대해 성경이 제시하는 방향을 분명하게 이해할 수 있을 것이다. 성경은 다른 많은 주제보다 돈에 관해 훨씬 직접적으로 분명하게 말한다. 그러니 이 가르침을 이해하는 자체는 문제가 못 된다. 사실 우리가 돈의 어두운 면을 바라보기 시작할 때 마주하는 가장 큰 어려움은 바로 '두려움'이다. 예수님의 이 같은 말씀들은 반드시 우리를 두렵게 할 것이다. 따라서 두려움을 해결하기 전에는 돈 문제에 관한 말씀을 들을 수가 없다.

두려움을 느끼는 이유는 충분하다. 돈에 대한 예수님의 말씀이 '풍성한 삶'을 이루는 것에 대해 우리가 익히 들어 온 거의 모든 정보에 정면으로 도전하기 때문이다. 그분의 말씀이 뜻하는 내용은 우리와 교회뿐 아니라, 보다 넓은 정치·경제 세계에도 어마어마한 의의가 있다. 예수님의 가르침은 우리가 이 세상에서 누리는 여러 특권적 신분에 도전하고, 강력한 희생적 행동으로 우리를 부른다. 두려울 만하다.

하지만 두려움을 느끼는 좀 더 복합적인 이유가 있다. 우리는 부모가 돈이 없었기 때문에 돈이 없는 것을 두려워할 수 있다. 또 우리는 실패를 두려워하기도, 또 반대로 성공을 두려하기도 한다. 우리 부모들은 우리가 모아 둔 돈 때문에 걱정할지도 모른다. 예수님의 가르침을 받아들인 몇몇 사람의 부조리한 적용을 보고는 두려움이 생기기도 한다.

나는 우리의 이런 두려움을 어떻게든 가볍게 넘겨 버리기를 바라는 게 아니다. 그중 많은 것이 전적으로 정당하며 하나같이 진지하게 다루어야 할 부분이다. 조만간 나는 우리가 이런 두려움을 어떻게 다룰지 다시 한 번 논할 것이다. 일단 여기서는 두려움의 영을 믿음의 영으로 대체하면 부에 대한 예수님의 급진적인 비판을 더 쉽게 받아들일 수 있다는 점만 이해하고 넘어가도 충분하다.

돈의 밝은 면

우리가 오로지 돈에 대한 신약성경의 경고에만 집중한다면, 신약성경을 비뚤어진 시각으로 바라보게 될 것이다. 돈에 대한 성경 말씀의 두 번째 흐름은, '돈의 밝은 면'이다. 돈이 인간과 하나님 사이의 관계를 더 친밀하게 하고, 또 인류에게 복을 주는 데 쓰이는 길에 관해 말하려는 것이다. 다른 사람에게 베풀려는 마음이 있는 사람은 기도 생활과 삶의 헌신이 더욱 깊어지기 마련이다. 삭개오가 자기 재물을 이 땅에서 하늘로 옮겨 쌓을 수 있는 자유를 얻었을 때 예수님은 기뻐서 "오늘 구원이 이 집에 이르렀으니" 하고 선언하셨다(눅 19:9). 예수님께 향유를 부은 일도 칭찬을 받았다(마 26:6-12; 눅 7:36-50; 요 12:1-8). 선한 사마리아인도 돈을 후하게 썼으며 하나님 나라에 가까이 다가설 수 있었다.

돈의 밝은 면에 대한 예수님의 말씀은 계속된다. 때로 예수님의 가르침은 부에 대해 근심이 없고 심지어는 거의 무관심한 입장을 보인다. 예수님은 부유한 여인들이 자신의 사역을 지원하도록 허용하셨다(눅 1-3장). 예수님은 부자요 특권층인 사람들과 식사를 함께하셨

다(눅 11:37; 14:1). 예수님은 가나의 호사스런 혼인 잔치에도 참석하셨
다(요 2:1). 사도 바울은 비천한 데 처했을 때나 풍부한 형편에 처했을
때나 자족할 줄 알았고, 배고픔과 풍부에 처할 줄 아는 일체의 비결을
배웠다(빌 4:12). 물론 이것은 밝은 면에 대한 가르침의 한 예시에 지나
지 않는다.

그러면 우리는 이 같은 돈의 어두운 면과 밝은 면의 외견상 분명
한 갈등을 어떻게 해결할 것인가? 이 질문은 나중에 4장에서 풀어 보
겠다. 지금 여기서 재빨리 해답을 찾고자 하면, 앞으로 이야기할 돈
의 어두운 면에 대한 예수님의 가르침을 제대로 듣지 못할 테니.

넘쳐 나는 곡해

이같이 모순되는 문제를 빨리 해결하고자 하는 욕심, 그리고 그
때문에 돈의 어두운 면에 대한 예수님의 가르침을 듣지 못한 결과로
두 가지 왜곡된 견해가 널리 퍼지게 되었다. 첫 번째는 돈은 하나님
이 내리시는 복의 표시요, 따라서 가난은 하나님이 못마땅해하신다
는 표시라는 것이다. 이 같은 곡해는 개인적 평안과 번영의 종교로
자리 잡았는데, 한마디로 "예수님을 사랑해서 부자가 되라"는 식이
다. 정확한 수학 공식("하나님이 당신을 칠 배나 복 주시리라")으로 시작해서 훨
씬 교묘하고 파괴적인 형태에 이르기까지, 많은 교회가 손쉽게 써먹
을 수 있는 요술적인 복의 고안물들로 이미 포화 상태다. 물론 이런
곡해는 이른바 '하나님의 풍성하심'이라고 하는 일부 중요한 성경적

가르침에 기초하고 있다. 하지만 돈에 대한 성경의 가르침의 한 측면을 전체적인 메시지로 만들어 버렸기에 왜곡된 것이다. 이로 말미암아 사람들은 돈의 어두운 면에 대한 가르침을 듣지 못하게 된다.

예수님의 제자들마저 이런 곡해로 씨름했다. 예수님이 제자들에게 부자가 하나님 나라에 들어가는 것보다 낙타가 바늘구멍으로 빠져나가는 것이 더 쉽다고 선언하셨을 때 그들이 얼마나 놀랐는지를 떠올려 보라. 제자들이 그토록 놀란 건, 젊은 부자 관원의 부가 '그에 대한 하나님의 특별하신 은혜의 표시'라고 믿었기 때문이다. 그들이 놀라서 "그렇다면 누가 구원을 얻을 수 있으리이까" 하고 외쳤던 것도 무리가 아니다(마 19:25).

또 욥을 찾아온 위로자들을 생각해 보라. 그들이 욥이 범죄했음이 틀림없다고 굳게 믿었던 건, '욥이 당한 경제적인 재난'이라고 하는 정황에서 싹튼 생각이다. 그러나 예수님은 거듭해서 이 같은 잘못되고 파괴적인 독단에 반박하셨다. 그리고 하나님의 경제에서는 가난하고 상처 입고 깨진 사람들이 하나님의 특별한 복 주심과 관심의 대상이라는 것을 보여 주셨다(마 5:1-12). 예수님은 부 자체가 하나님의 은총에 대한 보증이 될 수 없음을 아주 명백히 밝히셨다(눅 6:24).

돈에 대한 두 번째 곡해는 오늘날 청지기 직책에 대한 지배적인 견해에서 발견된다. 청지기직에 대한 논의들을 보면, 거의 예외 없이 돈을 전적으로 중립적이고 비인격적인 것으로 본다. 돈은 흔히 말하듯이 단순히 '교환의 매개체'이며, 하나님은 우리에게 돈을 사용하고, 관리하며, 잘 다스리라고 주셨다고 가르친다. 따라서 강조점을 언제나 하나님이 우리에게 맡겨 주신 자원을 가장 적절히 사용하는 청지기직에 두게 된다.

그런데 이 관점이 놓치는 게 있다. 돈은 단순히 중립적인 교환 수단이 아니라, 그 자체로 생명을 지닌 '힘'이라는 사실이다. 그것도 매우 빈번히 발휘되는 악마적 성격의 '힘'이다. 우리가 돈을 비인격적인 관점에서만 생각하는 한, 그 돈을 적절하게 사용해야 하는 것 말고는 아무 도덕적 문제가 존재하지 않는다. 그러나 돈이 영적 "권세들"(엡 6:12)에 힘입어 살아 있고 활동한다는 성경의 견해를 진지하게 받아들이면 우리와 돈의 관계는 많은 도덕적 의미를 함축하게 된다.

힘으로서의 돈

돈에 대한 신약성경의 가르침은 "통치자들이나 권세들"이라는 맥락에서 볼 때 비로소 제 의미가 살아난다. 하나님의 선한 피조물은 "보이는 것"과 "보이지 않는" 실재 모두를 포함하고 있다(골 1:16). 보이지 않는 실재들의 어떤 국면을 묘사하기 위해 사도 바울은 "왕권들"(thrones), "주권들"(dominions), "통치자들"(principalities), "권세들"(powers-KJV), 또 "권세들"(authorities-NIV) 등과 같은 용어들을 사용한다.[2]

이들은 원래는 하나님의 선한 피조물의 일부였으나 죄를 지음으로 말미암아 하나님과의 올바른 관계를 상실했다. 그들은 타락하여 그들의 창조주를 대항하고 있다. 이것이 바로 권세들이 그토록 혼합

된 결과들(선과 악, 축복과 저주)을 초래하는 이유다. 또 이것이 바울이 "권세들"을 말할 때 로마 정부에서의 안정세력으로(롬 13:1) 말하는 동시에 또한 우리가 그에 대항해서 싸워야 할 악마적 세력으로(엡 6:12) 말할 수 있는 이유다. 그가 확신했던 것은 이 땅의 통치자들과 사회제도와 다른 많은 일의 배후에는 천사적이거나 악마적인 본성을 지닌 영적이고 보이지 않는 권세들이 있다는 사실이다.

돈은 이 같은 권세들 가운데 하나다. 예수님이 부를 지칭할 때 아람어인 "맘몬"을 사용하실 때는 그 단어에 인격적이고 영적인 속성을 부여하고 계신 것이다. 예수님이 "너희가 하나님과 재물(맘몬)을 겸하여 섬기지 못하느니라"라고(마 6:24) 말씀하실 때, 맘몬을 이를테면 하나의 경쟁 신(rival god)으로 인격화하신 것이다. 이렇게 말씀하심으로써 예수님은 돈이 어떤 비인격적인 교환의 매개물이 아니라는 것을 의심의 여지없이 밝히셨다. 돈은 도덕적으로 중립적인 것이 아니며, 단지 그 돈에 대한 우리의 태도에 따라서만 좋거나 나쁜 방법으로 사용될 수 있는 자원에 불과한 것이 아니다. 맘몬은 우리를 지배하려고 드는 하나의 힘이다.

성경이 돈을 하나의 힘이라고 말할 때, 그것은 막연하거나 비인격적인 어떤 것을 의미하지 않는다. 예를 들어 우리가 소위 '구매력'이라고 말할 때 의미하는 것 같은 힘을 뜻하지 않는다. 예수님과 신약성경의 모든 기자는, 돈의 배후에는 아주 실질적인 영적 권세가 있어서 돈을 활동하게 하고 돈에 고유한 생명을 준다는 입장이다. 따라서 돈은 능동적인 행위자요, 그 자체의 법을 따른다. 돈은 인간이 돈에 헌신(몰두)하도록 자극할 힘이 있다.

돈의 어두운 면의 핵심은 바로 돈에 헌신하도록 인간을 자극하는 힘이다. 디트리히 본회퍼는 다음과 같이 말했다. "우리 마음에는 모든 것을 받아들이는 단 하나의 헌신을 위한 방이 있으며, 우리는 한 주인에게만 충실할 수 있다."[3] 우리는 유혹하는 맘몬의 힘을 반드시 인식해야 한다. 돈은 우리의 마음을 사로잡는 힘, 영적 힘이 있다. 동전과 지폐를 비롯해 우리가 돈으로 여기는 모든 화폐 형태의 배후에는 반드시 영적 권세들이 있다.

우리가 그렇게도 기를 쓰고 부인하려 하는 것이 바로 돈 배후에 있는 영적 실재다. 여러 해 동안 나는 예수님이 맘몬과 하나님 사이에 커다란 심연을 설정하고 과장해서 말하고 있다고 생각했다. '우리 그리스도인은 하나님과 맘몬 모두에게 각각 정당한 몫의 헌신을 해 우리가 얼마나 나아졌는지 보여 줄 수 없단 말인가? 왜 우리가 하나님의 기뻐하시는 자녀인 것과 똑같이 이 세상의 기쁜 자녀가 될 수 없는가? 이 땅의 재산은 우리의 행복을 위해 있는 것 아닌가?' 하지만 내가 보지 못한 것 그리고 예수님이 그토록 명백하게 보셨던 것은, 맘몬이 우리 마음을 빼앗고자 하는 방법이다. 맘몬은 우리의 존재 자체에서 인간적 자비심을 빨아들이며 충성을 요구한다.

이것이 바로 예수의 돈에 대한 많은 가르침이 더없이 복음인 이유다. 예수님은 사람들에게 한 분이신 참하나님을 섬기기 위해 맘몬 신에서 돌아서라고 부르신다. 어떤 제자 지망생이 예수님에게 와서 자기가 예수님을 따르기로 결단했다고 밝혔을 때 예수님은 이렇게 대답하셨다. "여우도 굴이 있고 공중의 새도 거처가 있으되 인자는 머리 둘 곳이 없다"(마 8:20).

젊은 부자 관원이 예수님에게 "내가 무슨 선한 일을 하여야 영생을 얻으리이까"라고 물었을 때 그는 놀라운 대답을 들었다. "가서 네 소유를 팔아 가난한 자들에게 주라 그리하면 하늘에서 보화가 네게 있으리라 그리고 와서 나를 따르라"(마 19:16, 21). 이 가르침은 그 젊은 부자 관원이 부가 그의 전적인 헌신을 요구하는 경쟁 신이라는 것을 깨달을 때에만 그 뜻을 알게 되어 있다. 이 젊은이가 슬픈 표정을 짓고 떠날 때 예수님은 그를 쫓아가서 자기가 단지 은유적으로 표현했을 뿐이며 사실은 십일조만 드리면 된다고 말하지 않으셨다. 그런 문제가 아니다. 돈은 모든 것을 소모시키는 우상이며, 전적으로 우리는 이 우상을 거부해야만 한다.

예수님이 삭개오와 점심 식사를 하실 때 놀라운 일이 일어났다. 돈을 전부로 알았던 이 세리장이 그리스도의 삶과 현존으로 말미암아 자유함을 얻게 되자 이렇게 선언한 것이다. "내 소유의 절반을 가난한 자들에게 주겠사오며 만일 누구의 것을 속여 빼앗은 일이 있으면 네 갑절이나 갚겠나이다"(눅 19:8). 하지만 더 놀라운 건 예수님의 대답이다. "오늘 구원이 이 집에 이르렀으니"(눅 19:9).

오늘날의 일반적인 복음 전도 방법과 다르다. 우리가 보통 쓰는 방법은 우선 사람들이 '구원을 얻게' 하고 그다음에 '크리스천의 청지기직'을 가르친다. 우리에게 구원이란 대충 서너 가지 신앙적 진술에 동의하고 규정된 기도문을 읊는 것이 되어 버렸다. 그러나 예수님은 제자의 길로 들어서기 전에 그 제자직의 비용을 미리 계산해 보라고 경고하신다. 그렇게 하지 않는 것은 건설 회사가 그 비용을 계산하지 않고 고층 건물을 짓거나 혹은 국가 지도자가 승전할 가능성을 타진해 보지 않고 전쟁을 일으키는 것만큼이나 어리석은 일이 될 것이다(눅 14:25-32).

　예수님은 정신이 바짝 들게 하는 말씀으로 이야기를 마치신다. 이 말씀은 우리 마음을 온통 뒤흔들어 놓을 만한 내용이며, 그분이 정말 그런 뜻으로 하신 건지 믿기 어려울 정도다. "이와 같이 너희 중의 누구든지 자기의 모든 소유를 버리지 아니하면 능히 내 제자가 되지 못하리라"(눅 14:33). 이를테면 전도 집회에 갔는데 예수님을 구주로 영접하겠느냐는 초대도 받기 전에 이런 말을 먼저 듣게 되는 것이다. 그러나 바로 그것이 예수님이 하신 일이며, 한 번뿐 아니라 거듭 말씀하신 것이다.

　예수님에게 돈이란 우리가 그분에게로 향하기 위해 반드시 돌아서야만 하는 우상이다. 맘몬 신을 거부하는 일이야말로 예수님의 제자가 되기 위한 전제 조건이다. 그리고 실제적으로 돈은 많은 신적 속성을 지닌다. 돈은 우리를 안전하게 하고, 죄책감을 일으키며, 자유를 가져다주고, 힘을 주며, 편재하는 것 같다. 무엇보다 돈의 가장 사악한 속성은 전능해지려 한다는 것이다.

　전능해지려는 곧 모든 힘을 얻으려는 돈의 욕망은 참으로 기이하다. 돈은 우리가 가치 있게 여기는 다른 것들과 나란히 그 고유하고 적절한 자리에 만족하며 머물려 하지를 않는다. 돈은 기필코 자기가 최고 우위를 차지해야만 직성이 풀린다. 돈은 다른 모든 것을 밀쳐 내야만 만족한다. 이것이 내가 말하는 돈의 광기 어린 면이다.

우리는 돈에 돈 자체의 가치를 훨씬 뛰어넘는 중요성을 부여한다. 실상 우리는 돈에다가 궁극적인 중요성을 부여하는 것이다. 한 걸음 뒤로 물러서서, 사람들이 돈을 붙잡으려고 광분하는 모습을 물끄러 미 관찰한다면 큰 깨달음을 얻을 것이다. 그런데 이런 광분은 가난 하고 굶주린 사람보다 오히려 돈을 더 벌어 봐야 이젠 더 이상 얻을 것도 없는 최상위 부자에게서 더 쉽게 찾아볼 수 있다. 가진 것이 너 무 많은 이들이 더욱더 미친 듯이 돈을 추구한다. 실로 충분히 적절 한 생활을 영위하는 중산층 사람들(글로벌 차원에서 보자면 이들 역시 부유층이 다)이 필요 이상으로 집이나 차를 사들이며, 필요 이상으로 옷을 사고 있다. 많은 사람이 지금 수입의 절반만 가지고서도 그리 심각한 타 격 없이 살아갈 수 있음에도 불구하고, 자기가 가까스로 빚을 안 지고 살고 있다고 느낀다. 1년에 15,000달러를 벌든, 50,000달러를 벌든, 150,000달러를 벌든 다들 그렇게 느낀다.

이 시대가 돈에 부여하는 상징들을 생각해 보라. 돈의 진가와는 무관한 온갖 상징들. 예를 들어, 돈이 만일 교환 수단에 불과하다면 돈에다 위신을 부여하는 것은 아무런 의미가 없다. 그런데도 우리는 그렇게 하고 있다. 우리는 사람의 가치를 그 사람의 수입과 관련해서 평가한다. 그 사람이 얼마나 돈을 가지고 있느냐에 따라 신분과 명예 를 부여하는 것이다.

우리는 다른 사람이 아닌 우리 자신의 모습을 더 많이 드러내는 질문을 감히 던진다. "저 사람의 값어치는 얼마지?" 뉴욕병원 코넬메디컬센터 심리학 교수인 리 소크 박사는 이렇게 단언했다. "사람들은 다른 사람이 얼마나 버는지를 알아내기 위해 온갖 술책을 쓴다. 우리 사회에서 돈이 힘과 영향력과 권력의 상징이기 때문이다."[4]

금세기에 우리는 정치적 수단을 통해 돈의 위력을 깨뜨리려 한 역사상 가장 대대적인 시도를 목격했다. 그러나 모두 실패했다. 중국과 쿠바 두 나라 모두 교환의 매개로서의 돈을 없애고, 자본 축적을 위한 저축을 불가능하게 했다. 하지만 시간이 흐르자 이 같은 강제 명령은 폐지될 수밖에 없게 되었다. 교환 수단으로서의 돈, 저축 수단으로서의 돈은 다시 등장했다. 급기야는 생산 증진에 대한 현금 보너스 제도가 재개되었다. 지금 내가 이 예를 드는 것은 단순히 공산 정권에 대한 비판이 아니라, 자끄 엘륄이 다음과 같이 지적한 것의 한 사례로써 말하는 것이다. "돈의 힘은 믿기 어려울 정도여서 그 어떤 재판도, 그 어떤 전복도 이겨 낸다. 상업 정신이 전 세계의 의식 속에 깊이 스며들어 더는 그 물결을 거스를 가능성이 없어 보인다."[5]

돈의 영적 실재를 이해할 때 비로소 이런 사실들의 의미도 제대로 파악할 수 있다. 돈의 배후에는 눈에 보이지 않는 권세들, 곧 유혹적이고 기만적인 권세들과 모든 것을 사로잡는 맹종을 요구하는 권세들이 있다. 사도 바울이 "돈을 사랑함이 일만 악의 뿌리가 되나니"라고 말했을 때 그가 본 것이 바로 이 사실이다(딤전 6:10). 많은 사람이 바울이 "돈"이라고 하지 않고 "돈을 사랑하는 것"이라고 말했음을 지적한다. 그러나 돈을 사랑하는 형편이 거의 보편적인 현상일진대, 이

두 가지는 실제적으로 자주 같은 것이다.

　돈에 관한 바울의 많은 진술을 보면, 그는 예수님이 다루신 내용과 똑같은 사실을 간파했다. 바로 돈이 우리의 충성을 얻으려 애쓰는 신이라는 것이다. 바울이 돈을 사랑하는 것이 모든 악의 뿌리라고 말했을 때, 문자적인 의미에서 돈이 모든 악을 만들어 낸다는 뜻으로 말한 것은 아니다. 돈을 사랑하는 사람이 '돈을 얻고 돈을 꼭 쥐고 있기 위해' 하지 않을 어떤 종류의 악도 없다는 것이다. 모든 한계가 사라졌다. 즉 돈을 사랑하는 자는 돈을 위해서라면 무슨 일이든 할 것이다. 이것이야말로 돈의 유혹적인 속성이다. 돈을 사랑하는 사람에게는 어중간함이란 없다. 올가미에 단단히 걸린 것이다. 돈은 온 마음을 사로잡고 삶을 지배하는 문제가 되어 버린다. 돈은 포괄적인 충성을 요구하는 신으로 군림한다.

　이것이 바로 예수님이 성전을 정결하게 하신 사건이 그토록 중대한 이유다. 메시아가 오면 이스라엘의 종교는 맘몬 숭배에서 정화되어야 함을 상징적으로 보여 주시는 행동이었다. 당시 성전 내의 상거래는 여러모로 좋은 사업이었다. 유용한 서비스가 제공되었고, 비록 가격이 비싸긴 했지만 그래도 시장이 감당할 만한 수준을 넘지 않았다. 그러나 예수님은 그 모든 것을 통해 유일하신 참하나님을 경배하는 일에 위협이 되는 우상숭배를 꿰뚫어 보셨다.

　우리가 돈의 어두운 면, 돈의 악마적 성향을 이해할수록 우리는 부에 대한 예수님의 과격한 비판을 좀 더 온전히 이해할 수 있다. 이와 같은 통찰 없이는 돈에 관해 예수님이 하신 비판적인 말씀들을 오로지 '부정직한 부'에만 적용하기가 쉽다. 돈을 정직하게 벌고 현명하게 사용하는 사람은 예수님의 비판 대상에 해당하지 않을까?

실제로 예수님의 가르침 가운데 많은 부분은 단순히 부정직한 부에만 국한되기 어렵다. 그분의 가르침은 부를 정당하게 획득한 사람에게도 똑같이 엄중하게 말하고 있기 때문이다. 성경은 젊은 부자 관원이 그의 부를 정직하게 얻었다는 것을 줄곧 암시했다(눅 18:18-30). 부자와 나사로 이야기에도 그 부자에 대한 정죄와 관련해서 그가 부정직했다고 하는 암시가 없다(눅 16:19-31). 부자 농부 비유에서도 그가 자기 곳간을 부수고 더 크게 지었을 때 우리는 그 정황에서 그가 정직했고 근면했다는 암시를 충분히 받을 수 있다(눅 12:16-21). 그런데 우리는 그를 '신중한 사람'이라고 부르지만 예수님은 그를 "어리석은 자"라고 부르셨다.

부에 대한 이 같은 예수님의 거센 비판은 우리가 '영적 실재'라는 맥락에서 돈을 보지 않는 한 우리에게 그 어떤 의미도 없다. 돈은 하나님 나라의 더 큰 선을 위해 사용되기 전에, 먼저 예수 그리스도의 피로 정복되고 구속되어야 할 "통치자들과 권세들" 가운데 하나다.

돈의 지옥 같은 속성을 정복하려면

맘몬 신을 어떻게 정복할 것인가? 맘몬 신을 받아들이되 좋은 목적으로 사용할 것인가, 아니면 전적인 단념과 포기로 맘몬 신에게서 탈출할 것인가?

이런 질문에 답하기 어려운 이유는, 성경이 우리에게 돈에 대한 교리를 제공하지 않기 때문이다. 성경을 통해 어떤 경제 이론을 산출하거나 재정적 청렴을 위한 열 가지 규칙을 얻어 내려고 한다면 이는 성경을 잘못 사용하고 남용하는 것이다. 성경은 우리에게 이보다 더 나은 것을 준다. 성경은 인생의 모든 경제적 결정들에 관한 올바른 시각을 제공하고, 인생의 모든 금전적 결정에 관한 대화와 개인적인 상담을 약속해 준다. 성령은 우리와 함께 계시며, 예수님은 우리의 현재의 교사로서 모든 개인적·사회적으로 복합한 문제 속에 있는 돈의 미로에서 우리를 인도하실 것이다.

이런 관점을 바탕으로, 몇 가지 실질적인 방안을 나누고자 한다. 물론 이 제안들은 저마다의 고유한 개성과 환경이라는 체에 걸러져야 할 것이다. 내 제안들은 아마 당신의 여정을 격려하는 이정표 정도로 적합할 것이다.

첫째, 돈에 대한 우리의 감정에 접근해 보자. 대부분 우리가 극복해야 할 가장 큰 장애물은 성경이 돈에 대해 무엇을 가르치는가를 이해하는 문제가 아니라, 돈에 대한 우리의 두려움, 불안감, 죄의식과 맞닥뜨리는 문제다. 우리는 참으로 돈이라는 주제로 위협받고 있다. 너무 적게 가진 것도, 너무 많이 가지는 것도 두려워한다. 또한 우리의 두려움은 종종 비이성적이다. 케냐 국민의 평균 수입보다 스무 배나 많이 버는 사람들이 혹시나 자기가 기아선상에 놓이게 되지 않을까 두려워한다. 어떤 이들은 다른 사람들이 자신의 부를 과대평가한 나머지 자기를 탐욕스럽다고 여길까 싶어 두려워한다.

이 같은 느낌은 물론 실제적이며, 진지하게 해결해야 한다. 이런 두려움은 종종 어린 시절의 기억에서 비롯한다. 나는 어릴 때 유독 특별한 '부'를 얻게 하는 어떤 능력이 있었다. 나는 다른 어떤 아이들보다 공기놀이를 잘했다. 우리는 언제나 딴 것은 되돌려 주지 않는다는 조건으로 놀았기에 나는 종종 학교 점심 시간이 채 끝나기도 전에 다른 아이들의 '재산'을 싹쓸이할 수 있었다. 하루는 내가 공기가 가득 든 큰 주머니를 메고 진흙탕 개천에 가서 하나씩 던지면 다른 아이들이 그것들을 찾으려고 서로 다투는 모습을 즐겁게 지켜 본 적이 있다. 이 한 번의 경험으로 나는 부가 우리에게 권력을 주고 다른 사람을 조종하기 위한 목적으로 사용될 수 있음을 느끼기 시작했다.

대공황 시대에 자라난 우리 중 일부는 결핍이 가져다주는 불안을 경험으로 잘 알고 있다. 그 경험 때문에 움켜쥐고 쌓아 두려는 태도가 거의 본능이 되다시피 했으며, 소유를 내놓는다는 생각이야말로 두려움을 주는 것이다. 우리 중 풍요의 시대에서 자라난 사람들은 너무 많이 소유한 데 따른 영적 위험을 민감하게 자각하지 못하고 있다. 따라서 그들에게는 절약과 검소라는 개념이 덕이라기보다 결함으로 여겨진다. 그러나 이 같은 돈에 대한 우리의 이해를 형성한 많은 감정을 다스리게 될 때만 우리는 신실하라는 성경의 부름대로 행동할 수 있다.

둘째, 우리 부함을 부정하는 일을 의식적으로 멈추자. 보다 큰 그림에서 바라보자. 자신과 비슷한 사람들을 자신과 비교함으로써 상대적 빈곤을 주장하기보다 세계의 시민이 되어 온 인류와의 관계에서 자신을 바라보자.

자동차를 소유한 사람들은 세계에서 상류층에 속한다. 집이 있는 사람들은 지구상의 95퍼센트의 사람보다 더 부자다. 당신이 이 책을 살 능력이 있었다는 사실만으로도 당신은 세계에서 부유한 계층에 속한다. 내가 이 책을 쓸 시간이 있었다는 사실은 나 역시 그 범주 안에 들게 한다. 솔직하게 자신의 부를 인정하라. 비록 우리 대부분은 실제로 가계 수지 균형을 맞추기가 어려울 수 있지만, 우리는 세계 시민으로서 매우 부유한 계층에 속해 있음을 인식해야만 한다.

죄의식을 느끼게 하려는 것이 아니다. 오히려 우리가 세계의 실제 상황에 대한 정확한 그림을 포착할 수 있도록 도우려는 것이다. 우리는 부유하다. 우리가 책을 읽거나 텔레비전을 시청할 시간적 여유가 있다는 사실 자체가 우리가 부유하다는 것을 의미한다. 그렇다고 우리가 지닌 부를 부끄러워하거나, 그 부를 자신과 다른 사람들에게 숨기려고 애쓸 필요는 없다. 자신의 부를 인정하고 그 사실에서 도망치려고 노력하는 것을 그만둘 때 우리가 지닌 부를 하나님의 선하신 목적을 위해 쓰고 정복할 수 있게 된다.

셋째, 고백이 가능한 분위기를 만들자. 돈에 관한 설교의 대부분은 돈을 정죄하거나 찬양하는 것이었다. 돈에 관해 서로 이야기하도록 돕지는 않았다. 많은 사람이 자기만 밤에 몰래 돈을 세고 있다고 생각해 남몰래 수치심을 느끼고 있다. 서로 받아들이는 분위기를 만들어서 문제와 좌절의 경험을 이야기하고 우리의 두려움과 유혹을 고백할 수 있다면 지금보다 얼마나 더 나아지겠는가. 우리는 성적 유혹을 받았던 어떤 사람의 고백을 공감하며 경청할 수 있다. 마찬가지로 돈의 유혹을 받았던 사람의 고백을 자유롭게 들어 주자. 서로 이런 가슴속 외침을 받아들이는 법을 배우자. "나를 용서하소서! 나는 죄를 지었나이다! 돈이 내 마음을 사로잡았나이다!"

우리에게는 자신의 두려움과 상처를 들어 주고, 기꺼이 받아들이며, 우리를 위해 그것을 들고서 하나님의 품으로 옮겨 줄 누군가가 필요하다. 교회가 교회로서 제대로 기능하려면, 교회는 돈에 대한 성도들의 실패들이 겉으로 드러나 치료받을 수 있는 환경을 만들어야 한다.

넷째, 돈의 미로를 함께 통과하면서 투쟁할 상대를 찾자. 그 사람이 내 배우자일 수 있다면 (내 생각에는) 더없이 이상적인 상대다. 함께 언약을 맺은 부부는 유혹하는 돈의 힘이 우리를 이기기 시작할 때 그것을 감지하도록 서로 도울 수 있다. 사랑과 자비의 마음으로 반드시 상대에게 조언해야 한다. 뭐든 공개적으로 밝혀 바로잡지 않고 철저히 혼자만 품고 있는 것은 왜곡되기 마련이다.

우리 모두는 자신의 취약한 부분을 파헤치기 위해 가능한 한 많은 도움이 필요하다. 우리가 사실에 직면할 수 있게 도와줄 누군가가 필요하다. 우리는 그리스도와 하나님 나라를 위해 비즈니스에 과감히 뛰어들어야 할지도 모른다. 우리에게는 사역을 지속하도록 기꺼이 격려해 줄 사람이 필요하다. 탐욕의 정신이 우리가 벌이는 사업에 기어들어 왔을 수도 있다. 우리에게는 우리가 미처 보지 못한 것을 보도록 도울 사람이 필요하다. 또 어쩌면 우리는 두려움 때문에 즐거운 신뢰의 삶을 살지 못하고 있는지도 모른다. 우리에게는 우리를 믿음의 길로 이끌어 주는 사람이 필요하다.

다섯째, 가난한 사람들에게 다가갈 길을 찾아보자. 부요함이 행하는 가장 파괴적인 일 가운데 하나는 우리 스스로를 가난한 이들에게서 멀리 떨어져 있게 함으로써 우리가 더 이상 그들의 고통을 보지 못하는 것이다. 그렇게 되면 우리는 나름대로의 상상의 세계를 창조한다. 그리고 그 세계는 우리로 하여금 삶을 '이웃 사랑'이라는 빛 가운데서 바라볼 수 없게 한다.

그렇다면 우리가 할 수 있는 일은 무엇일까? 우리 스스로 가난한 이들 가운데 있도록 의식적으로 선택할 수 있다. 그들에게 설교하려는 것이 아니라, 그들에게서 배우려는 자세로 말이다. 《분노의 포도》 (The Grapes of Wrath)와 *Songs from the Slums*(빈민가의 노래) 같은 책들을 통해 반대편 삶의 분위기와 결을 포착할 수도 있다. 한껏 꾸며진 풍요로운 세계에만 집중하는 텔레비전 프로그램 시청을 그만둘 수도 있다(시청한다 하더라도 그 세계가 대부분 전 인류의 고통과 고역과 번민에서 우리를 쉽게 떼놓는 환상의 세계임을 알고 분별하며 볼 수 있다).

여섯째, 내적 포기의 의미를 경험하자. 아브라함은 자기의 아들 이삭을 제물로 바치라는 명령을 받았다. 아브라함이 산에서 내려올 때는 그에게 "나의"나 "나의 것"이라는 표현의 의미가 영원히 달라졌으리라. 사도 바울은 "아무것도 없는 자 같으나 모든 것을 가진 자"에 관해 말하고 있다(고후 6:10). 우리가 내적 포기라는 학교에 입학할 때 우리는 아무것도 우리에게 속해 있지 않으면서도 모든 것이 우리에게 사용 가능해지는 상태에 들어가게 된다.

우리는 소유권 부분에서 회심해야 한다. 아무래도 우리가 가진 모든 것에 '하나님이 주셨고, 하나님의 것이며, 하나님의 목적을 위해 쓰여질 것'을 기억나게 하는 도장을 찍어야 할 것 같다. 이 지구가 우리 것이 아니라 주님 것이라는 것을 계속해서 되새길 방법을 찾아내야만 한다.

일곱째, 기쁘고 너그러운 마음으로 기꺼이 내주자. 베풂은 우리 속에 있는 고집 세고 늙은 구두쇠 영감을 내쫓는 한 방법이다. 가난한 사람일지라도 내줄 수 있다는 것을 알아야 한다. 돈이나 다른 어떤 재물을 내주는 행동 그 자체가 우리 안에서 사악한 탐욕을 깨뜨리고 헐어 버린다.

어떤 사람은 성 프란체스코처럼 모든 것을 내주고 "청빈 부인"(Lady Poverty)을 감싸 안도록 인도받을 것이다. 그것이 모든 사람을 향한 명령은 아니지만 예수님이 젊은 부자 관원을 만난 사실이 보여 주듯 일부 사람들을 향한 주님의 명령이다. 우리는 베푸는 일에 부름받은 사람들을 멸시할 것이 아니라, 그들이 점차 맘몬 신에서 자유해지는 모습을 보고 그들과 더불어 기뻐해야 한다.

또 다른 사람들은 베푸는 다른 방법을 찾을 수 있다. 우리는 우리에게 되돌려 줄 길이 없는 궁핍한 사람들을 찾아서 그들에게 내줄 수 있다. 교회에 헌금할 수도 있다. 교육 기관에 기부할 수도 있고 선교 사업에 내줄 수도 있다. 또 돈을 들여 축하가 필요한 사람들을 위해 거룩한 파티를 열어 줄 수도 있다. 성경에도 좋은 선례가 있다(신

14:22-27). 어떤 일을 하든 내주자. 주고, 또 주자. 고든 코스비는 이렇게 말했다. "돈을 내주는 것은 우리를 억누르는 어두운 세력에 맞서 승리하는 것이다."[6]

혹시 이 장을 읽는 것이 곤혹스러웠는지 모르겠다. 나 역시 쓰기 힘들었던 내용이다. 나 역시 빨리 돈의 선하고 긍정적이고 밝은 면을 이야기하고 싶은 마음이 간절하다! 우리는 대부분 긍정적인 관점을 좋아하므로 부정적이고 비판적인 측면을 축소한다. 그렇지만 이제까지 돈에 대한 예수님의 말씀 중 대부분이 어두운 면에 관한 것이었음은 반박할 여지가 없다. 이 장을 제대로 읽었다면 예수님이 왜 그러셨는지를 이제 이해했을 것이다. 돈의 지옥 같은 속성에 직면하고 그것을 정복한 뒤에야 비로소 우리는 그 유익한 면을 받아들이고 올바로 사용할 수 있다. 이제 돈의 밝은 면을 이야기해 보자.

재물, 하나님을 경험하는 통로가 되다

오직 '사랑의 법'의 시험을 통과한 사람만이 선한 청지기다.
• 장 칼뱅

차라리 돈이 온전히 나쁜 것이기만 하다면, 돈 문제는 훨씬 풀기 쉬우리라. 그렇다면 그저 돈을 비난하고, 돈에서 물러서고 말 일이다. 하지만 성경의 증언에 신실하고 싶다면, 이것이야말로 절대 해서는 안 될 일이다. 성경은 돈의 어두운 면을 되풀이해서 경고하지만, 동시에 돈의 밝은 면도 가르치기 때문이다. 이런 성경의 전통 안에서, 돈은 '하나님이 허락하신 은총'으로써 나타난다. 더 놀라운 점은 심지어 돈이 '하나님과의 관계를 깊어지게 하는 수단'으로 보인다는 사실이다.

구약성경에 나타난 증거

구약성경은 이 사실을 되풀이해 증언한다. 창조 기사를 읽을 때 놀라운 점은, 하나님이 창조하신 이 세상이 좋다고(선하다고) 하는 구절이 반복된다는 것이다. 에덴동산은 인류 최초의 부부에게 남아 돌 만큼 모든 것을 풍부하게 공급했다.

하나님이 아브라함을 돌보시는 과정에서도 그분의 풍성하심을 볼 수 있다. 하나님은 아브라함의 이름을 위대하게 하시고 그를 번성케 하실 거라고 약속하셨다. 그리고 약속을 지키셨다. "아브람에게 가축과 은과 금이 풍부하였더라"(창 13:2). 이삭도 아브라함과 비슷한 복을 받았는데, 하도 많이 받아서 그의 큰 부 때문에 "블레셋 사람이 그를 시기"할 정도였다(창 26:14).

욥 또한 큰 부자였고, 그러면서도 "온전하고 정직하여 하나님을 경외하며 악에서 떠난 자"였다(욥 1:1). 그가 불 시험을 받고 난 뒤 하나님은 욥의 재산을 두 배로 회복시켜 주셨다(욥 42:10).

솔로몬의 막대한 부는 하나님의 은혜의 증거로 여겨졌다(왕상 3:13). 성경은 상당한 분량을 할애해 솔로몬의 부를 언급하고는 "솔로몬 왕의 재산과 지혜가 세상의 그 어느 왕보다 큰지라"라고 정리한다(왕상 10:23). 시바 여왕이 솔로몬의 궁정에 순례를 온 유명한 이야기는 솔로몬이 이룬 번영의 규모를 짐작케 한다. 시바 여왕은 탄성을 지른다. "내가 그 말들을 믿지 아니하였더니 이제 와서 친히 본즉 내게 말한 것은 절반도 못 되니 당신의 지혜와 복이 내가 들은 소문보다 더하도다"(왕상 10:7).

젖과 꿀이 흐르는 땅에 대한 약속에서 하늘 문을 열고 우리가 쌓을 수 없을 만큼 물질적인 복을 쏟아부어 주신다는 약속에 이르기까지(말 3:10) 구약 곳곳에서 이런 사례를 찾아볼 수 있다. 물질적인 것은 영적 삶과 정반대의 것이 아니며, 하찮은 것도 아니다. 오히려 영적 삶과 긴밀하고 긍정적으로 연관되어 있다.

신약성경에 나타난 증거

신약성경도 이 점을 강조한다. 신약성경에서 돈은 하나님과의 관계를 깊게 하고, 이웃 사랑을 표현하는 수단으로 자주 등장한다. 동방박사들은 경배하기 위해 아기 예수께 자기들의 부를 가지고 왔다. 회개한 세리장 삭개오는 풍성하게 베풀었으며, 가난한 과부는 마음을 다해 가진 것 전부를 바쳤다. 부유한 여인들은 그들이 가진 소유로 제자들을 섬겼다(눅 8:2-3). 아리마대 요셉과 니고데모도 그들이 지닌 부를 그리스도를 섬기는 데 썼다(마 27:57-61; 요 19:38-42).

예수님은 우리에게 일용할 양식을 위해 기도하라고 가르치셨다. 물질적 공급에 대한 관심을 영적 삶과의 긴밀한 관계로 끌어들이신 것이다. 물질을 경멸한다거나, 진정한 영성의 울타리 바깥에 있는 어떤 것으로 치부해서는 안 된다. 실제로 물질적 공급이야말로 아낌없이 주시는 하나님의 풍성한 선물이다.

사도행전을 보면, 초대교회를 돕기 위해 자기 밭을 판 값을 내놓았던 바나바는 참으로 "위로의 아들"이었다(행 4:36-37). 또 고넬료는 "백성을 많이 구제하고 하나님께 항상 기도"하던 자였다(행 10:2). 자색 옷감 장사였던 루디아를 떠올려 보라. 그녀는 자기의 신분과 가진 것으로 교회를 섬겼다(행 16:14).

사도 바울은 예루살렘에 있는 성도들을 위해 헌금을 권하는 일을 "즐겨 내는" 것의 영적 유익을 가르치는 기회로 삼았다(고후 8-9장). 심지어 그는 "구제"를 영적 은사 목록에 포함시켰다(롬 12:8).

이렇듯 간략한 예들만 봐도 신약성경은 돈을 긍정적으로 보는 흐름을 포함하고 있음이 분명해진다. 이제 어떻게 돈이 우리와 하나님과의 관계를 더 깊게 할 수 있는지 집중해서 살펴보자.

선하게 지음받은 이 땅

성경 전반에 걸쳐, '인간의 삶을 적절하게 영위하기 위해 필요한 물질'의 공급은 항상 사랑이신 하나님의 은혜로운 선물임을 보여 준다. 하나님이 창조하신 모든 것은 선하다. 그것도 아주 선하다. 만물은 인간의 삶을 복되게 하고 더 좋게 하도록 지음받았다. 우리는 하나님의 선하심을 나타내는 이런 풍성한 표시들에 얼마나 감사하는가. 지금 이 글을 쓰는 동안에도 바깥에서는 새들이 노래하고 있다. 하늘과 바다와 땅의 풍요롭고 아름다운 모습에 감사를 드리는 듯하다. 우리도 새들과 함께 즐겁게 노래할 수 있다. 참으로 하나님은 우리에게 더없이 아름다운 이 세상을 즐기도록 내주셨기 때문이다. 이 땅에 가득한 풍요로움이 우리를 감사와 찬양 가운데 하나님께 가까이 가도록 이끌어 줄 수 있다.

무엇보다 놀라운 건, 우리에게 주어진 대부분이 우리가 한 행위의 결과가 아니며, 우리가 애써 얻지도 않았고 얻을 수도 없는 선물이라는 것이다. 하나님은 이스라엘 백성들에게 "네가 건축하지 아니한 크고 아름다운 성읍을 얻게 하시며 네가 채우지 아니한 아름다운 물건이 가득한 집을 얻게 하시며 네가 파지 아니한 우물을 차지하게 하시며 네가 심지 아니한 포도원과 감람나무를" 차지하게 하실 거라고 약속하셨다(신 6:10-11). 그들이 건축하지 않은 성읍, 그들이 파지 않은 우물, 그들이 심지 않은 과수원……. 이것이 하나님의 백성을 향한 그분의 방식이다.

조금만 돌아봐도, 우리 역시 이런 일을 비일비재하게 겪었음을 알 수 있다. 아무리 열심히 일하고 영리하게 계획을 짜내도 별로 얻는 것이 없을 때가 얼마나 많은지. 그러다가도 어느 순간 갑자기 전혀 예상 밖의 일에서 좋은 것들이 쏟아져 나오기도 한다. 우리가 하는 비즈니스나 경제생활에서의 많은 요인은 완전히 우리의 통제를 넘어서는 것들이다.

고대 이스라엘 농부들은 이런 현실을 민감하게 감지했다. 그들은 열심히 일하면서도, 농사가 자기 힘으로 되지 않는다는 것을 잘 알고 있었다. 가뭄과 불과 전염병과 그밖에 수많은 이유들로 애써 기른 곡식이 순식간에 휩쓸려 갈 수 있었다. 그들은 아주 깊은 의미에서, 풍성한 수확은 오로지 사랑이신 하나님의 은혜로운 공급임을 알았다.

이는 우리가 '하나님의 은혜로 말미암아 살고 있다'는 고백이다. 우리가 은혜로 말미암아 구원받았음을 아는 것도 놀라운 일이지만, 우리가 은혜로 말미암아 일상을 살아간다는 것을 아는 것도 똑같이 놀랍고 멋진 사실이다. 공중의 새가 일하듯 똑같이 애써 일하고는 있지만, 우리는 꽉 움켜쥐고 미친 듯이 긁어모을 필요가 없다. 공중의 새를 돌보시듯 우리를 돌보시는 분이 계시기 때문이다.

우리가 돈과 그 돈으로 구매하는 것들을 '사랑이신 하나님의 은혜로운 선물'로 받는 법을 배울수록, 그 돈과 소유물이 어떻게 우리로 하여금 하나님과 더 깊고 친밀한 관계를 맺게 하는지 발견하게 된다. 이런 우리의 숱한 경험들은 다음 말씀에 맞물린다. "네 하나님 여호와께서 네 모든 소출과 네 손으로 행한 모든 일에 복 주실 것이니 너는 온전히 즐거워할지니라"(신 16:15). 찬양이 일상이 된다. 기쁨과 감사와 찬양이 우리 삶의 특징이 된다. 고대의 많은 유대 예배 축제들이 감사를 중심으로 이루어진 것도 그들이 은혜로운 하나님의 공급하심을 경험했기 때문이다.

하나님의 소유권

하나님의 공급하심과 밀접하게 연관되어 있는 것은 하나님의 소유권이다. 성경에서 재산에 대한 하나님의 절대적 권리보다 더 명확한 부분도 없다. 욥에게 하나님이 선언하신다. "네 하나님 여호와께서 네 모든 소출과 네 손으로 행한 모든 일에 복 주실 것이니 너는 온전히 즐거워할지니라"(욥 41:11). 모세에게 하나님이 말씀하신다. "세계가 다 내게 속하였나니"(출 19:5). 또한 시편 기자는 다음과 같이 고백한다. "땅과 거기에 충만한 것과 세계와 그 가운데에 사는 자들은 다 여호와의 것이로다"(시 24:1).

사실 현대인들은 이 가르침에 공감하기가 어렵다. 우리가 받은 대부분의 교육은 소유권은 곧 '자연권'(natural rights)이라는 로마의 관점에서 나온 것이기 때문이다. 따라서 무언가 혹은 누군가가 내 '재산권'을 침범할 수 있다는 개념이 오늘날 우리의 세계관에는 생소하게 느껴진다. 이는 외관상으로는, 인간에게는 타고난 자기중심성과 함께 '인권'보다 '재산권'을 우선하는 성향이 있음을 의미한다.

하지만 성경에는 '소유자'이신 하나님의 절대적 권리와 '청지기'인 우리의 상대적 권리라는 측면이 의심의 여지없이 분명하게 나타나 있다. 절대적 소유자이신 하나님은 땅이나 부를 축적할 수 있는 개인의 능력에 제한을 두셨다. 예를 들면, 땅의 소산의 일정 비율을 가난한 사람에게 주게 하셨다(신 14:28-29). 해마다 7년째에는 토지를 쉬게 하셨으며, 자생하는 곡식은 무엇이든지 궁핍한 사람을 위한 것이어서 "백성의 가난한 자들이 먹게" 하셨다(출 23:11). 해마다 50년째는 희년으로서 모든 종이 자유함을 얻게 하셨고, 모든 사람의 빚이 탕감받았고, 모든 땅은 원래 소유자에게 다시 돌려 주도록 명하셨다. 하나님이 이렇듯 지나칠 만큼 모든 사람의 경제 계획을 뒤집어엎으신 이론적 근거는 매우 간단하다. "토지는 다 내 것임이니라"(레 25:23).

'모든 것에 대한 하나님의 소유권'은 우리와 하나님과의 관계를 실질적으로 강화시킨다. 우리가 토지가 하나님 것임을 진정으로 알 때, 그 소유 자체가 하나님을 더 잘 알게 해 준다. 예를 들어, 만일 우리가 휴가 기간 동안 어느 유명한 배우 집에 거하면서 그 집을 잠깐 돌보았다면, 우리가 그 배우 집에서 잠깐 살았다는 이유만으로도 우리는 그 배우를 매일매일 떠올릴 것이다. 수많은 일이 우리에게 그 배우의 모습을 생각나게 할 것이다. 하나님과의 관계도 마찬가지다. 우리가 사는 집은 하나님의 집이며, 우리가 모는 자동차도 하나님의 자동차이고, 우리가 나무를 심은 정원도 하나님의 정원이다. 우리는 '다른 분'에게 속해 있는 것들을 임시로 관리하는 청지기일 뿐이다.

하나님의 소유권을 깨달을 때 우리는 소유욕과 불안의 영에서 풀려나 자유롭게 된다. 우리에게 맡겨진 것들을 돌보는 일을 해내고 나면 우리는 그것들이 내 손보다 더 큰 손안에 있음을 깨닫게 된다. 존 웨슬리는 자기 집에 불이 나서 타 버렸다는 이야기를 들었을 때 이렇게 외쳤다고 한다. "주님의 집이 타 버렸구나. 나는 한 가지 책임을 덜었다!"[1]

만물에 대한 하나님의 소유권을 인정하는 것은 우리가 하나님께 무언가를 드릴 때 질문의 종류를 달라지게 한다. "하나님, 제 돈을 얼마큼 하나님께 바칠까요?"가 아니라, "하나님, 제가 하나님의 돈을 저를 위해 얼마큼 보관할까요?"라고 묻게 된다. 이 두 질문 사이에는 엄청난 차이가 있다.

베풂의 은혜

베풂의 은혜는 신앙생활에 막대한 도움이 되는 경우가 많다. 이것이 예배에 헌금 시간이 있는 이유다.

이사야 58장에서 우리는 경건한 헌신이 아무것도 아니게 된 종교심 깊은 사람들 이야기를 만난다. 그들의 경건성이 가난한 사람과 억눌린 사람을 실질적으로 돕는 일과 연관되지 않았기 때문이다. 하나님은 이렇게 선포하신다. "내가 기뻐하는 금식은 흉악의 결박을 풀어 주며 멍에의 줄을 끌러 주며 압제당하는 자를 자유하게 하며 모든 멍에를 꺾는 것이 아니겠느냐"(사 58:6). 정의가 없는 종교적 경건은 깨져 흩어지고 만다. 당신의 금식이 진정 영적 의미가 있기를 바라는가? 그렇다면 '주린 자에게 당신의 양식을 나누어 주며 유리하는 빈민을 집에 들여야' 할 것이다(사 58:7).

영적 침체를 겪고 있다면, 성경 공부가 지루하게 다가온다면, 기도가 공허하고 텅 빈 느낌이 든다면, '풍족하고 즐거운 베풂'이 우리에게 필요한 처방이 될 것이다. 베풂은 우리의 헌신된 삶에 진정성과 활력을 불어넣는다.

돈은 하나님에 대한 우리의 사랑을 증명하는 효과적인 방법이 된다. 워낙 우리에게 돈이 차지하는 부분이 크기 때문이다. 한 경제학자는 이렇게 말했다. "힘의 한 형태로서의 돈은 그 소유자와 너무나 밀접하게 연관되어 있어서, 우리는 우리 자신을 내주는 일 없이 지속적으로 돈을 내줄 수가 없다."[2] 어떤 의미에서 돈은 빚어 만들어진 인격으로서, 우리의 사람됨과 너무나 밀접하게 연관되어 있으므로, 돈을 내줄 때 우리는 우리 자신을 내주는 것이다. 우리는 이렇게 찬송한다. "나의 생명 드리니 주여 받아 주셔서 당신께 바쳐지게 하소서." 하지만 우리는 그 같은 봉헌을 특정한 방법으로 구체화해야 한다. 그래서 이 찬송의 다음 절 가사가 이러하다. "나의 은과 금을 받아 주시사 한 닢도 주저하지 않게 하소서"(통일찬송가 348장; 영문 가사 직역). 우리는 우리가 지닌 돈을 봉헌함으로써 우리 자신을 봉헌한다.

칼 메닝거 박사가 부유한 환자에게 이렇게 물었다. "도대체 당신은 그 많은 돈을 가지고 어디에 쓰려고 하십니까?" 환자가 대답했다. "나도 그것 때문에 걱정입니다." 메닝거 박사가 또 물었다. "그렇다면 그걸 걱정하는 만큼 마음이 기쁩니까?" 환자가 다시 대답했다. "아닙니다. 하지만 내 돈의 일부를 누군가에게 준다고 생각하면 굉장한 공포에 휩싸인답니다."[3]

이런 "공포"는 사실 누구나 경험한다. 우리가 돈을 내줄 때 우리는 자신의 일부를 내주는 것이며, 우리의 안전을 내주는 것이기 때문이다. 하지만 바로 이것이 우리가 그 일을 해야 하는 중요한 이유다. 자신을 부인하는 일이야말로 예수님의 명령을 순종하는 길이기 때문이다. "아무든지 나를 따라오려거든 자기를 부인하고 날마다 제 십자가를 지고 나를 따를 것이니라"(눅 9:23).

우리가 돈을 내줄 때마다 이기적인 자아가 해방되며, 거짓된 안전감에서 풀려난다. 존 웨슬리는 이렇게 선언했다. "만일 당신이 지옥의 저주를 피하고 싶거든 할 수 있는 한 모든 것을 내주라. 그렇지 않으면 나는 당신의 구원에 대해 가룟 유다의 희망 이상의 희망을 가질 수가 없다."[4]

베풂은 우리를 돈의 횡포에서 자유하게 해 준다. 하지만 그렇다고 우리가 단지 돈만을 주는 것은 아니다. 돈으로 산 물건도 베풀 수 있다. 사도행전에서 초대교회는 필요한 이들에게 자금을 공급하기 위해 집과 땅을 내놓았다(행 4:32-37). 혹시 누군가의 교육비를 후원하기 위해 자동차나 수집한 우표를 판다는 걸 생각해 본 적 있는가? 자신의 기술과 여가 시간을 베풀 수도 있다. 다른 사람에게 자신의 기술을 알려 주는 일은 어떻게 생각하는가? 의사, 치과 의사, 법률가 등 많은 사람이 공동체의 선을 위해 자신의 기술을 나누고 알려 줄 수 있다.

베풂은 우리를 돌봄에 대해 자유하게 한다. 베풂은 일상 전반에 기대감을 불러온다. 하나님이 우리를 어떻게 베풂으로 이끄실 것인지 고대하게 되기 때문이다. '하나님과 더불어 사는 삶'이 무엇인지 발견해 가는 모험을 선사하는 것이다. 우리는 다른 사람을 돕고 이 세상에 변화를 가져오는 일에 쓰임받고 있으며, 그것이 우리에게 살아갈 가치와 베풀 가치를 부여해 준다.[5]

돈을 바르게 통제하고 쓰는 은혜

베풂은 그리스도인의 삶에서 커다란 부분을 차지하지만, 돈을 통제하고 사용하는 것은 더 큰 부분을 차지한다.[6] 올바른 가르침과 훈련을 받은 그리스도인들은 부패하지 않고도 재산을 소유할 수 있으며, 그들의 소유를 하나님 나라라는 큰 목적을 위해 쓸 수 있다. 돈이라는 영역을 완전히 포기해 버리는 것은 가난한 이들을 돕는 측면에서 보자면 매우 좋지 못한 방법이다. 이는 자원을 적절하게 관리하고 사용하는 것보다 훨씬 수준 낮은 방법인 것이다. 부와 자원이 '기독교 세계관으로 올바르게 가르침을 받고 훈련받은 사람들' 손에 있는 것이 '맘몬의 종들'에게 내던져지는 것보다 얼마나 더 좋은 일인가!

아브라함은 그의 많은 소유를 하나님의 영광을 위해 그리고 더 큰 공공의 유익을 위해 활용했다. 욥도 그랬고, 다윗과 솔로몬도 그랬다. 신약성경을 보면 니고데모는 그의 부와 그의 높은 지위를 기독교 공동체의 유익을 위해 사용했다(요 7:50; 19:39). 바나바가 그의 소유 재산을 잘 처리했기 때문에 그는 아주 궁핍했던 초대교회를 도울 수 있었다(행 4:36-37).

예수님은 우리에게 달란트 비유를 말씀하셨다(마 25:14-30). 다른 때는 부의 위험을 그렇게 단호하게 말씀하셨던 분이, 이때는 어떤 사람이 하나님 나라를 위해 자기의 재산을 종들에게 맡기면서 그 종들이 받은 돈으로 이익을 남기기를 기대한다는 비유를 드신다. 한 달란트가 1,000달러의 가치가 있다고 가정해 보자. 그런데 5,000달러를 받은 사람은 그 돈을 투자해 두 배로 늘렸고, 2,000달러를 받은 사람 역시 그와 같이 했다. 하지만 1,000달러 받은 사람만 험악하고 혼란한 시장터에서 그 돈을 잃어버릴까 봐 두려워 아무것도 하지 않았고, 따라서 아무 이윤도 남기지 못했다.

이 지나치게 신중한 종에 대한 예수님의 말씀은 모질기 짝이 없다. "악하고 게으른 종아 나는 심지 않은 데서 거두고 헤치지 않은 데서 모으는 줄로 네가 알았느냐 그러면 네가 마땅히 내 돈을 취리하는 자들에게나 맡겼다가 내가 돌아와서 내 원금과 이자를 받게 하였을 것이니라 하고 그에게서 그 한 달란트를 빼앗아 열 달란트 가진 자에게 주라"(마 25:26-28).

자, 이 비유를 영적으로 적용하는 것은 아무 잘못이 없으나 이 비유에서 경제적인 맥락을 완전히 빼는 것은 잘못이다. 그리스도인들은 자본과 비즈니스라는 세상에 몸담고 있어야 한다. 그것은 고귀하고 거룩한 소명이다. 하나님의 다스림을 받는 사람들이 돈을 버는 것은 선한 일이다. 우리는 하나님 나라를 위해 일할 수 있는 기회들을 피해 숨어서는 안 된다.

그리스도인들은 권력과 부와 영향력 있는 위치로 부르심을 받을 수 있고, 또 받아야 한다. 정부와 교육과 기업에서 리더 역할을 맡는 것은 영적 소명이다. 어떤 이들은 하나님의 영광과 더 큰 공공의 이익을 위해 돈, 그것도 많은 돈을 벌도록 부르심을 받았다. 또 어떤 이들은 같은 목적을 위해 굉장한 권력과 책임 있는 지위로 부르심을 받았다. 은행, 백화점, 공장, 학교, 또 다른 수많은 기관이 그리스도인의 열정과 안목의 영향력을 필요로 한다.

하지만 앞서 지적했듯이, 이런 모든 일은 '올바르게 가르침을 받고 훈련받은' 사람이라고 하는 맥락 안에서 이루어져야만 한다. 우리는 돈에 사로잡히지 않으면서 어떻게 돈을 소유할 것인지를 알아야 한다. 어떻게 물질을 남몰래 쌓아 두지 않으면서 소유할 수 있는지를 배우기 위해서는 도움이 필요하다. 우리에게는 큰 부와 권력을 다루면서도 단순하게 살 수 있게 해 주는 믿음의 훈련이 필요하다.

사도 바울은 비천에 처하는 법도 배웠고 풍족한 데 처하는 법도 배웠다고 고백한다. 그는 풍족한 가운데서도 살 수 있었고, 경제적으로 구차한 가운데서도 살 수 있었다. "내게 능력 주시는 자 안에서 내가 모든 것을 할 수 있느니라"(빌 4:13). 비천해지는 데만큼이나 풍요해지는 데도 은혜가 필요하다. 하나님이 우리에게 거대한 부나 권력을 허락하신다면 우리 역시 겸손하게 고백해야 한다. "내게 능력 주시는 자[그리스도] 안에서 내가 모든 것을 할 수 있느니라." 반대로 모진 가난이 우리에게 엄습해 온다 할지라도 마찬가지다.

우리 앞에 내려진 하나님의 명령은 적절하게 훈련받은 영적 생활의 한계 안에서 돈을 사용하고, 모든 인류의 이익과 하나님의 영광을 위해 돈을 관리하라는 것이다. 그리고 우리가 이런 일을 행하면 우리는 하나님께 더욱 가까이 이끌려 가게 된다. 하나님이 이 세상에서 하나님 일을 하시기 위해 우리의 작은 노력을 쓰려 하신다는 사실에 크게 놀라게 될 것이다. 우리의 자원이 생명의 사역으로 보내진다. 의지할 데 없는 사람들이 도움을 받는다. 그리스도의 나라를 진척시키는 계획들이 자금을 공급받는다. 위대한 선이 이루어진다. 돈은 하나님의 생명과 힘이라는 맥락 안에서 사용될 때 복이 된다.

우리는 살아 있는 동안에 돈을 통제하고 사용할 수 있다. 또한 우리가 죽을 때에도 돈을 통제하고 사용할 수 있다. 자비로운 유언을 남기는 것은 선한 일이다. 우리가 죽은 뒤 우리의 부가 수많은 사람을 축복할 것을 안다는 것은 얼마나 기쁜 일인가.

신뢰 수업

돈의 밝은 면의 또 다른 예는, 하나님 손에 의해 돈이 믿음을 쌓는 일에 쓰일 수 있다는 것이다. 예수님이 우리에게 일용할 양식을 위해 기도하라고 가르치실 때 그분은 '그분을 신뢰하는 삶'을 가르치신 것이다. 거대한 비축 창고와 정교한 축적 시스템은 필요 없다. 우리에게는 우리를 돌보시는 하늘 아버지가 계시기 때문이다. 이스라엘 백성들이 광야에서 만나를 거두어들였을 때 그들은 딱 하루 분량만 거두도록 허락받았다. 하루 먹을 치 이상은 썩게 되어 있었다. 그들은 날마다 하나님을 신뢰하며 사는 법을 배웠다.

물론 은퇴 후를 준비하는 것이나 저축 통장을 반대하는 것이 아니다. 이야기의 요점은, 돈이 우리 안에 하나님을 신뢰하는 마음을 굳건히 하는 데 쓰일 수 있다는 것이다.

고등학교 3학년 때 북알래스카의 에스키모를 위한 여름 선교 사역에 초대를 받은 적이 있었다. 여러 달 동안 나는 이것이야말로 하나님을 위한 내 삶의 계획이라는 확신 속에서 꿈을 키웠다. 하지만 내게는 그 꿈을 실현시킬 만한 돈이 없었다. 부모님이 모두 심한 지병을 오랫동안 앓고 계셨기에 병원비를 대느라 형편이 여의치 않았다.

4월 즈음, 나는 다른 팀원들과 함께 그 선교 여행 계획을 위한 주말 모임을 가졌다. 주말 모임을 하면서 가야 한다는 확신이 더욱 강하게 들었다. 하지만 어떻게?

그런데 집에 돌아와 보니 30달러짜리 수표가 든 편지가 와 있지 않은가! 그 편지는 내 여름방학 계획에 대해 아무것도 모르는 누군가에게서 온 것이었다. 하지만 다음과 같이 짧은 문구가 적혀 있었다. "당신의 이번 여름 경비를 위하여." 나는 이 수표를 내가 가야 한다는 하나님의 은혜로운 승인으로 받아들였다.

나는 하나님 말고는 아무에게도 말하지 말라는 조지 뮬러의 원칙을 따랐다. 그런데 그 후로도 계속해서 내가 선교 여행을 떠나는 데 필요한 모든 것을 하나님이 채워 주시는 것을 경험했다. 당시 10대였던 내게 그 사건들은 내 신앙을 크게 성장시킨 소중한 체험이었다.

이야기는 여기서 끝나지 않는다. 선교 여행을 마치고 집에 돌아오니, 대학을 가려던 내 희망에 그림자가 드리워져 있었다. 고등학교 시절 내내 그토록 힘겹게 저축해 둔 돈을 모두 부모님 병원비로 써 버린 것이다. 게다가 여름방학 기간을 돈 버는 일에 쓰지 않고 에스키모들을 위해 다 써 버렸으니! 조금은 슬펐으나 여전히 나는 올바른 결단을 했다고 자부하면서 어느 보험회사에 지원해 일자리를 얻었다. 그런데 일을 시작하기도 전에 내가 전혀 기대할 수도, 전혀 요구하지도 않았던 일련의 사건들이 일어났다.

대학교 가을 학기가 시작되기 일주일 전 어느 일요일, 나는 고향 교회에서 그 여름에 겪은 은혜를 간증했다. 그런데 예배가 끝난 뒤 교인 가운데 한 부부가 나를 집으로 초대했다. 그들은 점심 식사를 나누며 내 대학 계획에 대해 이것저것 물었다. 그러더니 며칠 만에 이 부부는 지원 그룹을 만들었고, 내 4년간의 대학 생활과 3년간의 대학원 생활을 지원하게끔 계획을 세웠다. 하나님은 사람들과 그들의 구별된 돈을 사용하셔서 내게 하나님을 '신뢰하는 것'이 무엇인지 가르치셨다. 그리고 하나님의 방법이 늘 그러하듯, 그것은 내가 구하거나 생각할 수 있는 모든 것 이상으로 넘치는 것이었다.

이것이 돈 문제에서 하나님을 신뢰하는 법을 배운 내 첫 번째 경험이었다. 그때 이후로 하나님은 신뢰와 믿음에 대해 더 많은 것을 가르치시기 위해 은혜롭게 돈을 사용하셨다. 확신하건대, 당신도 비슷한 경험을 간증할 수 있을 것이다. 하나님은 돈처럼 평범한 것, 하나의 경쟁 신으로서 그 추한 머리를 그렇게 자주 쳐드는 바로 그것을 우리를 위한 수단으로 쓰신다. 하나님 손에 붙들릴 때 돈 문제는 우리가 그리스도의 왕국을 향해 전진하게 도와주는 통로가 된다.

감사하는 습관

우리는 감사하는 태도 기르는 법을 배움으로써 돈의 밝은 면을 기뻐하고 즐기게 된다. 내가 '기르는 법을 배운다'라고 말한 건, 감사가 인간에게 자연스럽게 따라오는 것이 아니기 때문이다(어린 자녀를 기르는 부모라면 더 듣지 않아도 잘 알 것이다). 우리는 감사하는 가운데 성장하도록 서로를 도와야 한다. 우리가 종종 하나님의 공급이 풍성하시다는 사실을 놓치기 때문이다. 공기, 햇빛, 비, 우리 눈을 즐겁게 해 주는 찬란한 색, 우리 삶을 풍요롭게 해 주는 많은 친구들……. 지구의 이 리들이야말로 창조주 손에서 나온 은혜로운 선물들이다.

아침에 깼을 때 '잠'이라는 기적을 기뻐하는 법을 배워 보는 건 어떤가? 불면증으로 고통받는 사람은 잠이 얼마나 큰 선물인지 알 것이다. 밤사이에 자고 있는 아이 방에 들어가 감사를 드리며 아이 곁에 앉아 잠든 모습을 지켜볼 수도 있다.

우리는 또한 우리가 가진 소유물을 바라보며 (그것들을 남모르게 쟁여 두지 않고) 감사할 수 있다. 감사하는 마음을 가질 때 비로소 우리는 모든 것을 가벼이 여길 수 있다. 받으나 그 받은 것을 움켜쥐지 않게 된다. 보내야 할 때가 되면 자유롭게 떠나보낸다. 우리는 궁극적인 소유자가 아닌 단지 청지기이기 때문이다.

우리 인생은 우리가 가진 소유물로 이루어져 있지 않다. 우리는 물질이 아니라, 하나님 안에서 살고, 움직이고, 숨 쉬기 때문이다. 신분, 명성, 지위같이 손으로 잡을 수 없는 '물질'도 있는데, 종종 이런 것들이 우리의 가장 큰 재물이 된다. 하지만 이런 것들은 우리 삶에 왔다가 가곤 한다. 그러니 이런 것들이 올 때 감사하고, 갈 때도 감사하는 법을 배워야 한다.

우리는 구약성경의 감사 예물 개념을 이 시대에 맞게 구체화할 이른바 "새 부대"를 발견할 수 있다. 주변에서 농부를 찾아보기 힘든 지역, 즉 도시에 사는 현대인들에게는 추수감사절이 고대 이스라엘 사람에게만큼 크게 와닿지 않는다. 그렇지만 우리는 이에 상응하는, 우리의 경제생활을 기념하고 축하하는 행사들을 찾아낼 수 있다. 예를 들면, 월급날 받은 돈 전체를 현금으로 바꾸어 거실에 펼쳐 놓는 것이다. 그럼으로써 하나님이 우리에게 주신 것을 직접 눈으로 볼 수 있다. 그리고 나서 우리가 베풀려고 계획한 만큼 집어 실제로 헌금을 드리는 것이다. 감사 예물로 곡식을 바친 고대 이스라엘 사람들이 그랬던 것처럼, 이런 식으로 우리도 받은 은혜를 눈으로 직접 확인하며 추수 감사를 실천할 수 있다.

또 중요한 계약에 서명한 일에 대해 추수감사제를 열 수도 있을 것이고, 비즈니스 세계로 부름받은 사람을 위해 사업장 봉헌 예배를 드릴 수도 있다. 그 형태는 다양하겠지만, 핵심은 감사라는 더 깊고 풍성한 삶을 발견하고 이어 나가는 것이다.

지금까지 우리는 돈에 대해 성경에서 가르치는 두 가지 주요한 흐름, 즉 돈의 어두운 면과 밝은 면을 이야기했다. 아직 남아 있는 작업은 이 두 흐름을 한데 합쳐 그것들이 현대사회의 삶에서 어떻게 조화를 이루며 기능할 것인지를 보여 주는 것이다. 이제부터 그 일을 해 보자.

돈, '신'으로 삼지 않고 잘 쓰는 법

벌 수 있을 만큼 벌고,
모을 수 있을 만큼 모으고,
줄 수 있을 만큼 주라.
•존 웨슬리

내가 알기로는, 우리가 하나님과 재물을 동시에 섬길 수 없다 하신 예수님의 말씀과(마 6:24), "불의의 재물(맘몬)"을 가지고 친구를 사귀어야 한다는 예수님의 관심을(눅 16:9) 조화시키려고 시도한 사람은 지금껏 없었다. 하지만 이 일이야말로 우리가 돈의 양면성에 대한 성경의 증언을 올바르게 이해하는 데 꼭 필요하다.

불의의 재물로 친구를 사귀라?

누가복음 16장 서두에, 여러 세기에 걸쳐 주석가들을 궁지에 몰아넣고 그리스도인들을 어리둥절하게 한 비유가 등장한다(눅 16:1-13). 정말 독특한 비유인지라 그렇게 여기는 것도 당연하다. 이 비유는 우리가 지금 탐구하는 문제와 관련해 중요한 의미를 내포하고 있으며, 돈의 양면성을 이해하기 위한 열쇠다.

비유 자체는 아주 단순하다. 한 부자가 그의 청지기(말하자면 기업 관리인)가 자신의 재산을 잘못 관리해 온 것을 발견하고는 그를 해고한다. 하지만 그 청지기는 쫓겨날 시한이 되기 전에 머리를 써서 자신의 장래를 확보해 둔다. 자기 주인에게 빚진 자들을 불러서 각각 그 빚진 돈의 20퍼센트에서 50퍼센트를 깎아 기록하게 한 것이다. 이렇게 되면 채무자들은 청지기에게 큰 은혜를 입은 것이기에 그가 직장에서 쫓겨나면 그를 도와주지 않을 수 없게 될 것이다.

이는 분명히 영리하나 그만큼 부정직한 작전이었다. 그런데 부자 주인은 그 청지기가 한 일을 알아내고는 그를 감옥에 집어넣는 대신,

오히려 그 사람의 영리한 처신에 감명받아 그의 판단력을 칭찬한다.

이 이야기가 어렵다고 느껴지는 한 가지 이유는 예수님이 이토록 명백한 부정직한 행동을 예로 들어 중요한 영적 진리를 가르치고 있다는 점이다. 하지만 꼭 기억해야 할 건, 예수님은 그 청지기가 부정직한 것을 칭찬하신 게 아니라는 사실이다. 그분은 그 청지기가 경제적인 원천을 가지고 비경제적인 목표를 위해 사용하는 영리한 면, 즉 돈으로 친구를 사귐으로써 그가 필요할 때 갈 곳이 있도록 한 일에 초점을 맞추셨다.

우리가 가장 어렵다고 느끼는 부분은 바로 이 비유를 마치고 나서 예수님이 직접 논평하신 말씀이다. "이 세대의 아들들이 자기 시대에 있어서는 빛의 아들들보다 더 지혜로움이니라"(눅 16:8). 그런데 그다음에 이어지는 말씀이 아주 놀랍다. "내가 너희에게 말하노니 불의의 재물로 친구를 사귀라 그리하면 그 재물이 없어질 때에 그들이 너희를 영주할 처소로 영접하리라"(눅 16:9). 요약하면, 예수님은 우리에게 돈이 없어질 때에(언젠가 반드시 돈이 없어질 것이다) 우리가 계속 돌봄을 받을 수 있도록 돈을 사용하라고 말씀하시는 것이다.

예수님의 말씀 가운데서 두 가지 사실이 우리에게 충격을 준다. 첫째, 재물은 불의한 것이다. 둘째, 그 불의의 재물을 친구를 사귀기 위해 사용해야 한다. 예수님이 서로 완전히 상반된 것으로 보는 이 두 가지 사실을 동시에 진정으로 말씀하셨으리라고 도저히 믿기가 힘들다. 하지만 말씀은 너무도 명확하다. 예수님은 분명 재물은 불의하다는 것, 그리고 우리는 그 재물로 친구를 사귀어야 한다는 것을 말씀하셨다.

예수님이 "불의한 재물(맘몬)"이라고 말씀하셨을 때 그분은 돈에 내재해 있는 타락성을 강조하신 것이다. '불의'는 재물의 필연적인 속성이다. 예수님이 여기에서 사용하시는 단어(헬라어 "아디코스")는 매우 강한 뜻을 지니고 있다. 몇몇 성경은 이것을 "불법의 재물"(the mammon of iniquity)로 번역하고 있는데 이것은 이 단어가 지닌 가증스런 성격을 가장 잘 포착하고 있는 것 같다. 이 구절에 관해 자끄 엘륄은 다음과 같이 설명한다. "이것은 재물(맘몬)이 불법을 생성시키고 부추긴다고 하는 것과, 재물은 불의의 상징으로서 불법으로부터 발산된다는 두 가지 사실을 같이 의미한다. 어떻든 '불의'와 '하나님의 말씀에 정반대됨'이 맘몬의 트레이드마크다."[1]

재물에 불의가 내재해 있다는 것은 우리에게는 삼키기 어려운 쓴 약과도 같은 것이다. 우리는 재물에는 우리를 지배하는 아무런 힘도 없고 그 자체에는 아무런 권위도 없다는 것을 몹시도 믿고 싶어 한다. 예수님은 재물이라는 단어 앞에 서술적 형용사인 "불의한"이라는 단어를 두심으로써, 우리가 부에 대해 순진한 견해를 갖지 못하도록 금하신다. 우리는 단단히 마음을 먹고 보다 현실적이 되어야 한다.

실제로 하루 종일 돈을 만지며 일하는 사람들은 돈을 중립적인 것으로 생각하지 않고 그 실체를 더 잘 간파하고 있다. 예수님이 말씀하신 대로 그런 문제에는 "이 세대의 아들들"이 빛의 자녀보다 더 현명하다(눅 16:8). 그들은 돈이 무해한 것과는 거리가 멀다는 것을 알고 있다. 돈은 독약이며, 돈이 잘못 사용되면 이에 필적할 만한 것이 별로 없을 정도로 파괴적이라는 사실을 안다. 하지만 그들은 또한 우리가 돈을 정복해서 그것을 사용하는 법을 배우기만 하면 그 힘이 실로 무한하다는 것도 안다.

돈은 단순히 무언가를 살 수 있는 구매력 이상의 힘을 갖고 있다. "이 세대의 아들들"은 이를 이해하기 때문에 실제로 돈을 비경제적인 목적을 위해 사용하고 있다! 돈이 약자를 못살게 굴고 그들을 억누르는 무기로 사용되고 있다. 돈이 위신과 명예를 '사기'(buy) 위해 사용된다. 돈이 다른 사람들의 충성심을 얻기 위해 사용된다. 돈이 사람들을 부패시키기 위해 사용된다. 이처럼 돈은 여러 가지 일에 사용되고 있으며, 인간 사회에서 가장 큰 영향력 가운데 하나인 것이다.

이것이 바로 예수님이 우리에게 이 "불의의 재물로 친구를 사귀라"고 하신 이유다. 돈에게서 도망치지 말고 그것을 붙들어서 하나님 나라의 목적을 위해 사용해야 한다. 돈의 독소들을 정확하고 분명하게 파악하라. 그렇더라도 돈을 거부하지 말고, 돈을 정복하고 그것을 비경제적인 목적을 위해 사용하라. 돈은 더 큰 목표를 위해 붙들려야 하고, 복종해야 하며, 사용돼야 한다. 우리는 돈을 하나님 나라를 진척시키는 일에 사용하라고 부름받았다. 그러니 우리가 기껏 해야 돈을 일상적인 일에나 쓰고 더 위대한 목표를 위해 활용하지 못한다면 이 얼마나 큰 비극인가.

보물을 하늘에 쌓아 두라?

예수님은 마태복음 6장에서 '더 위대한 일에 재물을 사용하는 것'에 주목하신다. 예수님은 "보물을 땅에 쌓아 두지 말라"고 경고하신다. 안전하지 못한 투자이기 때문이다. 좀과 동록이 해하고, 도둑이 훔쳐 갈 것이기 때문이다(마 6:19). 오히려 우리 자신을 위해 "보물을 하늘에 쌓아 두"어야 한다. 그것이 더 큰 안전이 보장되는 투자이기 때문이다. 좀도, 동록도, 도둑도, 그 어떤 다른 것도 그 보물을 가져가지 못한다. 또, 그 보물이 우리의 애정, 아니 실로 우리의 존재 전체를 하나님 나라로 이끌어 주기 때문이다. "네 보물 있는 그곳에는 네 마음도 있느니라"(마 6:21). 따라서 하늘의 은행에 간직된 보물은 높은 보상이 주어지는 투자가 되는 것이다.

사람들이 돈에 관해 이야기할 때 자주 "당신은 (죽을 때) 그것을 가져갈 수 없다!"라고 말한다. 하지만 예수님은 우리가 행하고 있는 그 일을 알고 있다면 우리는 결국 그 돈을 가지고 갈 수 있다고 말씀하신다. 하지만 어떻게 우리가 보물을 하늘에 쌓아 둘 수 있을 것인가? 우리는 그곳에 수표를 예금할 수는 없다.

우리는 '하늘에 무엇이 있을까?'를 물어야 한다. 분명 천국에는 '사람들'이 있게 될 것이다. 따라서 우리가 보물을 쌓아 두는 하나의 방법은 '사람의 생명'을 위해 투자하는 일이다. 그런 종류의 투자야말로 우리가 죽을 때도 가지고 갈 수 있을 것이다. 사람들에게 투자한 돈은 우리가 할 수 있는 최선의 투자다.

미국 정부가 현재 사용하고 있는 화폐 전부를 몽땅 영국 파운드

화로 바꾼다고 상상해 보라. 그리고 그것이 발효되는 즉시 모든 미국 통화는 쓸모없게 되지만, 그런 화폐의 대전환이 언제 일어날지는 아무도 모른다고 가정해 보라. 그런 상황에서 우리가 취할 수 있는 현명한 방법은 우리가 가진 돈을 영국 파운드화로 바꾸어 놓고, 미국 통화는 하루하루 살아갈 만큼만 보유하는 것일 게다.

이 예화에서 우리는 예수님이 우리에게 하늘에 보물을 쌓아 두라 하시고 또 불의한 재물로 친구를 사귀라고 하신 말씀이 무슨 뜻인지 그 일단을 엿볼 수 있다. 돈을 적절히 사용하라는 것은 이 땅에서 높은 생활수준을 영위하라는 뜻이 아니다. 그런 일이야말로 참으로 형편없는 투자가 될 것이다. 돈을 적절히 사용하는 길은 참으로 사람의 생명을 위해 가능한 한 최대한의 투자를 해서 우리가 하늘에 보물을 쌓아 둘 수 있게 하는 것이다. 물론 우리는 하루하루의 삶을 영위하기 위해 일정량의 돈을 간직하고 있어야 한다. 하지만 우리가 바랄 것은, 가능한 한 많은 돈을 해방시켜 그 보상을 영원한 곳에 두는 일이다.

빛의 자녀들은 '부정 소득'(filthy lucre)을 하나님 나라 사업에 전환시킬 방법을 찾아내라는 커다란 도전을 받고 있다. 빛의 자녀들은 온갖 악한 속성이 있는 돈을 정복해서 하나님 나라를 향한 기회로 바꿔야 한다. 옆집에 어려운 형편의 이웃이 있을지 모른다. 아프리카 수단에 기근이 있거나, 아직 복음을 듣지 못한 민족에게 복음을 전파할 기회가 있거나, 아니면 젊은 학생의 미래를 위해 교육비를 지원할 기회가 있을지도 모른다. 이런 것들은 모두 투자할 수 있는 훌륭한 기회다.

돈, 섬기지 말고 사용하라

이제 우리는 재물을 섬겨서는 안 된다고 하는 마태복음 6장의 명령과 불의한 재물로 친구를 사귀라고 하는 누가복음 16장의 말씀을 조화시킬 수 있다. 그리스도인은 재물을 〔신으로〕 섬기지 말고 재물을 사용하라는 고귀한 부르심을 받았다. 우리가 우리의 경제적인 결정을 하나님이 내리시도록 맡길 때는 재물을 사용하게 되지만, 반대로 우리의 경제적인 결정을 재물이 내리도록 허락할 때는 재물을 섬기게 되는 것이다. 자, 우리의 결정을 누가 내려 줄 것인가? 하나님인지, 재물인지 정직하게 정해야만 한다.

집을 살 때 하나님의 부르심에 근거해서 사는가, 아니면 살 만한 돈이 있어서 사는가? 차를 살 때 하나님이 차를 사라는 마음을 주셔서 사는가, 살 만한 능력이 있어서 사는가? 만일 우리가 하거나 하지 않는 일을 돈이 결정한다면, 돈이 우리의 주인이다. 하지만 우리가 하거나 하지 않는 일을 하나님이 결정하신다면, 그때는 하나님이 우리의 주인이 되시는 것이다. 내 돈은 내게 "넌 이걸 살 만큼 충분한 돈이 있어"라고 말할지 모른다. 하지만 내 하나님은 내게 "나는 네가 그걸 가지기를 원치 않는다"라고 말씀하실지도 모른다. 자, 그렇다면 나는 누구에게 순종할 것인가?

우리 대부분은 우리가 내리는 결정에서 '돈의 독재'를 허락하고 방치한다. 즉 어떤 집에서 살 것인지, 휴가를 어떻게 보낼 것인지, 어떤 직업을 가질 것인지 하는 것들을 돈이 결정한다. 만일 아내가 내게 "우리 이거랑 저걸 해요"라고 말하는데 내가 "여보, 우리는 돈이 그렇게 많지 않잖아요!"라고 불평한다고 해 보자. 자, 어떻게 되었는가? 돈이 결정했다. 보다시피 나는 "여보, 우리 같이 기도해서 하나님이 우리에게 무엇을 원하시는지 알아봅시다"라고 말하지 않았다. 하나님이 아니고, 돈이 결정을 내린 것이다. 돈이 내 주인이다. 따라서 나는 돈을 신으로 섬기는 것이다.

만일 허드슨 테일러가 돈이 결정하게 했다면, 중국내지선교회라 불리는 위대한 선교 역사의 장은 결코 열리지 않았으리라. 그는 재원이 별로 없는 보통 사람이었지만 일단 하나님이 그가 가기를 원하신다고 확신한 이상 중국으로 떠났다. 하나님이 결정을 내리셨지 돈이 결정한 게 아니었다. 그의 주인은 오직 하나님이었으며, 그가 섬긴 분이 바로 그의 주인이었다.

선교 사역을 하는 동안 하나님이 허드슨 테일러에게 거액의 돈을 날라다 주셨기에, 그는 1,000명이 훨씬 넘는 사람들을 충분히 돌볼 수가 있었다. 하지만 테일러는 이미 영국 런던 빈민굴에서의 초창기 시절부터 십자가의 빛 안에서 돈을 이해하는 법을 배웠다. 그는 돈을 섬기지 않고 사용할 줄 알았다.

누가복음 16장 9절과 마태복음 6장 24절 사이에서 우리가 느끼는 모순은, 돈을 섬기지 않고 돈을 사용하는 법을 배움으로써 해결이 된다. 하지만 거칠고 험악한 인생길에서 그런 모순과 충돌이 빨리 또는 쉽게 해결되지 않는다는 점 역시 알아야 한다. 재물로 친구를 사귀려고 노력하다가 종종 재물을 섬기게 되는 경우를 우리는 심심치 않게 보지 않았던가. 우리가 다루는 것이 단순한 재물이 아닌 "불의의" 재물임을 아주 분명하게 하지 않는 한 우리는 안전하게 재물을 사용할 수 없다.

돈의 배후에 있는 영적 권세들, 돈으로 하여금 살아가고 활동하고 그 존재를 유지하게 하는 그 권세들이 정복되고, 진압되고, 예수 그리스도께 복종해야만 한다. 그 영적 권세를 정복하기 위해서는 내적으로나 외적으로나 모든 전선에서 일시에 공격을 감행해야 한다. 우리는 재물의 영적 권세뿐 아니라, 동시에 우리 안에 있는 재물의 영을 전복시키도록 노력해야 한다. 우리가 돈의 악한 면을 더 많이 정복할수록, 돈은 섬김을 받지 않고 더 많이 사용될 것이다. 그렇게 될 때 돈이 저주가 아닌 복이 된다.

맘몬을 다스리는 훈련

맘몬을 다스려야 한다고 말만 한다고 끝나는 일은 아니다. 우리 내면의 고집불통의 늙은 구두쇠와 외부에서 엄습해 오는 영적 권세들에 대항해 이기고 싶다면, 결단하고 행동해야 한다. 자신만의 방법으로 맘몬을 다스리기 위해 다음의 행동 단계들을 실천해 보길 바란다.

첫 번째 행동 단계는 '돈에 대한 성경의 증언을 듣는 것'이다. 복음서에서 시작하라. 펜을 쥐고 성경에서 돈과 소유에 관해 언급한 구절에 빠짐없이 표시해 보라. 이렇게 하는 목적은 예수님이 두 번째로 가장 많이 반복하신 주제에 대한 성경적 진리에 흠뻑 젖기 위함이다. 그런 다음에는 동일한 목표로 서신서를 살펴보라. 그러고 나서 당신이 읽고 표시한 모든 부분을 들추어 보면서, 돈의 어두운 면에 대해 언급한 부분과 돈의 밝은 면에 대해 언급한 부분을 구분해 기록해 두라. 자, 이렇게 해서 당신은 신약성경에 나타난 돈에 관한 증언을 한눈에 살펴볼 수 있게 되었다. 이 과정을 통해 돈에 관해 어떤 결론을 얻었는가? 당신이 얻은 결론을 써 보라. 거기다가 돈에 관해 새로운 통찰을 줄 수 있는 구약성경 말씀들을 더해 보라.

두 번째 행동 단계는 '심리학적·사회학적 관점에서 돈을 고찰해 보는 것'이다. 이는 우리 자신을 보다 잘 이해하려고 노력하는 과정이다. '나는 돈을 두려워하는가? 돈을 미워하는가? 돈을 사랑하는가? 돈이 나를 자랑스럽게 해 주는가, 아니면 부끄럽게 해 주는가?'

또한 이는 우리를 둘러싼 세계를 보다 잘 이해하는 과정이기도 하다. '제3세계는 왜 빈곤하며 선진국들은 어째서 풍요로운가? 현시대가 인간에게 상처를 주고 피를 흘리게 하는 일에 우리는 어떤 책임을 지고 있는가? 우리가 활용할 수 있는 자원들은 무엇인가?'

성경적·심리학적·사회학적 관점에서 이해의 폭을 넓혀 갈수록 우리는 그다음 단계로 들어갈 수 있다. 세 번째 행동 단계는 '기술적인 측면에서 돈을 관리하는 것'이다. 우리는 과감하게 가계 예산, 부동산 관리, 투자, 베풂을 위한 비용 책정 등등의 중요 항목을 채택할 수 있을 것이다. 우리는 가난한 이들을 향한 하나님의 관심에 응답하는 집안 살림 예산을 세울 수 있다. 우리의 지출 항목을 이 세계의 자원을 공정하게 분배하는 일에 민감하도록 산출해 낼 수 있다. 자신의 노쇠함을 두려워하지 않고 유언을 쓸 수 있다. 또 우리의 베풂을 그리스도의 위대한 선교적 명령의 관점에서 바라볼 수 있다. 하나님의 영광과 타인의 선을 위해 돈을 통제하고 관리할 수 있다.

네 번째 행동 단계는 '우리가 행하는 분투와 동일한 입장을 취하고 우리의 생활양식의 변화를 지지해 줄 지원 공동체를 모으는 것'이다. 부요하고 권력 있는 사람도 비천하고 가난한 사람과 마찬가지로 이해와 긍휼을 필요로 한다. 사랑의 지원 공동체는 여러 방면에서 찾아낼 수 있다. 항상 공식적인 것일 필요도 없고, 많은 시간을 들여야 하는 것도 아니다. 1월 어느 날 나는 판사 한 명, 기업인 한 명과 점심 도시락을 먹으며 이야기를 나눌 기회가 있었다. 그때 그 기업인이 종이 한 장을 꺼내더니, 앞으로 10년간 자신이 행할 구제 목표를 쏟아 놓는 게 아닌가. 그의 계획을 들으며 그가 하나님 나라를 위해 자기 돈이 쌓이는 일에 흥분하는 모습을 보노라니 어찌나 즐겁던지!

남편과 아내도 서로를 도울 수 있다. 가정 학습 모임도 서로를 붙들어 줄 수 있다. 하지만 그런 그룹에서는 듣기는 빨리하되 충고는 천천히 하는 것이 중요하다. 종종, 이해하는 마음이야말로 우리가 줄 수 있는 가장 큰 도움이다.

이 같은 창조적이고 도전적이며 긍정적인 사랑의 공동체를 개발하는 데는 시간이 걸린다. 우리가 가진 부는 우리를 외롭게 하고 고립시킨다. 우리에게 필요한 건 서로를 향한 인내심, 또 자신에 대한 인내심이다. 우리는 함께 '제자로서 성장하는 은혜'를 경험하기를 열망해야 한다.

다섯 번째 행동 단계는 '돈 문제에 관해 직접적이고 구체적으로 기도하는 것'이다. 돈은 참으로 영적 문제이며, 기도는 우리의 영적 삶에서 가장 주요한 무기이기 때문이다. 탐욕과 이기심을 꼼짝 못 하도록 꽁꽁 묶어 버리고, 관대함과 너그러움이 자유롭게 활동하도록 서로를 위해 기도하기를 배우자. 기도하는 가운데 상상력을 동원해 돈의 힘이 깨지는 것을 보자. 돈의 배후에 숨어 있는 영적 권세들이 그리스도의 주권 아래로 들어오는 모습을 그려 보자. 돈이 그 돈을 필요로 하는 사람들에게로 흘러가 필요한 음식과 의료가 제공되는 모습을 떠올려 보자. 기독교 신앙을 가진 사업가들이 돈을 새롭고 창조적이고 삶을 향상시키는 방향으로 통제하고 투자하고 이끄는 모습을 상상해 보자. 오늘날 각 국가의 정부가 그들의 광대한 재원을 폭탄 만드는 일에 사용하던 어리석음을 멈추고, 방향을 전환해 나누어 줄 식량을 만드는 일에 사용하는 모습을 보고 싶다.

서로를 위해 기도하라. 우리가 주어진 자원을 성실하게 사용하려면 지혜가 필요하다. 우리가 서로의 손을 붙잡고 지혜와 베풂의 은사를 더 많이 달라고 기도해 주는 것은 서로를 크게 섬기는 일이다. 어떻게 돈의 씀씀이를 짜야 할지를 놓고 기도하라. 돈의 힘으로부터 자유하기를 기도하라. 돈이 필요한 사람에게 베풀 수 있기를 기도하라. 돈을 가지고 베풀기 전에 그 일을 위해 기도하되, 하나님께 그분의 선한 목적을 위해 돈이 쓰이도록 구하라. 또한 사업에 투자된 돈을 위해서도 똑같은 기도를 올리라.

'예방하는 기도'를 배우라. 재정 문제가 일어날 때까지 기다리기보다 현재 재정 상황을 잘 꾸려 나가고 있는 사람들을 보호해 달라고 기도하라. 그들에게 아무런 돈 문제가 없다면 그들이 계속해서 자유를 알도록 기도하라. 그들이 베풂의 은혜를 보여 주고 있다면 그 은혜가 더 늘어나도록 기도하라. 그들이 돈을 관리하고 사용하도록 소명을 받았다면 그들이 탐욕과 이기심에서 풀려나고 그리스도의 강한 빛이 그들을 둘러싸도록 기도하라.

여섯 번째 행동 단계는 '돈을 왕좌에서 끌어내리는 것'이다. 내적 마음가짐과 외적 행동으로, 돈에게 주어진 신성한 성격을 모독하라. 돈은 인간의 가치 목록에서 지나치게 높은 자리를 차지하고 있다. 토머스 머튼은 "우리 생활의 진정한 '법'은 부와 물질의 힘이라는 법이다"[2]라고 진단했다. 돈을 지나치게 중요시하는 것은 그리스도인에게는 단순히 불행 정도가 아니라, 우상숭배다. 예수님께 충성하기 위해서는 돈이라는 우상을 향해 "노!"(No)라고 소리칠 줄 알아야 한다. 반드시 돈을 그 권좌에서 끌어내려야 한다. 그러기 위해 가장 좋은 방법은 우리가 돈을 경멸한다는 것을 보여 주는 것이다. 돈을 우리 발밑에 짓밟아 버릴 때 우리는 그 힘을 없애 버릴 수 있다.

바울이 에베소에서 하나님의 말씀을 전파했을 때, "마술"을 행하던 많은 사람이 자기들 책과 물건들을 가져와서 모두 태웠다. 태운 물품들의 값어치를 계산해 보니, "은 오만"이나 됐다(행 19:18-20). 그들의 마술 행위는 자기들 딴에는 신성한 행위였으나 엄연히 하나님을 모독하는 일이었다. 물론 돈이라는 것도 이 세상에서는 신성한 성격을 지녀 왔다. 하지만 결국은 그것을 경멸하고 모독하고 발밑에 짓밟아 버리는 법을 아는 것이 우리에게 유익하다.

자, 돈을 밟고 서라. 돈을 향해 호통치고, 비웃어 주라. 당신의 가치 목록에서 돈의 위치를 저 아래로, 우정이나 일상의 즐거움보다 훨씬 저 아래로 끌어내리라. 그리고 돈에 대해 가장 모독적인 행위를 하라. 다시 말해 돈을 내주라. 돈을 활성화시키는 힘들은 돈의 가장 비본질적 속성이라 할 수 있는 '베풂'과 공존할 수가 없다. 돈이라는 것은 원래가 취하고, 이윤을 얻고, 증식하기 위해 만들어진 것이지 베풀기 위한 것이 아니다. 그렇기에 바로 돈을 내주는 것이 돈의 힘을 무력화시키는 능력이 된다.

최근 우리 집에 그네 세트가 하나 있었다. 가게에서 흔히 살 수 있는 알루미늄 제품이 아닌 주문생산 제품이었다. 전체가 굵은 강철 파이프로 만들어진 고급 그네. 하지만 아이들은 그네 놀이에 금방 싫증을 느꼈고 우리 부부는 그네를 중고 시장에 파는 것이 좋겠다고 생각했다. 그러자 떠오른 생각은 '얼마나 받을 것인가'였다. 나는 곧바로 뒷마당에 나가 이리저리 살펴보며 속으로 생각했다. '이거, 꽤 받을 수 있겠는걸. 페인트를 조금만 칠하면 다만 얼마라도 더 받을 수 있겠지? 의자를 단단하게 손보면 훨씬 가격이 올라가겠는데?'

불현듯 내 속에 있는 탐욕이 느껴졌고, 이것이 영적으로 얼마나 위험한 상태인지 깨달았다. 나는 아내에게 그네 세트를 팔지 말고, 누군가에게 그냥 줘도 상관없는지 넌지시 물어보았다. 아내는 즉시 대답했다. "물론이죠. 상관없고말고요." 나는 속으로 생각했다. '바보 같은 소리!' 하지만 그날이 저물기 전에 우리는 어린 자녀를 둔 부부를 만나게 되었고 그들에게 무료로 그네를 주었다. 나는 그네에 색

칠할 필요가 없어졌다! '주다'라는 단순한 행위가 그때까지 내 마음을 사로잡고 있던 탐욕을 십자가에 못 박아 버렸고, 돈의 위력은 (한동안이 긴 했지만) 부서져 버린 것이다.

일곱 번째 행동 단계는 '돈과 물질에 대항해 사람 편에 서는 것'이다. 성경은 이런 관점을 매우 인상적으로 증언하고 있다. 성경은 빌려준 돈에 대해 이자를 받지 못하도록 금하는데, 이는 이자 받는 행위를 타인의 불행을 이용한 착취로 봤기 때문이다(출 22:25). 당시 많은 사람이 하루 벌어서 하루 생계를 유지했기에 임금은 매일 지불되어야 했다(신 24:14-15). 빌린 물건을 위한 저당물로 외투를 맡겼다면 빌린 물건을 미처 돌려주지 못했을지라도 외투는 밤이 되기 전에 돌려줘야 했다. 밤이 매우 추운 지역이라, 추운 밤에는 외투가 꼭 필요했기 때문이다(신 24:6-13).

사람이 물질보다 가치 있다는 선언을 하기 위해 우리가 할 수 있는 일은 수없이 많다. 우리는 우정을 잃는 대신 기꺼이 돈을 잃을 수 있다. 교회 시설물을 '보존'하기보다 '이용'할 수 있다. 우리가 지불하는 임금을 인간의 생산성에 대한 보수일 뿐 아니라, 인간의 필요에 대한 응답으로 취급할 수 있다. 장난감을 망가뜨린 어린아이가 망가진 장난감보다 중요하다는 점을 잊어서는 안 된다. 우리는 주린 사람을 먹이기 위해 중요한 물품 구입을 포기할 수 있다. 할 수 있는 일은 끝도 없이 많다.

마지막 행동 단계는 '돈에 근거해 사람에게 호의를 베푸는 태도를 근절하는 것'이다. 야고보는 "사람을 차별하여 대하지 말라"고 권면한다(약 2:1). 그리고 이렇게 덧붙인다. "만일 너희 회당에 금가락지를 끼고 아름다운 옷을 입은 사람이 들어오고 또 남루한 옷을 입은 가난한 사람이 들어올 때에 너희가 아름다운 옷을 입은 자를 눈여겨보고 말하되 여기 좋은 자리에 앉으소서 …… 하면 너희끼리 서로 차별하며 악한 생각으로 판단하는 자가 되는 것이 아니냐"(약 2:2-4). 아마 정치 정당에서라면 막강한 후원자들에게 특혜를 줄 수도 있을 테지만, 신앙 공동체에서는 결코 있을 수 없는 일이다. 그리스도인에게 돈은 결코 지위를 확보하기 위한 흥정 도구나 방편이 될 수 없다.

세상에서 돈은 '권력으로 오르는 계단'을 의미한다. 하지만 교회에서는 돈이 아무것도 아니어야 한다. 돈이 많은 사람을 더 낫게 여기지 말아야 한다. 우리 모두는 죄인이기 때문이다. 돈이 많다고 리더십 역할을 맡겨서는 안 된다. 그런 부르심은 오로지 영적 은사로 결정되기 때문이다. 누군가가 돈이 많다는 이유로 공동체에 더 필요한 사람으로 보지 말아야 한다. 우리는 돈이 아닌 하나님을 의지하기 때문이다. 교회라는 공동체에서 돈은 아무것도 아니어야 한다.

돈과 비즈니스

앞서 1장에서 나는 돈의 사회적 측면은 '비즈니스'라고 말했다. 우리가 지금까지 돈에 관해 분석해 본 내용에서 비즈니스와 관련해 이끌어 낼 만한 결론은 무엇인가?

"신자로서 우리는 노동의 선한 본질과 필요성을 긍정한다." 타락 이전의 아담과 하와는 정원을 돌봐야 할 일반적인 의미의 일이 있었다. 하지만 죄를 범해 저주를 받았고, 이제 일은 "얼굴에 땀을" 흘려야 하는 노동이 되었다(창 3:19). 타락 이전에는 노력에 상응하는 열매를 얻을 수 있었으나, 타락 이후에는 열매를 얻기 위해 훨씬 많은 노력이 필요하게 된 것이다.

사도 바울이 "누구든지 일하기 싫어하거든 먹지도 말게 하라"고 했을 때는(살후 3:10) 특정 사회보장제도에 반대해 말한 것이라기보다 노동의 선한 본질에 관해 말한 것이다. 우리는 일을 할 필요가 있다. 일은 생명을 주는 창조적인 행위다.

성 베네딕토는 "기도하고 일하라"(Ora et labora)라는 말을 만들어 경건한 삶과 일하는 삶이 밀접하게 연결되어 있음을 상기시켰다. 노동은 영적 삶에 필수다. 그리고 영적 삶은 노동에 의미를 부여해 준다.

"신자로서 우리는 인간의 삶을 풍성하게 해 주는 일은 지지하지만 인간의 삶을 파괴하는 일은 멀리한다." 이런 선언은 매우 중대하면서도 논쟁적인 이슈들에 직면하게 한다. 날로 발전해 가는 과학기술은 삶을 향상시키는가, 아니면 비인간화를 심화시키는가? 그리스도인이 선제공격용 무기를 생산하는 군수 산업 단지에서 일을 해도 좋은가? 과연 본질상 각종 위협으로 뒤얽힌 일터에서 일을 해야만 하는가? 직접적으로든 간접적으로든 지구상 생태계의 균형을 깨뜨리고 있는 공장에서 일하는 것이 과연 윤리적인가?

직업에 관한 문제는 '그리스도인이 바텐더가 될 수 있는가 없는가' 차원의 문제보다 훨씬 광범위하다. 내가 처음 목회하던 교회에서 있었던 일이다. 그 교회의 독실한 성도였던 물리학 박사가 크게 상심한 채 찾아왔다. 자신이 참여하고 있던 연구의 80퍼센트가 군사적 목적을 위해 사용되고 있다는 사실을 방금 전에 알게 되었다고 털어놓았다. 말하자면, 그의 직업은 누군가의 죽음에 기여하는 일이었다. 그 일을 수행할 수 있는 자격을 얻기 위해 그는 지금껏 그의 생애 절반을 투자했다. 실로 결단을 내리기 힘든 경우가 아닌가!

교육, 상담, 목회 등 삶을 풍성하게 하는 데 현저히 기여하는 직업도 많다. 이런 일들은 분명 인간의 필요를 궁극적으로 해결해 주며 영혼 구원에 이르는 만남을 가져다주는 소중한 기회를 제공해 준다. 이런 일 말고도 훨씬 많은 일이 있을 수 있다. 베이비시터에서 의사에 이르기까지 사람과 관계되는 모든 일은 인간의 삶을 풍요롭게 하는 훌륭한 기회들을 제공해 준다.

이렇듯 사람을 돕는 직업을 가진 이들은 흔히 수준 이하의 보수를 받고 있으며, 상대적으로 적은 권리를 누리면서도 그들에게 요구되는 일의 양은 더 많다. 하지만 이런 일들은 삶을 변화시켜 주는 잠재력으로 말미암아 기독교 공동체에서 최고의 가치를 부여받아야 한다. 유치원 교사는 생계를 꾸려 가는 것 이상의 과업을 수행하고 있으니, 그들은 누군가의 '삶'을 형성해 주고 있는 것이다. 우리가 일을 할 때 그 '목적'과 '의미'가 최고 수준의 특별 보너스가 될 수 있다.

요청되는 용역과 재화들을 제공하고 생산해 내는 모든 직업은 삶을 풍요롭게 해 준다. 농부, 목수, 전기 기사, 채소 가게 점원 그리고 그 밖의 숱한 이들이 헤아릴 수 없이 많은 모양으로 우리 삶을 풍성하게 해 주고 있다.

예술은 삶을 매력 있게 만드는 또 다른 분야다. 음악, 드라마, 영화, 조각, 문학, 미술 등은 인간의 경험을 풍성하게 해 주며, 그것들은 그리스도를 위해 붙들릴 필요가 있다. 그런데 기독교 공동체에서 이런 예술을 대하는 시각이 다시 한 번 끌어올려져야 하는데 지금껏 오랜 시간 미뤄져 왔다.

직업을 논할 때 청교도들이 강조한 '소명'도 생각해 보자. 기도 모임이나 소위 분별 집회는 목회 후보생들만이 아닌, 그 공동체의 구성원 모두가 일할 곳을 찾는 일을 돕기 위해 모일 수 있을 것이다.

내가 미처 언급하지 못했던 직업도 많으며, 언급했던 직업이라 하더라도 그와 관련된 많은 문제가 있다. 컴퓨터 기술, 법, 과학, 그 외에도 수많은 다른 분야가 이 선언의 관점에서 다루어질 필요가 있다.

"신자로서 우리는 인간의 가치가 경제적 가치보다 우선함을 확언한다." 그리스도인에게는 결코 경제상의 최저선이 삶의 최저선이 될 수 없다. 피고용인은 '생산에 드는 비용' 이상의 존재다. 인간에게는 금전적인 필요보다 먼저 충족되어야 할 요구들이 있다.

사업을 하는 사람은 수많은 어려운 문제를 마주하게 된다. 적자만 기록하는 사업체는 살아남을 수 없다. 투자에 대한 수익에 세심한 주의를 기울여야만 한다. 파산은 아무에게도 도움이 되지 않는다. 이윤을 다른 많은 똑같은 중요한 가치들과 나란히 보는 시각이 있어야 한다.

인간의 가치가 경제적 가치보다 우선한다는 원리는 사업을 어떻게 운영할 것인가에 관해 많은 것을 말해 줄 것이다. 예를 들면, 어떤 기업은 정기 임시 휴무 기간을 실질적으로 보장해 주는 방식으로 운영된다. 해고에 사람의 생존이 걸려 있다는 점을 이해하면 고용 안정성을 높이기 위해 균형 잡힌 계약을 추구하는 것을 더 우선시하게 된다.

미국의 많은 기업이 근로자의 높은 이직률이라는 가정 위에 세워져 있다. 심지어 어떤 기업은 의도적으로 그 이직률을 높여서 임금을 낮추고 있다. 반대로 일본 기업들은 근로자의 이직률을 낮추는 방향으로 기업을 경영하는 경향이 있다. 하나의 문화에서 '이동 성향'이라는 문제를 다루는 것이 그리 간단하지 않지만, 어쨌든 우리가 일련의 다른 전제에서 출발한다면 매우 다른 결과를 만들어 낼 수 있을 것이다.

더 긴 재직 기간을 추구하면 임금, 복리후생, 퇴직금을 다루는 방식에 영향을 미칠 수밖에 없다. 나아가 사람들이 우정과 서로 돕는 관계를 쌓도록 돕는 일을 중시하게 된다.

일본 모델은 장기적인 고용 안정성이 꼭 기업의 수익과 상충하지는 않음을 보여 주었다. 실제로 이 모델은 다양한 방법으로 이윤을 높이고 있는 듯하다. 설령 그렇지 못하다 하더라도 그리스도인들은 손익계산을 할 때 '사람'에 대한 관심의 여지를 남겨 놓아야 할 의무가 있다.

"신자로서 우리는 노사 관계에서 서로 상대방 입장에 들어가 볼 필요성을 인정한다." 자신을 속이지 말고 솔직하게 생각해 보라. 고용인과 피고용인은 힘의 균형 관계를 이룬다. 고용인은 피고용인을 내쫓거나 해고할 힘이 있으며, 임금을 올리거나 내릴 수도 있고, 수당이나 근로 조건 등을 조정할 수도 있다. 피고용인은 노사 관계를 증진시키거나 파괴할 수 있는 힘이 있으며, 때로는 그 회사의 사실상의 기능을 위태롭게 할 수 있는 능력을 지니기도 한다.

고용인들은 피고용인들의 불안한 감정을 실제로 느껴 봐야 한다. 피고용인들은 자신들이 이용당하고 있으며 비인간화되고 있다고 느낄 때가 굉장히 잦으며, 또한 대부분 사실이다. 효율성의 증대를 위해 행해지는 기계화 현상은 전체 기업의 비인격화를 심화시킬 수 있다. 기독교적 동일시를 실천함으로써, 고용인들은 피고용인들의 입장에 서 볼 수 있을 것이다.

고용인들은 자신의 앞날을 통제하는 누군가가 있다는 것이 어떤 기분인지 느껴 보려 노력할 수 있다. '나라면 불경기로 인한 강제 임시 휴직 기간이 임박했는데 고장난 냉장고를 새것으로 장만할 수 있겠는가?' '직장을 옮기게 될지도 모르는 판국에 여분의 침대를 하나 더 장만할 수 있겠는가?' 고용인들이 이런 질문을 자신에게 던져 보는 것은 피고용인의 입장을 실제로 느껴 보는 데 도움이 될 수 있다.

하지만 이것이 고통스러운 결정을 내릴 수 없음을 의미하는 건 아니다. 고용인은 여전히 수입과 지출을 면밀히 살펴보아야 하며, 전반적인 생산고 또한 면밀히 살펴보아야 한다. 어떤 결정은 당시에는 냉혹하게 보일 수도 있겠지만, 그런 결단이 피고용인의 취약성에 대한 지속적인 전향적 동일시라는 맥락에서 내려진 것이라면 놀라운 은혜가 그 상황에 스며들 것이다. 그리하여 그릇되거나 해로운 결정을 피할 수 있게 될 것이다.

반대로, 피고용인들은 고용인의 외로움을 느낄 수 있어야 한다. 사람이 리더 위치에서 책임 있는 자리에 있게 되면 여러모로 소외되게 마련이다. 리더의 위치에 있기 때문에 치러야 할 대가가 '비판'임은 누구나 알 것이다. 그로 인해 받는 상처는 결코 작지 않다.

피고용인이 고용인의 입장을 헤아리고자 할 때 자신에게 이런 질문을 던질 수 있다. '내가 만일 기업 전체 이익을 생각해야 한다면, 무엇이 바뀌어야 하는지에 대한 내 판단은 어떻게 달라질까?' '단지 여덟 시간만 근무하는 게 아니라, 하루종일 사업 생각을 하며 산다는 건 어떤 기분일까?' '사회적 지위와 경제적 부는 어떤 식으로 생활의 즐거움을 앗아 갈까?'

고용인들의 풀기 어려운 고충을 이해하려는 노력이 곧 비판의 소리를 없애야 함을 의미하는 건 결코 아니다. 고용인 자신을 위해서도 비판은 필요하다. 오랜 세월 동안 이어져 온 인습에 대한 시각의 변화는 새롭고 창조적인 아이디어를 낳을 수 있다. 하지만 일단 우리가 관리자들의 외로운 입장에 서 보게 된다면, 비판은 이해로 부드럽게 바뀔 것이다.

"신자로서 우리는 쓸데없는 것들을 사고파는 행위를 거부한다." 유행이란 본래가 왔다가 사라지는 법이다. 그러니 그리스도의 제자인 우리는 그런 일에 관여할 필요가 없다. 소매상을 직접 운영하던 존 울만이라는 사람은 장사를 하며 겪었던 일을 기록해 놓았다. 1756년 어느 날 일기에 그는 다음과 같이 적었다. "꼭 필요한 것을 사고파는 일은 내게 일상적인 습관이 되었다. 그러므로 사람들의 허영심만을 채워 주는 데 필요할 뿐인 상품들을 거래하기란 쉽지가 않았다. 아니 거의 그럴 수가 없었다. 그러다가 어쩌다 그런 일이 있었음을 발견하게 되면 그리스도인으로서 나 자신이 초라해졌다."[3]

우리가 하찮은 것들의 매매 행위를 거부하는 데는 인간의 삶에 높은 가치를 두고자 하는 의도가 직접 관련되어 있다. 지구상의 천연자원도 하찮은 곳에다가 찔끔찔끔 써 버린다면 이는 분명 남용이다. 그것들은 인류를 배불리 먹이고, 입히고, 교육하는 데 쓰여야 하기 때문이다. 화려한 옷이나 번지르르한 집보다 사람이 중요하다. 복음이 선포되어야 하고 아이들이 배워야 하는 한, 그리스도인이 이 땅의 "헛됨의 시장" 어느 한구석을 장식할 수는 없다.

하지만 '꼭 필요한 것'과 '하찮은 것'을 분명하게 구분할 수는 없는 노릇이다. 어떤 사람에게는 불필요한 사치품이지만, 다른 사람에게는 그것이 필수품일 수 있다. 한때는 남아돌았는데 다른 경우에는 결정적으로 필요하게 되는 수도 있다. 이 같은 어려움이 있긴 하지만 실제로는 아주 분명하게 드러나는 경우가 많기에 그 구별이 언제나 모호하지는 않다. 대부분의 경우, 우리가 이미 옳다고 알고 있는 대로 확실하게 따를 필요가 있을 뿐, 그 외에 어떤 영감 같은 것을 따로 기대할 필요는 없다.

우리는 썩어져 가는 구습의 본보기라고 여겨지는 수많은 것에서 빨리 돌아서야 할 것이다. 아주 드물긴 하지만 진지하게 주님의 인도하심을 구해야 할 경우도 있다. 주님은 그분의 지혜를 아낌없이 알려 주신다. 혹은 그리스도인의 공동체 구성원 중에서 기도를 많이 하는 이에게 물을 수도 있다. 그러면 그 사람은 주님의 말씀으로 우리를 인도해 줄 것이다. 물론 우리는 돈과 관련된 수많은 문제와 싸워야 할 것이다. 창조적 긴장 속에서 다양한 요구와 기회, 우리 사회를 건설할 책임이 뒤따르는 문제다. 바보가 아닌 다음에야, 결코 이것이 다른 사람 일이요 나와는 상관없다고 생각할 수 없으리라.

"신자로서 우리는 이웃을 이용하는 행위를 거부한다." 비즈니스 세계라는 단단한 모루 위에서 어떻게 이 선언을 실천해 내는가는 실로 보통 일이 아니다. 하지만 우리는 마침내 해내야 한다. 우리가 당면하게 되는 많은 경우, 그 상황들은 완전한 구별이 가능하다. 최근 아내와 나는 기화기(카뷰레터)가 고질적으로 속을 썩이는 차를 한 대 팔았다. 우리 둘은 누구든 차를 보러 사람이 오면 그에게 그 차의 문제를 말해 줘야 하며, 그가 전문가에게 그 차에 대한 평가를 맡길 수 있게 해야 한다는 점을 분명히 했다. 물론 그냥 팔았더라면 더 많은 값을 받고 처분할 수 있었을 것이다. 하지만 이렇게 한 덕분에 정직과 우정이라는 귀중한 가치를 잃지 않았다. 핵심은, 사실을 왜곡하거나 미화하려 들지 않고 진솔하게 보고하려고 고집했다는 것이다.

숱한 비즈니스 현장에서, '계약'은 상대방을 이용하려 들지 못하게 도와주는 역할을 한다. 한 편의 계약에는 여러 가지 내용이 포함되어 있다. 계약은 피차의 오해를 최소화하기 위해 기록으로 협정하게 된다. 계약서의 초안 작성을 돕는 변호사들이 가끔 법적 표현에 익숙하지 못한 우리 같은 일반 사람이 실수할지도 모를 잠재적 문제점을 지적해 낼 수도 있다. 또한 계약을 통해 우리는 마음속으로 '어떻게 어떻게 하겠다' 하는 생각을 분명하게 가다듬게 되기도 한다.

그러므로 계약은 유익한 것임이 분명하지만, '신뢰'는 계약보다 더욱 좋은 것이다. 계약이 타락의 증거요 죄의 자연적 경향이라고 한다면, 신뢰는 은혜의 증거요 의를 향한 초자연적 경향이라고 할 수 있다. 계약의 가장 악마적 요소 중 하나는 의심과 불신을 길러 내는 경향이 있다는 점이다. 이는 종종 법률적 소송으로 귀결되고 만다. 바울은 분쟁 해결을 위해 법에 호소하지 말 것을 권면했으며, 우리도 될 수 있으면 이를 피하는 것이 현명하다(고전 6:1-11).

반면, 신뢰는 공동체를 세운다. 우리가 상대방을 신뢰하게 되면 우리는 상대방에게 이용당할 위험에 맞닥뜨릴 수도 있다(지금 내가 우리 자신을 위해서가 아니고 다른 사람을 위해 말하고 있다는 사실에 주의하라). 우리는 절대 이웃을 이용해서는 안 된다. 여기에 우리 이웃들이 우리를 이용하지 않을 것이라는 보장이 전제된 것은 아니다. 실제로 그들은 우리를 이용할 것이다. 하지만 신뢰는 공동체를 세우는 힘이 있기 때문에 그 모험을 할 가치가 있다. 더 나아가서 바울이 "차라리 불의를 당하는 것이 낫지 아니하며 차라리 속는 것이 낫지 아니하냐"고 말한 것처럼(고전 6:7), 차라리 속으면 좀 어떤가? 결국은 모두 단지 돈의 문제다. 하지만 돈보다 훨씬 가치 있는 것이 많다.

다른 사람들이 우리를 이용하려 들 수도 있을 것이다. 하지만 설령, 만에 하나 그렇다고 해도 공동체의 결속을 깨뜨리기보다는 차라리 기꺼이 속아 주는 것이 더 훌륭한 방법임을 증언할 수 있다.

이상 여섯 가지 원칙은 비즈니스 세계에 몸담고 있는 그리스도인들의 역할이 무엇인지 발전적으로 이해하는 틀을 제공해 줄 것이다.

○ 신자로서 우리는 노동의 선한 본질과 필요성을 긍정한다.
○ 신자로서 우리는 인간의 삶을 풍성하게 해 주는 일은 지지하지만 인간의 삶을 파괴하는 일은 멀리한다.
○ 신자로서 우리는 인간의 가치가 경제적 가치보다 우선함을 확언한다.
○ 신자로서 우리는 노사 관계에서 서로 상대방 입장에 들어가 볼 필요성을 인정한다.
○ 신자로서 우리는 쓸데없는 것을 사고파는 행위를 거부한다.
○ 신자로서 우리는 이웃을 이용하는 행위를 거부한다.

예수의 구유 앞에서

성경은 돈의 밝은 면과 어두운 면 모두를 강조한다. 지금까지 우리는 엄청난 듯 보이는 양면의 간극에 다리를 놓는 공사를 했다.

이제는 베들레헴 말구유로 가 보자. 아기 예수께 나아온 그날의 경배자들을 주의 깊게 보라. 남루한 목자들과 위엄 있는 동방박사들. 여기서 우리는 빈부가 함께 말구유 앞에 나아온 것을 본다. 왕에게나 바칠 만한 선물인 황금과 유향과 몰약이 메시아 왕을 경배하는 가운데 거리낌 없이 드려진다. 쓸 돈이 없는 목자들은 목자들은 그들의 현존과 경배를 드린다. 양쪽 모두 부르심을 받았다. 가난한 사람 중에서도 가장 가난한 사람, 부자 중에서도 가장 부자. 둘 다 와서, 둘 다 무릎을 꿇고, 둘 다 그분께 경배를 드리는 것이다.

"내 부함을 인정하고 기쁨으로 나눌 것이다"

단순성은 청렴한 정신이다.
• 프랑소아 페넬롱

1-3장에서 우리는 '우리의 부'라고 하는 매우 곤란한 문제를 다루었다. 우리는 우리의 저항을 극복하고, 우리가 부유함을 인정하며, 새로운 자유와 기쁨으로 그 부를 나누는 법을 배웠다.

돈에 관해 살펴보면 피할 수 없이 명백한 결론에 도달한다. 바로 예수 그리스도를 따르는 그리스도인은 '단순성(simplicity) 서약'으로 부름받았다는 것이다. 이 서약은 헌신된 소수에게만 해당되는 것이 아니라, 모두를 위한 것이다. 이는 또한 우리의 선택 사항이 아니요, 개인적인 취향에 따르도록 주어진 것도 아니다. 그리스도를 구주로 고백하는 사람이라면 누구든지 그분 말씀에 따를 의무가 있다. 예수님이 돈에 관해 제자들에게 하신 명령을 한마디로 요약하면 곧 '단순성'이다. 단순성은 바로 주님이 돈에 관해 여러 방면에서 가르치신 정의, 곧 돈의 양면성, 돈을 주고받는 일, 신뢰, 만족, 믿음의 문제 등에 관한 보편적 원칙이다.

단순성의 의미

나뉘지 않은 마음, 단일한 목적. 우리 그리스도인의 유일한 갈망은 모든 일에서 그리스도께 순종하는 것이다. 우리의 유일한 목적은 모든 일에서 그리스도를 영화롭게 하는 것이다. 우리는 돈을 오직 이 땅에 그분의 나라를 확장하기 위해 쓴다. 예수님은 "네 눈이 성하면 온몸이 밝을 것이요"라고 선언하신다(마 6:22).

하나님의 선하신 피조물 안에서 누리는 환희. 오스카 와일드는 사람들은 석양의 아름다움을 보고도 그 가치를 모르는데 그것은 그들이 그 값을 치를 수가 없기 때문이라고 말한 적이 있다. 그리스도인은 다르다. 우리는 일몰과 일출, 땅과 바다, 도처에 가득한 갖가지 형상과 빛깔의 아름다움 등 지구라는 거저 받는 선물을 소중히 간직할 줄 안다.

신뢰와 만족. 바울은 "아무것도 염려하지 말"라고 권면한다(빌 4:6). 또한 자신이 "아무것도 없는 자 같으나 모든 것을 가진 자"이며(고후 6:10), "어떤 형편에든지 …… 자족하기를 배웠"다고 고백한다(빌 4:11). 이것은 바울의 사는 방법이었으며 또한 모든 그리스도인의 방법이다.

탐욕으로부터의 자유. "내가 아무의 은이나 금이나 의복을 탐하지 아니"했다는 바울의 고백이 바로 우리의 고백이다(행 20:33). 장 칼뱅의 고백이 이제 우리의 고백이 되는 것이다. "남들의 소유에 연연하지 않으리라!"[1]

매사에 단정하고 절제하는 것. 바울은 우리에게 "신중하며 의로우며 거룩하며 절제"할 것을 명한다(딛 1:8). 지나친 사치 풍조 속에서 자발적인 절제는 그리스도인의 삶의 표지가 된다. 우리는 마땅히 외적인 치장에 탐닉하거나 옷을 과시하는 삶의 양식을 거부한다. 우리가 사용하는 모든 물자는 언제든지 생존의 차원에서 절제되어야 한다.

필수 양식을 감사히 받는 것. 하나님은 이사야를 통해 "너희가 즐겨 순종하면 땅의 아름다운 소산을 먹을 것"이라고 약속하셨다(사 1:19). 그리스도인은 젖과 꿀이 흐르는 땅을 거부하는 완고한 금욕주의자가 아니다. 오히려 이런 은혜의 소산을 하나님의 사랑에서 비롯한 것으로 알고 즐거이 누리는 사람들이다. 철저한 개인적 금욕주의는 좋은 것이 아니다. 우리는 이런 태도를 단순성이 아닌 위선의 표현으로 보아 거부한다.

돈을 남용하지 않고 선용하는 것. 그리스도인은 성령의 능력으로 돈을 사로잡고 정복해 그리스도와 그분의 나라를 위해 쓴다. 우리는 행복이 물질적 풍요로 규정되는 것이 아님을 알고 있다. 따라서 모든 것을 부담 없이 소유할 수 있다. 돈을 가장 소중한 것으로 여겨 움켜쥐고 쌓아 두지 않고 소유할 수 있다. 즉 사로잡히지 않고 소유하는 것이다. 우리는 돈을 잘 훈련된 영적 생활이라는 한계 안에서 사용하며, 또한 하나님의 영광과 만인의 유익을 위해 돈을 사용한다.

유용성. 더 큰 것, 더 좋은 것에 대한 강박에서 자유롭게 되면, 인간 자체의 절대적인 요구에 반응할 시간과 에너지가 생긴다. 목사 같은 사역자들은 온종일 자유롭기에 생명의 말씀을 섬길 수 있다. 하지만 그렇지 못한 다른 이들은 장차 하나님 나라가 임하기까지 세월을 기약하고 있거나 할 것이다.

관대하게, 기꺼이 베푸는 것. 그리스도인은 나 자신을 내주며, 인생의 모든 산물을 기꺼이 내준다. 바울은 마케도니아의 교회들을 언급하면서 "먼저 자신을 주께 드"렸다고 했다(고후 8:5). 베풂은 돈에 관한 우리의 모든 관계에서 중심을 이루므로, 좀 더 상세하게 다루어 보자.

온전한 베풂을 위한 지침

돈에 관한 성경의 가르침에는 베풂(giving)이라는 행동 양식이 매우 두드러지게 나타난다. 베푸는 행위에 대한 언급이 없는 가르침을 찾아내라고 한다면 궁지에 몰릴 것이다. 십일조를 생각하든, 이삭 줍기에 관한 율법이든, 희년법이든, 삭개오 이야기든, 부자 청년 이야기든, 선한 사마리아인의 비유든, 어리석은 부자 이야기든, 아니면 다른 본문의 어떤 내용이든지 베푸는 행위에 강한 강조점을 두고 있음을 알 수 있다.

만일 우리가 성경의 증언을 진지하게 받아들인다면, 돈으로 할 수 있는 최선의 행위 중 하나는 돈을 내주어 없애는 일일 것이다. 이유는 분명하다. 돈을 내주는 것이 물질이라는 우상을 정복하는 가장 강력한 무기이기 때문이다. 베푸는 행위는 상업과 경쟁의 세계를 분개하게 한다. 이는 그리스도의 뜻을 위해 돈을 이기는 것이다. 자끄 엘륄은 지적했다. "그리스도인의 삶에서 돈이란 나누어 주기 위해 만들어진 것이라는 명백한 징표가 있다."² 다음과 같은 지침은 당신의 온전한 베풂을 돕는 하나의 시도가 될 수 있을 것이다.

첫째, 기쁘고 너그러운 마음으로, 적절하게 내주라. 우선 소득의 십일조부터 시작하라. 예수님, 사도 중 그 누구도 십일조를 내라고 하지는 않았다. 하지만 그들은 십일조를 뛰어넘었다. 그들의 모든 가르침에는 관대함과 희생이 상당히 많이 드러난다. 가난한 과부의 헌금, 초대교회에 밭을 팔아 바쳤던 바나바를 보면 알 수 있다(막 12:41-44; 행 4:36-37).

그러므로 십일조는 단지 구약 시대의 원칙일 뿐이며, 특별한 상황을 제외하고는 최소한의 기준이다. 이것은 엄격한 법칙이라기보다는 우리의 경제생활을 영위하기 위한 출발선이다.

지금 우리에게는 단순히 총 수입의 10퍼센트 한계를 정하는 계산의 천재가 필요한 것이 아니다. 어느 정도를 내는 것이 합당한지를 아시는 성령님께 대한 깊은 영적 감각이 필요하다. 엘리자베스 오코너는 이 문제를 놓고 씨름한다. "그 비율을 어디에다 맞추어야 하는가? 어느 집이 모은 재산이 기준인가? 저마다의 수입에 기준해 집집마다 다르게 책정할 것인가? 저마다의 사회적 안정도나 생계유지에 대한 염려의 수준에 맞출 것인가? 고통받는 자에 대한 우리의 이해의 민감도에 맞출 것인가? 우리의 정의감과, 모든 물질에 대한 소유권을 하나님께 돌린다는 생각에 맞출 것인가? '우리는 우리를 뒤따르는 자들을 위한 청지기다'라는 의식에 맞출 것인가? 등등이다. 물론 그 대답은 이 모든 것을 다 고려해야 한다는 것이다."[3]

로날드 사이더는 우리가 무엇으로 헌금의 기준을 삼을 것인지를 생각하는 데 도움을 주기 위해 누진적 십일조 개념을 제시했다.[4] 간단히 말해서, 평균 생활수준에 맞춰 생활비 총액의 10퍼센트를 내는 것이다. 그리고 부가 수입이 1,000달러를 넘을 때마다 5퍼센트를 더 낸다. 그런 식으로 부가 수입이 평균 생활비보다 18,000달러를 상회하게 되면, 결국 그 부가 수입의 100퍼센트에 해당하는 금액을 다 헌금하게 되는 것이다.

내가 아는 사람은 색다른 방법을 쓴다. 그는 사업체가 하나 있으며 자기가 생활 기준으로 정해 놓은 월급을 받고 있다. 그는 자기가 받는 월급 가운데서 15퍼센트를 십일조로 낸다. 그리고 자기 몫으로 월급 외에 배당되는 이익금 중에서 25퍼센트를 내놓는다. 그는 또한 책과 영화의 인세 수입과 강의료 등으로 얻는 수입은 100퍼센트 내놓는다.

막대한 재산이 있는 어떤 사람 가운데 수입 중에서 90퍼센트를 내놓고 10퍼센트로 살려고 시도해 보는 사람도 있다. 규모가 큰 중장비 기업 대표인 R. G. 르뚜르노가 바로 이렇게 했다.

부디 이런 사례들을 보고 겁먹지는 말라. 이는 부요한 문화적 환경 속에서 우리가 비례에 따라 헌금을 하는 데 어떻게 절충할 것인지 보여 주는 예시일 뿐이다. 우리 대부분은 이보다 적게 내거나 소박한 발걸음일 수 있다. 어떤 이들은 일대일이라는 방법을 스스로 실천한다. 즉 자기 집 잔디 비료를 사는 만큼 돈을 들여 제3세계의 식량 증산을 위한 비료 구입에 투자하는 것이다. 또 어떤 이들은 외식비와 기아 구호 후원금을 같은 비율로, 옷 구입비와 구호금을 같은 비율로 하기도 한다. 이런 발상은 다른 사람의 필요에 민감하게 반응함으로써, 우리의 씀씀이가 어떠해야 할지에 대한 정보를 제공한다.

하지만 어쩌면 이런 발상이 당신에게는 맞지 않을 수도 있을 것이다. 많은 사람이 너무나 큰 경제적인 압박감에 '차고 넘치도록' 주어야 한다는 발상 자체가 너무나 동떨어진 말처럼 들릴 수도 있다. 하지만 생각을 새롭고 창조적으로 바꾸려고 노력한다면 우리 중 많은 사람이 훨씬 많은 일을 할 수 있다.

주의할 점이 있다. 어떤 사람의 경우에는, 그들이 진실로 하나님께 신실하고자 한다면 지금보다 조금 덜 바칠 필요가 있다는 것이다.

당신은 당신 자녀나 부모, 다른 부양가족, 심지어는 당신 자신을 보다 잘 돌보아야 할 필요가 있다. 종교적 구실을 핑계로 자신의 책임을 외면하지 말라. 예수님은 이런 경우에 관해 매우 강력하게 충고하셨다(막 7:9-13).

둘째, 기쁘고 너그러운 마음으로, '합리적인 기부'와 '리스크를 감수하는 기부' 사이에서 창조적인 긴장을 유지하라. 후원금을 기부하는 경우는 우선 후원 단체나 개인을 면밀히 조사해야 하는 경우와 그럴 필요 없이 기부하는 경우가 있다. 양쪽 모두 필요하다.

우리가 내는 기부금 중에서 많은 양을 차지하는 것은 그럴 만한 이유가 있는 책임 있는 경우다. 만일에 기관에 기부하고자 한다면 알아봐야 할 질문이 여럿 있다. '내가 후원금을 내고자 하는 그 단체가 돈을 책임 있게 사용한 선한 이력이 있는가? 총 경비는 얼마나 되며, 지금 내가 지원하려는 프로젝트에 들어온 액수는 얼마나 되는가? 필요한 경비를 고안할 만한 책임 있는 리더십은 구성되어 있는가? 연례 회계 감사는 시행하는가?'

개인적으로 후원할 때는 또 다른 종류의 질문을 고려할 필요가 있다. '내 후원금이 이로울까, 아니면 해로울까? 후원 대상자가 받을 수 있는 적정액은 과연 얼마인가? 후원 대상자는 가계 지출 예산을 짜고 있는가? 한 번의 후원으로 그칠 것인가, 아니면 매월 정기적으로 계속할 것인가? 후원 대상자에게 또 다른 수입이 있다면 어떤 것이며, 없다면 필요한가? 그 사람을 직접 대하지 않고 다른 사람을 통해 줄 수 있는가?'

하지만 너무 많은 고려를 하게 되면 오히려 위험이 뒤따른다. 지출 중지를 획책하는 교묘한 경향성이 그 위험이다. 한때는 따뜻하게 열려 있던 베풀고자 하는 마음이 점점 굳어 갈 수가 있다. 인색한 마음이 '신중하고 책임 있는 기부'라는 미명으로 정당화된다.

이와 같이 영혼을 좀먹는 세력을 이기기 위해 우리는 옥합을 깨뜨린 여인과 같이 아낌없이 나누어 줄 필요가 있다(마 26:6-13). 그녀는 계산하지 않는 행동으로 옥합을 깨뜨리고 귀한 향유를 그리스도의 머리에 쏟아부었다. 제자들은 이것을 낭비로 보았지만 예수님은 아름다운 행동이라고 하셨다. 영혼을 위해 신중함을 포기해야 할 때가 있다. 주라. 그저 주기만 하라. 우리는 어떤 이에게 앞뒤 가릴 것 없이 베풀어야 할 때가 있는데, 이는 그가 그 돈을 잘 쓸 것이 입증돼서가 아니라, 그저 그 돈이 그에게 필요해서다. 이런 행위는 돈과 더불어 사랑과 신뢰를 베푸는 일이다. 그렇게 할 때 우리는 영적 파멸을 의미하는 '움켜쥐고 가지려고만 하는 마음'에서 자유롭게 된다.

셋째, 기쁘고 너그러운 마음으로, 유명하지 않은 개인이나 단체를 찾아 베풀라. 우리는 종종 이미 수천 번이나 성공한 이를 위해 싸워 주는 경향이 있다. 하지만 그리스도의 제자는 자치권도 상속권도 없는 이들을 찾아 후하게 지원해 주어야 한다.

정치적으로 소외된 이들, '뉴스로서 무가치한 이들'을 찾아서 후원의 손길을 펴라. 이들은 텔레비전이나 신문, 잡지에서는 찾아보기 힘들다. 기도하는 마음으로 인권 관련 언론기관을 찾아가 보라. 하나님 나라의 "작은 자", 다른 사람들은 깊은 생각 없이 그저 지나쳐 버리기 일쑤인 그 "작은 자"들에 관해 보고 들을 수 있는 눈과 귀를 달라고 하나님께 기도하라.

하나님의 종을 돕는 데는 뒷다리나 긁는 헛된 지혜가 아닌 앞을 내다보는 영적 통찰력이 필요하다. 조지 뮬러는 허드슨 테일러가 개척 선교사로 명성을 얻기 훨씬 이전에 그를 돕게 되었다. 그때는 선교사 군단을 거느리고 중국 내지로 떠나야 한다며 해외 선교를 주장하던 테일러에게 아무도 관심이 없을 때였다. 하지만 뮬러는 이 젊은 이에게서 하나님을 따르고자 하는 굳건한 마음을 발견했다. 우리는 지금에서야 허드슨 테일러를 뒤돌아보면서 현대 선교 운동의 제2의 위대한 물결을 일으켰던 시초를 발견한다.

뮬러가 지녔던 통찰력을 소유하느냐 못 하느냐는 '천국의 감시자와의 친밀한 교제에서만 얻을 수 있는 영적 감각'과 '하나님의 역사를 발견하기 위해 인생의 대로와 미로를 샅샅이 뒤지고 다닐 용기'에 달려 있다.

어떻게 하면 대중 선전 매체를 떠나 우리를 필요로 하고 우리가 행동해야 할 하나님 나라의 자리에 갈 수 있을까? 할 수 있는 대로 모든 선교사를 집으로 초대해 그들의 통찰을 나누고 비교문화적 시야를 넓히는 일을 시작하라. 이 신실한 일꾼들은 굉장한 지혜와 경험의 보고인데도 불구하고 종종 소홀히 여겨졌다. 그 이유는 선교사들을 대중 연설이 아니면 안 된다는 식의 편견으로 묶어 놓았기 때문이다. 선교사들을 집으로 초대해 하나님의 역사가 어디로 가고 있는지를 물어보라. 이 조용하고 온화해 보이던 사람들이 이내 불 같은 웅변가로 변하는 광경을 목도할 것이다.

매일 반복되는 일상사 가운데서 기도하듯 사람들에게 귀를 기울이라. 온갖 아이디어와 요구들이 뜻밖의 장소에서 불쑥 나타난다. 조그마한 공부 모임을 만들어서 물어보라. '하나님이 이 세상에서 행하시는 일이 무엇인가?' 예배 모임에서 다른 사람들을 만나게 되면, 당신이 나아갈 방향을 알려 주는 데 도움이 될 만한 예언자적 통찰을 지닌 이들을 청하라. 그들이 당신이 어디로 가야 할지, 그리고 그에 대한 가치 판단을 내려 줄 것이다. 여름휴가 동안 푸에르토 바야르타(멕시코의 휴양지)까지 유람하며 보내는 대신에 하이티에 사는 혼잡한 군중 속에서 그들과 함께 지내 보라. 이런 식의 다양한 방법을 동원한다면, 우리는 영적 싸움이 뜨겁게 전개되고 있으나 알려지지 않은 곳과 드러나지 않은 무명의 영웅을 발견할 수 있을 것이다.

넷째, 기쁘고 너그러운 마음으로, 힘을 구하지 말고 내주라. 통제하고, 관리하고, 영향력을 행사하려 들지 말라. 거저 받았으니 거저 주라.

우리는 사도행전에서 초대교회에서 행해진 후한 헌금을 '가난하고 힘없는 자들의 필요에 따라' 분배함으로써, 통제의 사슬을 끊어 버렸음을 본다. 초대교회는 돈을 통제의 도구로 사용하지 않고, 사랑의 방편으로 사용했다. 온갖 교묘한 술책들은 사라졌다. 하지만 어떤 사람이 돈으로 장난질을 시도했고, 이는 곧 죄로 드러났으며 신속하게 처리되었다(행 5:1-11). 우리도 마땅히 그래야 한다.

그리스도의 제자는 교묘하게 조종하는 돈의 힘을 거부한다. 유리한 위치를 확보하거나 자신을 즐겁게 하기 위한 돈의 사용을 거절한다. 그리스도인은 돈으로 다른 사람의 배후를 조종한다든지 부채를 담보로 위협하는 일을 하지 않는다. 우리는 돈의 악마적 세력을 거부하면서 돈의 선한 능력을 확신한다.

우리의 목사들이나 사역자들은 우리가 그들을 신실하게 지원하리라는 점을 알아야 한다. 혹여 그들이 우리가 좋아하지 않는 말이나 행동을 할 경우에도 말이다. 그래야만 그들이 자기 고유의 예언자적 사역을 감당할 용기를 얻을 수 있다. 그렇지 않으면 그들은 회중에게 인기가 없을 것 같은 말을 꺼리며, 경제적 타격을 우려하여 내키지 않는 사역에 동조할지도 모른다. 그들은 우리의 지원이 최근의 여론 조사 결과에 따라 달라지지 않는다는 점을 알아야 한다. 우리가 그 사역자의 이런저런 결정에 동조하지 않는다는 이유로 그리스도의 교회를 좌지우지하려 들 수는 없다.

물론 개교회의 방향성이 우려되어 헌금을 중지하는 편이 좋겠다고 할 때도 있을 수 있다. 하지만 그리스도의 몸 된 교회에 돈을 어떻게 지출해야 한다는 것까지 정해 줄 필요는 없다. 자유롭게 헌금하는 것만이 바람직하다. 우리는 가난한 그 과부가 성전 창고에 들어갈 자기의 '적지만 정성 어린 전 재산의 헌금'을 보류해도 될 수많은 이유가 있었음을 충분히 상상할 수 있다. 하지만 그녀는 그것을 드렸고, 예수님은 이를 칭찬하셨다(막 12:41-44).

다섯째, 기쁘고 너그러운 마음으로, 우리의 돈만이 아니라 자신을 내주라. 바울은 "먼저 자신을 주께 드"렸다고 선포했다(고후 8:5). 또한 우리도 그렇게 해야 한다. 내가 아는 한 사람은 후한 마음으로 자신의 재산을 바쳐 왔는데, 요즈음은 더욱 자기 자신을 드리려 하고 있다. 그는 가난한 사람과의 친밀한 인격적 관계가 필요하다고 생각한 끝에, 그들을 위한 자선 기관에 후원금을 결제하는 대신 한 가정을 맡기로 정했다.

이 가정은 약물중독과 관련된 여러 문제 때문에 수년 동안 거의 안정을 상실한 상태였다. 하지만 그의 도움으로 이 가정의 가장은 안정된 직업을 찾게 되었고, 가족들은 매달 정기적인 수입으로 식단을 짤 수 있을 만큼 안정되었다. 후원자는 일주일에 한 번씩 이 가정을 찾아가 그들의 예산을 살펴보며 계획을 다시 수정해 주고 있다. 그는 지금도 세금을 낼 능력이 없는 이 가정을 위해 자기의 재산을 여전히 투자해야 하는 상황이다. 이런 식의 기부는 후원금만 보내 주는 것보다 훨씬 값비싼 후원이 된다. 돈과 더불어 자신을 내주는 행위는 분명 보다 극적인 결과를 낳기 마련이다.

내가 알고 있는 또 다른 한 사람은 자기 재산을 들여 선교 영화사, 출판사, 신학교를 세웠다. 이런 일들은 어마어마한 시간과 에너지를 요구했지만 그는 마침내 해냈다. 자신의 돈뿐만이 아니라, 자신을 헌신하고자 했기 때문이다.

이 두 사람의 사례는 우리 대부분이 실천할 수 있는 것보다는 힘에 겨운 것일 수 있다. 하지만 우리 자신을 헌신하기 위해서는 단순하고 손쉬운 방법이 얼마든지 있다. 사도행전에 나오는 다비다는 동네 과부들을 위해 "속옷과 겉옷"을 지었다. 누가는 그녀를 일컬어 "선행과 구제하는 일이 심히 많"았다고 기록했다(행 9:36-43). 우리 역시 주위에 있는 사람들의 필요를 깨닫게 될 때 우리 자신을 내줄 방도를 찾을 수 있게 되고, 그럴 때 '선행과 구제하는 일이 심히 많아지게' 될 것이다.

여섯째, 기쁘고 너그러운 마음으로, 적절하게 나누어 줄 수 있도록 도울 사람을 구하라.[5] 당장 지불해야 할 현금이나, 거치금, 후원 계획, 계획된 기부금 등등에 관해 우리에게 조언을 줄 수 있는 최고의 전문가에게 도움을 청하는 것이 책임 있는 관리다. 그렇게 함으로써 우리가 가진 전 재산이 균형을 잡을 수 있다. 이는 성경 공부 모임이나 일상적인 만남을 통해 비공식적으로 이루어지며 공식적으로는 고용된 재무 설계사를 통해 할 수 있다.

한 가지 주의 사항은 질서다. 대부분의 재무 상담자들은 보수적 기질과 정신의 소유자이며, 대부분 전문성을 강조한다. 물론 돈의 세계에 대한 그들의 기술적 지식은 결정적으로 중요하다. 하지만, 그리스도인에게는 아무리 객관적인 사실과 숫자라 할지라도 결코 그것이 최종 결론일 수는 없는 법이다. 처음부터 끝까지 아무것에도 구속되지 않는 자유로운 영혼이야말로 필수적이다. 돈의 영적 특성이나 그리스도인의 삶을 특징짓는 근심 없는 태연함의 정신을 아는 변호사나 위탁 관리인은 사실상 거의 찾아보기 어렵다. 설령 그들이 기독교적 성향을 지녔다 해도 마찬가지다. 따라서 우리는 그들의 상담과 조언에 감사할 수는 있지만 그것에 묶여 있어서는 안 된다.

하늘 창고에 쌓아 두는 것이 최고의 투자임을 명심하라. 신중한 사업상의 모험에서와 같이 우리는 할 수 있는 한 최선을 다해야 한다. 우리 대부분은 우리에게 주어진 인생을 살아가는 동안 숱한 돈을 만지게 될 것이다. 청지기로서 그리스도인은 위로부터 내려온 이 돈이 그리스도와 하나님 나라를 위해 최고의 수확을 거두도록 사용할 책임이 있다. 우리 모두 천국 투자에 우선권을 두고 일해야 하며, 조언자들은 우리가 나아갈 방향을 일러 줄 것이다.

이렇게 말했다고 해서 가족을 섬기는 데 돈을 쓰는 것까지 평가 절하하려는 것은 결코 아니다. 오히려 나는 이 땅에서 하나님 나라의 건설을 위해 할 수 있는 최선의 투자 중 하나는 자녀를 위한 투자라고 생각한다. 시야를 넓히고 영이 민감해지도록 아이들에게 풍성한 경험을 선사하는 일은 매우 가치 있는 투자다.

일곱째, 기쁘고 너그러운 마음으로, 하나님 나라를 위한 우리의 관심을 보여 주는 사려 깊은 유언장을 작성해 두라. 사람들이 유언장 작성을 주저하는 마음은 이해가 간다. 유언장은 우리 자신이 유한한 존재임을 크게 외치며 우리 재산을 특별한 것으로 묶어 버리기 때문이다. 이 진실을 대부분 꺼리지만, 현실이 그렇다. 하지만 유언장 작성에 실패하는 것은 청지기에게는 최악의 사건이다. 보통 자신의 부함에 대한 부인은 오랜 세월에 걸쳐 지속적이고도 전적으로 일어난다. 사람들은 이 세상을 졸업해 천국에 들어갈 때 그 남아 있는 재물(이 세상을 향해 쓰일 '가능성이 있던' 재물) 앞에서 당황할 것이다. 내가 '가능성이 있던'이라고 한 이유는, 유언이 없다면 그 재물들은 이후에도 하나님의 사역을 위해 쓰일 수 없기 때문이다.

따라서 아직 유언장이 없다면 지금 이 장을 마치기 전에 하나 작성하도록 하라. 당신이 죽기에는 너무 젊다든지 다른 어떤 일을 할 만한 돈이 충분하지 않다든지 같은 핑계는 대지 말라. 어느 경우든 옳지 않다. 지금 즉시 유언장을 작성하라.

교회가 이 문제를 다루는 법에 관해 설명하는 시간을 제공한다면 이는 미처 다 헤아릴 수 없이 큰 사역을 하는 것이다. 이 문제를 해결하는 것이야말로 인간의 부와 죽음 모두에 직면하는 최선의 가능성이다. 나아가서 그리스도인에게는 의미심장한 다른 많은 질문이 있을 수 있다. '나는 내 전 재산을 자녀들에게 남겨 줄 것인가, 아니면 일부만을 줄 것인가?' '그리스도의 뜻을 최선으로 따르기 위해 내 뜻을 펼칠 기관은 어떤 곳인가?' '살아서는 할 수 없다면 죽어서라도 가난한 사람들에게 베풀 수 있는 길은 없을까?'

우리 부부가 작성한 유언장에는 당연히 우리 아이들 몫이 포함되어 있다. 하지만 교육 기관, 선교 단체, 구호 단체, 교회도 포함되어 있다. 다른 많은 사람이 매우 많은 일을 해 왔다. 어떤 사람들은 숨은 증인으로만 남아 있기도 하다. 패트릭 헨리는 자신의 유언장에, 자신이 이 땅의 재물은 아무것도 남기지 않는다 해도 상속자들에게 예수 그리스도를 믿는 믿음을 유산으로 남긴다면 그들은 모든 사람 중에서 가장 부유한 사람일 거라고 썼다. 또 그는 반대로 예수 그리스도를 믿는 믿음을 남기지 못하고 세상의 재물을 남기게 된다면, 그 상속자들이 세상에서 가장 궁핍한 사람이 될 거라고 덧붙였다.

부디 내 말을 믿으라. 유언장 작성은 절대로 두려워할 일이 아니다. 우리의 아주 적은 노력으로도 굉장히 많은 사람을 도울 수 있기 때문에 나는 유언장 작성을 미룰 마땅한 이유를 찾지 못했다. 소명을 받은 우리의 베풂은 즐겁고 풍성한 사역이다. 박해 시대의 그리스도인들은 자기 생명을 내주었으며, 번영 시대의 그리스도인들은 자기 인생의 노력의 산물을 내주었다. 윌리엄 로우는 초대 기독교 공동체가 "그들의 전 재산을 지속적인 사랑의 실천을 위해 기꺼이 사용했다"[6]라고 말했다. 이 말이 바로 우리를 설명하는 말이라면 얼마나 좋을까!

베풂의 사역에서 한 가지 주의할 점이 있다. 돈이라는 놈은 마치 잡초 같아서 우리 마음속에 다시금 뿌리를 내리는 법을 알고 있다. 우리는 돈을 그 권좌에서 끌어내렸고 순종 잘하는 종으로 삼았다 생각하지만, 어느 순간 갑자기 치명적인 일격을 가해 온다. 돈의 중심에는 반항하는 기질이 있는 듯하다.

내 친구 도널드는 수년이 넘도록 돈을 벌어들이고 나누어 주는 사역을 했다. 3-4년 전에 그는 그의 돈을 자본 시장에 투자할 결심을 했다. 자, 그는 5,000달러 상당의 동산을 사서 나중에 아마 10,000달러 상당으로 팔려고 한다. 그렇게만 된다면 그가 다른 방법으로 그 돈을 운용한 것보다 두 배의 금액을 베풀 수 있었다. 그는 그리스도와 하나님 나라의 더 많은 수익을 위해 돈을 관리하는 중이었다.

하지만 그 순간 그는 자신이 하나님 나라를 위한답시고 어느덧 탐욕의 일종인 투기성 기질의 포로가 되기 시작했다는 점을 깨달았다. 따뜻했던 희생의 정신은 메말라 갔으며, 지극히 공리주의적 투자가 되기 시작했다. 게다가 장기 투자에 따른 수익으로 아무 후회 없이 재물을 내놓기 위해서는 최소한 1년 정도는 돈을 붙들고 있어야 했는데, 그는 내게 "이렇게 1년 정도를 붙들고 있으면 돈에 애착을 느끼게 된다네"라고 털어놓았다. 도널드는 여전히 이런 과정에서 빚어진 영적 피폐를 극복하는 중이다.

도널드는 더할 나위 없이 거룩한 의도로 이 사역을 시작했다. 그리고 다행히도, 지금은 언제 돈의 힘이 또다시 자기주장을 하는지 감지할 만한 충분한 영적 감각을 지니게 되었다. 누구든 이처럼 위험성 있는 사역을 시작할 때는 앞을 내다보고 단단히 준비해야 한다. 돈("불의의 재물")은 독성이 있다. 세심한 주의로, 적절히 사용될 경우에만 도움이 된다.

자녀에게 돈에 관해 가르치라

그리스도를 따르는 제자로서, 우리는 우리 자녀들을 가르칠 책임을 피할 수 없으며, 돈과 관련된 공동체에서 아이들을 따로 떼어 놓을 수도 없다. 우리는 아이들을 돈으로부터 숨길 도리가 없다. 돈은 아이들이 살아 숨 쉬는 바로 이 세상에 깊이 침투해 있기 때문이다. 어떤 부모들은 자식들에게 직접 성(性)교육을 하기 거북하다고 느끼겠지만, 돈 문제에 관해 공개적으로 이야기하기를 꺼리는 것에 비하면, 그건 아무것도 아니다.

물론 실제로 많은 부모가 자녀에게 돈에 관해 가르치려 할 것이다. 하지만 실제로 우리가 마음에 내키지 않은 그 사실들에서 아이들은 배운다. 부모인 우리가 누구인지와 우리가 일상생활에서 보여 주는 거래 행위가 교육의 내용을 형성하기 마련이다. 아이들은 부모가 돈에 대해 취하는 모든 태도를 본받을 것이다.

> 돈을 두려워할 것인가?
>
> 돈을 좋아할 것인가?
>
> 돈을 존경할 것인가?
>
> 돈을 미워할 것인가?
>
> 돈을 이용할 것인가?
>
> 돈을 빌려도 좋은가?
>
> 예산을 짜서 돈을 써야 하는가?
>
> 돈을 얻기 위해 무엇이든 희생할 것인가?

이 모든 질문, 그리고 그 밖에도 다른 가능한 질문들이 아이들이 우리를 보고서 답을 얻게 될 질문들이다. 알베르트 슈바이처는 이렇게 말했다. "아이를 가르치는 데는 단 세 가지 방법만이 있을 뿐이다. 첫째도 모범, 둘째도 모범, 셋째도 모범이다."[7]

만일 우리가 돈을 사랑하는 데서 자유롭게 된다면 우리 아이들도 그럴 것이다. 돈에 대한 우리의 자동적인 반응이 염려라면, 아이들에게 근심과 염려를 가르치는 셈이다.

아이들은 돈의 양면성, 즉 돈의 어두운 면과 밝은 면을 다 알아야 한다. 그걸 모른 채 단지 돈을 어떻게 쓰고 예산을 어떻게 세울 것인지만 가르치는 것은 쓸데없는 짓이다.

아이에게 돈의 밝은 면을 가르치는 게 어려운 일은 아니다. 아이들은 돈이 자신들에게 좋은 것을 많이 가져다준다는 사실을 쉽게 배운다. 부모는 또한 아이들에게 돈이 다른 사람들에게도 유익이 된다는 점을 일깨워 줄 수 있다. 아이들에게 할 일을 주고 그에 상응하는 용돈을 주며, 십일조와 저축을 배우게 하고, 돈을 현명하게 쓰는 방법을 가르쳐 준다. 점차 아이들이 돈을 책임 있게 다루는 법을 배워 감에 따라 적절한 통제와 자유를 주면 된다. 앞에서 말한 과정, 혹은 그 외 과정이 모두 돈의 밝은 면을 가르쳐 주는 교육이다.

아이에게 돈의 어두운 면을 가르치는 것은 이보다 훨씬 어렵다. 아이에게 무엇을 살 수 있는 능력이란 복잡한 문제다. 가난한 가정의 어린이들은 너무 없는 것이 나쁘다는 것을 알 뿐, 너무 많은 것이 나쁠 수도 있다는 사실은 상상조차 못 한다. 부유한 가정의 어린이들은 자기보다 덜 행복한 친구들을 욕보이는 데 어마어마한 능력이 있을 뿐, 자기들도 똑같이 불행하다는 사실을 알아차리지 못한다. 그들에게는 돈이 자신들을 노예화하는 영적 힘이라는 생각이 우습게 여겨진다.

하지만 부모는 아이들에게 가르쳐야 한다. 아니 가르치는 것뿐 아니라, 아이들이 돈의 지배에서 벗어나도록 기도해야 한다. 돈의 지배에서 벗어나는 일은 그리 간단하지 않다. 돈은 단순히 사물이 아니다. 그것은 하나의 힘이다. 일단 우리 아이들이 돈에 노출되었다면(물론 우리는 아이들을 돈에 노출시켜야 한다), 아이들을 돈으로부터 보호하기 위해 기도해야 한다.

교육 역시 필요하다. 아이들이 돈과 씨름하게 되면 그들에게 돈의 힘에 관해 알려 줄 기회로 삼으라. 아이들에게 참된 부란 무엇이며, 이 세상에 존재하는 불평등의 원인이 무엇인가에 대해서도 생각해 보게 도우라. 돈이란 존경할 것도 경멸할 것도 아니라는 점을 말과 행동으로 가르쳐야 한다. 그리스도인은 돈에 경의를 표할 의무가 없다. 하지만 그렇다고 돈을 천시하는 것도 아니다. 돈은 유용하며 필수적이지만, 그렇다고 해서 존경이나 동경의 대상이 되어서는 안 된다. 간단히 말해서 우리는 아이들에게 돈을 섬기지 않고 사용하는 법을 알려 주기 위해 노력해야 한다(예를 들면, 눅 16:9; 마 6:24).

어른조차 이런 차이를 구별하는 사람이 드물기에 아이들에게 이 내용을 가르친다는 건 무척이나 어렵다. 우리가 사는 시대는 개인의 삶을 적절하게 통제하고 훈련한다는 것을 거의 이해할 수 없게 되었다. 그리하여 강박관념이나 금욕주의만이 현대사회 정신의 유일한 덕목으로 남았다. 우리는 우리 능력 밖에 있는 것을 거절하든지, 아니면 무조건 시인하고 수용하든지 한다. 이것이 오늘날 종교, 정치, 심지어는 경제에서 독단주의가 그렇게도 편만하게 된 이유다.

아이들에게 전 생애를 통해 '남용 없는 선용'을 가르칠 의무가 있는 건 다름 아닌 이 점 때문이다. 부모부터 몸소 실천해야 한다. 텔레비전 프로그램을 하나 보았으면 이제 끌 줄도 알아야 한다. 건강을 위해 필요한 것을 먹고 몸에 안 좋은 것을 먹지 않으며, 좋은 음악을 즐기는가 하면 침묵을 경험할 줄도 알도록 본을 보여야 한다.

아이들이 일단 부모의 모습을 보며 인간의 욕심을 넘어서는 절제를 경험하는 것이 가능하다는 점을 알게 되면, 그제야 비로소 돈이 주인이 아니요 종에 불과하다는 관념을 얻게 되는 것이다. 하지만 그것은 시작 단계에 불과하다. 아이들에게는 배워야 할 것이 훨씬 많다. 예를 들면, 돈의 영적 힘을 극복하는 체험이 절실하다. 부모는 돈에 관련한 많은 질문에 아이들이 구체적인 답을 얻도록 도와줄 필요가 있다. '이기심을 물리칠 방법이 뭐가 있을까?' '어떻게 하면 탐욕을 이기도록 효과적으로 기도할 수 있을까?' '너그러움과 다른 사람을 긍휼히 여기는 마음으로 행동하려면 어떻게 하는 게 좋을까?'

무엇보다도 우리는 아이들에게 돈을 아주 거부하지는 않으면서 동시에 어떻게 돈을 숭배하지 않을 수 있는지를 가르쳐야 한다. 돈의 '경건한 체하는 종교성'을 비웃어 버리는 법을 가르치라. 돈의 성역을 파헤쳐 세속화시키라. 어떻게 하면 될까? 한 가지 방법은 '많을수록 좋다'는 구호를 철저히 거부하는 것이다. 이 부분이 바로 부모들이 싸워야 하는 사실상의 전쟁터다. 어린아이에게는 장난감 하나가 만족스러우면 두 개, 세 개, 네 개가 더 만족스러우리라고 생각하는 경향이 있다. 하지만 어른이라면 반드시 그런 것은 아님을 잘 알리라. 따라서 우리는 이 점에서 굳건하게 "아니다"가 바른 대답임을 알고 배워야 한다. "그만하면 됐다." 우리 자신과 아이들에게 이렇게 말해 줄 수 있어야 한다. 그리스도인은 필요에 따라 무엇인가를 사는 것이지 갖고 싶어서 사는 사람이 아니다. 우리 아이들이 이 차이를 구별할 줄 알아야 한다.

돈은 존경의 대상이 아니다. 돈은 성령의 능력으로 정복해야 할 대상이다. 일단 돈이 싸움에 지고 물러나 그리스도의 길로 들어서게 되면, 돈은 우리의 섬김을 받지 않고, 이제 우리에게 사용되는 것이다.

관용과 아량과 평화

돈의 어두운 면은 필연적으로 탐욕을 지향하며, 탐욕은 복수와 폭력을 낳는다. 반대로 돈의 밝은 면은 결국 관용으로 이끌며, 관용은 아량과 평화를 낳는다.[8]

이 시대의 크고 중대한 도덕적 문제는 어떻게 '탐욕에서 관용으로' 나아가느냐, 어떻게 '복수에서 아량으로', '폭력에서 평화로' 옮겨 가느냐 하는 것이다. '단순성 서약'은 바로 이 점을 지향한다. 단순성은 우리에게 탐욕, 복수, 폭력에 대항해 설 수 있는 용기와 시각을 제공해 준다. 단순성은 우리에게 관용, 아량, 평화를 경험하는 틀을 제공한다. 성 프란체스코 살레시오는 말했다. "나는 당신에게 거룩한 단순성을 추천합니다. …… 매사에 단순성을 사랑하십시오."[9]

MONEY, SEX & POWER

Part 2

성경적 관점에서 배우는

성

‘하나님의 형상’에 근거한 인간의 성,
관계성이 핵심이다

성(性)은 영성의 적이 아니라, 친구다.
• 도널드 괴르겐

기독교 역사상 참으로 비극적인 현상 가운데 하나는 성과 영성의 단절이다. 이는 성경이 인간의 성을 막대한 복으로 보고 있기에 더욱 비극적이다. 이제부터 성경의 창을 통해 인간의 성을 살펴보도록 하자.

남성과 여성

우리는 창세기 1장에서 짧지만 위대한, 인간의 성에 관한 의미 있는 언급을 볼 수 있다. 이 이야기는 하나님이 창조의 말씀을 선포하심으로 우주 만물이 존재하게 되었다고 하는 하나님의 위대함으로 시작된다. 하나님이 창조한 이 우주 만물은 좋았다(선했다). 매우 좋았다(선했다). 부디 이 사실을 있는 그대로 받아들이라. 물질세계는 선한 것이지 경멸해야 할 대상이 아니다. 우리는 창조주 하나님이라는 신론을 시급히 회복해야 한다. 또한 선한, 매우 선한 피조물에 대한 창조론의 확립도 절실하다.

인간은 하나님의 창조 행위의 절정이다. 엄숙하게 말하건대, 인류의 창조는 다른 모든 피조물의 창조와는 다르다. 인류의 창조는 '이마고 데이'(Imago Dei), 곧 하나님의 형상대로의 창조다. 인간의 성이 '이마고 데이'와 얼마나 밀접하게 관련되어 있는지 주의 깊게 살펴보라. "하나님이 자기 형상대로 사람을 창조하시되, 하나님의 형상을 따라 그를 창조하셨다. 그는 사람을 남성과 여성으로 창조하셨다"(창 1:27, 저자 의역). 이상하게 들릴지 모르지만 우리의 성, 곧 남성과 여성은 하나님의 형상에 따른 창조와 연관되어 있다.

칼 바르트는 인간의 성이 '하나님의 형상'에 근거한다는 성경의 놀라운 진술의 의미를 우리에게 보여 준 최초의 신학자다. 그가 우리에게 알려 주려고 했던 것은 바로 '하나님의 형상을 따라'라는 진술이 의미하는 내용의 핵심이 그 '관계'에 있다는 것이다. 또한 남성과 여성 간의 관계는 하나님과 우리 사이의 관계에 대한 인간적인 표현이라는 사실이다.

인간의 성, 즉 남성과 여성은 단지 인간이라는 종(種)에 우연히 첨가된 것이거나 인간성을 유지하는 어떤 편리한 방식에 불과한 것이 아니다. 절대로 아니다. 그것은 우리의 참된 인간성의 핵심을 이루고 있다. 우리는 관계 안에서 남성과 여성으로 현존한다. 사랑을 주고받는 능력인 인간의 성적 특성은 하나님의 형상을 따른 우리의 창조와 밀접하게 연결되어 있다. 이 얼마나 인간의 성에 관한 중대한 관점인가!

성경이 '관계'를 이처럼 강조함으로써 인간의 성에 관한 이해를 넓히는 데 기여하고 있음을 주의하여 보라. 우리 시대에 만연한 음란 서적이나 퇴폐 술집에 관계되는 문제점은 성에 관한 지나친 강조 때문이 아니라, 오히려 충분히 강조하지 못한다는 데서 기인한다. 그것들은 하나같이 '관계성'을 없애고, 성을 한낱 생식기의 좁은 의미로만 제한한다. 그것들은 성을 하찮고 사소한 것으로 만들어 놓았다.

그에 비해 성경적 관점은 얼마나 풍부하고 부요한가. 커피를 마시며 이야기를 나누고, 좋은 책을 읽고 느낌을 나누며, 석양의 지는 해를 함께 바라보는 등 이런 것들이 가장 좋은 상태의 성이며, 남성과 여성으로서의 친밀한 관계다. 생식 수단으로서의 성교는 분명 전체 중 일부에 불과하다. 인간의 성은 단순한 성교 이상으로 훨씬 범위가 넓은 실재다.

"벌거벗었으나 부끄러워하지 아니하니라"

하나님은 인간을 제외한 모든 만물을 말씀으로 창조하셨다.[1] 아담을 창조하기 위해 하나님은 흙을 취해 생기를 불어넣으셨다(창 2:7). '흙과 하나님의 생기의 연합'이란 인간 본질에 대한 가장 빼어난 표현 중 하나다. 하나님은 하와를 만드실 때 다른 피조물의 일부인 것처럼 말씀으로 창조하지 않으셨으며, 역시 남자와는 무관한 피조물인 것처럼 흙에 생기를 불어넣지도 않으셨다. 하나님은 아담의 갈비뼈를 사용하심으로써 그들 상호 간 의존성을 강조하셨다. 마치 아담이 표현한 대로 "내 뼈 중의 뼈요 살 중의 살"인 것처럼, 그들 둘은 서로 얽혀 있고, 서로 의존했으며, 서로 교착되었다. 그들에게 지독한 경쟁의식이나, 남성 우위의 계급의식, 독립적인 자율성 등은 찾아볼 수 없다. 이 얼마나 아름다운 관계인가!

다음은 성숙한 결혼에서 볼 수 있는 언약의 신실성에 관한 고백이 나온다. "이러므로 남자가 부모를 떠나 그의 아내와 합하여 둘이 한 몸을 이룰지로다"(창 2:24). 이 성경 구절은 실로 특별한 진술이다. 이 말씀은 가부장적 특징이 뚜렷한 문화에서 주어졌기 때문에 성경 기자가 남자를 향해 '떠나기'(leaving)와 '한 몸 이루기'(cleaving)를 말한 것은 참으로 특별한 발언이다. 성경은 그들의 연합을 "한 몸"이라는 실재로서 기술했으며, 예수님은 이 구절에 관해 깊이와 넓이를 더해 가르쳐 주셨다.

이 장면은 다른 무엇보다도 신선한 언급으로 끝맺는다. "아담과 그의 아내 두 사람이 벌거벗었으나 부끄러워하지 아니하니라"(창 2:25).

우리는 여기에서 두 사람의 성이 그들의 온 삶으로 통합된 한 폭의 아름다운 그림을 보게 된다. 거기에는 온전함만이 있기에 부끄러움이란 없었고, 그들 자신 안에서와 다른 피조물과의 유기적인 연합이 있었다. 루이스 스미디즈의 말대로, "사람이 부끄러움을 모르는 경우는 두 가지다. 첫째는 온전한 상태에서고, 다른 하나는 환각 상태에서다."[2] 벌거벗었으나 부끄럽지 않다. 이는 굉장한 광경이다.

당신은 타락 이전에 부끄러움 없는 에로티시즘이 있었다는 사실을 알고 있었는가? 타락이 에로스를 만들어 낸 것이 아니다. 타락은 에로스를 왜곡시켰을 따름이다. 우리는 창조 기사를 통해 남자와 여자가 서로에게 가까이 이끌렸으며 벌거벗었으나 부끄러워하지 않았다는 사실을 알고 있다. 그들은 자신의 남자 됨과 여자 됨이 하나님의 솜씨이며, 그들의 열렬한 애정 또한 그분의 솜씨임을 알고 있었다. 그들의 성적 구별은 그들을 연합시켰다. 즉, 남자요 여자지만 한 몸이다. 그들 둘의 관계는 사랑의 관계인데 왜 부끄러워해야 하는가? 그들의 성은 하나님이 창조하신 성이다.

우리 모두가 알고 있는 창조 기사의 비극적인 결말은 어떻게 남자와 여자가 하나님의 길을 떠났는가다. 그 후로 타락의 독소는 만물을 오염시켰다. 하나님과 아담과 하와 사이의 관계를 단절시켰다. 심지어는 결혼 관계마저 변질시켰다. "남편은 너를 다스릴 것이니라"(창 3:16). 우리는 인류 역사와 오늘날 모든 사건 속에 가득 찬 '남자에 의한 여성 지배' 문제가 하나님의 선하신 창조 사역의 일부가 아니요, 타락의 결과임을 결코 잊어서는 안 된다. 긴장과 갈등, 계급의식 등도 마찬가지다. 데이비드 허바드의 말처럼, 타락한 이후 인간의 삶은 "남자와 다투며 쥐여 사는 여성과, 여성을 지배함으로써 인간성을 격하시키고 관계성을 파괴하는 남성의 맹목적인 여성 지배 사이에서 방황해 왔다."[3]

칼 바르트는 성의 타락이 '악마적인 에로티시즘'과 '에로티시즘의 완전 결여라는 악마성' 사이의 방황을 낳았다고 진단했다. 실로 엄청난 비극이다! 하지만 기독교가 내놓을 증언은, 현재 임하는 하나님 나라로 말미암아, 우리는 낙원에 이르는 화염검에 싸인 통로를 지나 바로잡힌 성애의 관계 속에서 (어느 정도는) 살 수 있다는 것이다.[4] 우리는 그리스도 안에서 우리의 온전한 성(sexuality)을 확인하며, 복음의 능력으로 성의 왜곡에서 돌아서야 한다.

사랑의 찬가

창세기가 우리의 성을 인정한다면, 아가서는 성을 축복한다. 칼 바르트는 아가서를 "아담과 그의 아내 두 사람이 벌거벗었으나 부끄러워하지 아니하니라"(창 2:25)의 확대된 주석이라고 봤다. 올바른 지적이다. 성경의 다른 어느 부분에서도 이와 비슷한 인간의 성에 대한 아낌없는 찬사는 찾을 수 없다. 이 표현이 다름 아닌 성경에 있다는 사실은, 히브리인들이 삶을 '성스러운 것'과 '세속적인 것'으로 칼같이 구분하기를 거절한다는 점을 멋지게 증언해 주는 셈이다.

아가서는 에로스(성애)를 들여다볼 수 있는 아름다운 창문이 아닌가! 거기에는 음탕하지 않은 관능과 난잡하지 않은 열정, 탐욕 없는 사랑이 있다. 아가서에 나오는 네 가지 중요한 주제들을 살펴보자.

첫 번째는 '사랑의 강렬함'이다. 아가서 기자는 최상급에 최상급을 더하며 그들의 사랑으로 인한 육체적 소모를 보여 주는 농도 짙은 표현을 서슴지 않는다. "너희는 건포도로 내 힘을 돕고 사과로 나를 시원하게 하라 내가 사랑하므로 병이 생겼음이라"고 여인은 외친다(아 2:5).

또 다른 곳에서 기자는 여인이 침대에서 연인을 그리워하는 모습을 묘사한다. 그녀는 깊은 밤중에 일어나 거리를 헤매며 "마음에 사랑하는 자"를 찾는다(3:2). 심지어는 성을 순찰하는 이들을 붙잡고 그녀의 연인이 어디에 있는지를 알려 달라고 조른다. 마침내, "마음에 사랑하는 자를 만나서 그를 붙잡고 내 어머니 집으로, 나를 잉태한 이의 방으로 가기까지 놓지 아니하였노라"(3:4)고 고백하고 마는 강렬한 사랑의 서곡을 보여 준다. 부끄러움이라고는 찾아볼 수 없는 성애다.

두 번째로, 사랑의 강렬함 뒤편에서 우리는 '사랑의 절제'를 볼 수 있어야 한다. 진정한 사랑에는 노골적인 방탕이나, 마구 주무르고 때리는 것 따위는 없다. 음욕과 추파를 던지기에는 사랑은 너무 고결하며 성은 너무 깊은 것이다.

아가서 8장에서 여인은 자기의 오라비들이 그녀의 소녀 시절에 했던 말을 회상한다. "우리에게 있는 작은 누이는 아직도 유방이 없구나 그가 청혼받는 날에는 우리가 그를 위하여 무엇을 할까 그가 성벽이라면 우리는 은 망대를 그 위에 세울 것이요 그가 문이라면 우리는 백향목 판자로 두르리라"(8:8-9). 오라비들의 말의 핵심은 이것이다. "우리의 누이는 성벽이었는가? 그녀는 자신의 순결을 지켰나? 그녀는 자신의 성적 열정을 조절하여 자신의 영원한 연인인 주인을 위해 자신을 보존했는가? 아니면 그녀는 문이었던가? 그녀는 한때 만난 남자에게 순결을 빼앗겼는가?"

완연히 성숙해진 그녀는 사랑하는 자에게 기쁨으로 고백한다. "나는 성벽이요 내 유방은 망대 같으니"(8:10). 그녀는 무절제한 정열에 몸을 맡기지 않았다.

그 남자 역시 절제의 교훈을 알고 있었다. 아가서 6장에 보면 그는 자신의 성적 객기를 보였을 뻔했던 무수한 위기가 있었음을 회상한다. 히브리인들의 과장법을 인정한다 하더라도 그는 왕후 60명, 후궁 80명, 거기다가 "시녀가 무수"하다고 언급하면서도 그들이 모두 자신에게 속한 여인이었으나 "나는 내 사랑하는 자에게 속하였고 내 사랑하는 자는 내게 속하였"기(6:3, 8) 때문에 그들 모두에 대해 "노"(No)라고 했다.

아가서의 사랑은 마구 몰아치기를 금하고 있다는 점에서도 절제되고 있다. 이는 아가서 전체를 통해 고르게 등장하는 후렴 문구에서 잘 나타난다. "예루살렘 딸들아 내가 노루와 들사슴을 두고 너희에게 부탁한다 …… 내 사랑하는 자가 원하기 전에는 흔들지 말며 깨우지 말지니라"(3:5; 8:4). 고대 이스라엘 사람들에게 인내와 절제에 관한 조언을 듣는 것이 중요하다면 어린아이들까지 섹스 심벌로 삼는 오늘날의 우리 사회에는 얼마나 더 중요하겠는가?

강렬함과 절제, 이 얼마나 아름다운 조화인가. 성적 열정은 복된 것이지만 동시에 서로 배타적인 특징을 내포한다. 이를 가장 잘 그려 주고 있는 성경 구절은 아가서의 결혼식 장면이다. 신랑은 장래의 자기 신부를 "잠근 동산이요 덮은 우물"이라고 표현한다(4:12). 그녀는 일시적인 성에 대해서는 거절했다. 즉 그녀는 자기의 동산을 잠갔다. 하지만 결혼 첫날밤이 되자 소리 높이 외친다. "북풍아 일어나라 남풍아 오라 나의 동산에 불어서 향기를 날리라 나의 사랑하는 자가 그 동산에 들어가서 그 아름다운 열매 먹기를 원하노라"(4:16). 사랑의 강렬함 그리고 사랑의 절제.

아가서 전체에 흐르는 세 번째 주제는 '사랑의 상호성'이다. 아가서 어느 곳에서도 남자는 적극적이고 여자는 수동적이라는 식의 진부한 이야기를 찾을 수 없다. 절대 그렇지 않다! 남자와 여자는 긴밀하게 얽혀 있으며, 서로가 주체적이면서 서로가 수동적이다. 마치 타락으로 인해 생긴 남성 지배에 대한 벌이 하나님의 은혜로 다 해결된 듯하다.

아가서의 문학적 구조 자체도 사랑은 상호적인 것임을 강조한다. 남자가 노래하면 여자가 화답하고, 합창대는 후렴을 불러 준다. 거기에는 활짝 열린 마음의 대화가 있다. 여인은 사랑과 정열을 표현하는 일에 스스럼없고 열려 있다. "나의 사랑하는 자는 내 품 가운데 몰약 향주머니요", "내 사랑하는 자는 노루와도 같고 어린 사슴과도 같"다 (1:13; 2:9).

우리는 창세기에서 하와에 대한 아담의 사랑 고백만을 보았지만, 아가서는 연인 상호 간의 성숙한 사랑 고백에 강조점을 둔다. 둘 모두 지속적으로 사랑의 성숙한 행위를 주고받는 것이다.

우리가 알고 넘어가야 할 네 번째 주제는 바로 '사랑의 영원함'이다. 여기에 혼란이 있을 수 없고, 지루한 권태기라고 해서 달아난다는 것은 있을 수 없다. 노래를 마치기에 앞서 여인은 다음과 같이 외친다.

> 너는 나를 도장같이 마음에 품고
> 도장같이 팔에 두라
> 사랑은 죽음같이 강하고
> 질투는 스올같이 잔인하며 불길같이 일어나니
> 그 기세가 여호와의 불과 같으니라
> 많은 물도 이 사랑을 끄지 못하겠고
> 홍수라도 삼키지 못하나니
> 사람이 그의 온 가산을 다 주고

사랑과 바꾸려 할지라도

오히려 멸시를 받으리라(8:6-7).

그들의 사랑은 끝이 없으며 강력하다. 이 사랑은 활활 타오르다 차갑게 식어 버리는 성적 열정을 초월한다. 이 사랑은 죽음보다 강하다. 이 사랑은 무슨 대가를 받더라도 팔 수가 없다. 실로, 신실함과 영원함이라는 말은 '사랑은 결코 끝이 없다'는 사도 바울의 사랑의 찬가인 고린도전서 13장을 떠올리게 한다.

사랑의 영원함이라는 이 말은 얼마나 좋은 말인가! 허바드는 말한다. "아가서에 나타난 사랑의 신실성은 이것을 떠나서는 길이 없음을 우리에게 상기시킨다. 잡아당겨 낙하산을 펴는 줄도 없고, 비상 탈출용 좌석도 없는 것이다. 그들은 그 안에 함께 있으며 신실하게 약속을 지킴으로 서로 영원히 묶여 있다."[5]

사랑의 강렬함, 사랑의 절제, 사랑의 상호성, 사랑의 영원성, 이 모든 것이 인간의 성을 들여다볼 수 있는 아름다운 창문이다.

예수님과 성

이제 성에 대한 예수님의 긍정적인 태도를 살펴보자. 사실 성에 대한 예수님의 직접적인 가르침은 매우 드물다. 그 까닭은 그분의 가르침이 구약성경에 대한 통찰과 함께하는 유기적 통일성 속에서 주어졌으며, 거기서 더 나가야 할 절실한 필요성을 느끼지 않으셨기 때문이리라. 하지만 신약성경에 주어진 것만으로도 성과 결혼에 대한 예수님의 고결한 견해를 파악할 수 있다.

예수님은 성에 대해 높은 기준을 가지고 계셨다. 서기관들과 바리새인들은 간음만 멀리한다면 괜찮다고 가르쳤다. 하지만 예수님은 이 율법의 외적 규제 너머에 있는 사람의 내적 영혼의 문제를 보셨다. "나는 너희에게 이르노니 음욕을 품고 여자를 보는 자마다 마음에 이미 간음하였느니라"(마 5:28).

음욕은 그릇된 성을 창출한다. '관계성'을 거부하기 때문이다. 음욕은 상대방을 대상으로, 물건으로, 비인격적 존재로 바꾸어 버린다. 예수님은 음욕이 성을 값싸게 만들어 버리기 때문에 이를 정죄하셨다. 음욕은 성을 창조 때의 가치보다 못하게 만든다. 예수님께 성은 너무나 선하고 고결하고 거룩한 것이라, 도저히 값싼 생각으로 취급하실 수가 없었다.

예수님은 또한 결혼에 대해서도 높은 기준을 갖고 계셨다.[6] 우리는 마태복음 19장에서 바리새인들이 당시 유행하던 이혼에 대한 격렬한 논쟁에 예수님을 교묘히 끌어들여 넘어뜨리고자 했던 시도를 본다. 예수님은 창조 기사의 "한 몸"에 대한 가르침을 적용해 답하셨으며, "그런즉 이제 둘이 아니요 한 몸이니 그러므로 하나님이 짝지어 주신 것을 사람이 나누지 못할지니라"라고 덧붙이셨다(마 19:6).

예수님의 이 말씀 가운데서 우리는 "한 몸"이라는 '삶의 연합'의 실재에 대한 위대한 신비를 만나게 된다. 둘이 하나로 융합되어 개별성이 상실되지 않은 채로 하나가 되는 것이다. 둘이 한 몸이 된다! 얼마나 놀라운가! 우리가 몇 번이고 계속해서 보기 원하는 것이 바로 이런 영적 실재다.

사도 바울과 성

사도 바울 역시 결혼을 그리스도와 교회 사이의 언약 관계에 비유하면서 찬양했다. 바울은 창세기에서 남자가 부모를 떠나 그의 아내와 합하여 한 몸이 된다는 구절을 인용한 뒤에 "이 비밀이 크도다 나는 그리스도와 교회에 대하여 말하노라"라고 덧붙였다(엡 5:32).

확실히 바울은 독신 생활에 관해 호의를 가지고 열심으로 대변했다(고전 7장). 하지만 거기에서도 그는 결혼을 인정했으며, 부부 사이에 성적 의무 이행을 권면했다. "남편은 그 아내에 대한 의무를 다하고 아내도 그 남편에게 그렇게 할지라"(고전 7:3).

이상의 간략한 성경 개괄을 통해 우리는 무엇을 알게 되었는가? 구약에서 신약에 이르기까지, 복음서에서 서신서에 이르기까지 우리는 성에 관한 찬사를 들었다. 우리의 성은 영적 인격을 지닌 우리의 존재와 밀접하게 연결되어 있다. 영적 삶은 우리의 성을 풍성하게 하며 방향을 제시해 준다. 우리의 성은 우리의 영성에 현세적인 온전성을 제공한다. 우리의 성과 영성은 '하나님 나라의 삶'에서 조화를 이룬다. 성경의 증거가 이를 뒷받침하고 있다.

기독교 역사 속 심각한 오류들

이제부터 지난 수 세기에 걸쳐 교회가 저지른 잘못을 언급할 텐데, 부디 내가 진심으로 긍휼히 여기는 마음으로 말할 수 있기를 바란다. 사도 시대 직후부터, 성경적 관점에서 비롯한 두 가지 주요한 이탈이 나타났다. 첫째로 육체적 쾌락은 악하다는 견해, 둘째로 성관계는 종족 보존을 위해 제한되어야 한다는 견해였다. 성적 쾌락은 영적 생활의 적으로 여겨지게 되었다.

이 가르침들을 교회의 가장 중요한 가르침으로 만든 사람은 아마 그 누구보다 아우구스티누스였을 것이다. 그가 젊은 날에 저지른 성적 탈선이 회심 후 그의 성생활에 그토록 부정적인 태도를 낳게 했음이 분명하다. 그는 《하나님의 도성》(The City of God)에서 "모든 성교에 따르는 수치심"에 관해 밝혔다. [7]

그는 심지어 결혼 생활에서조차 아이를 갖기 위한 목적이 아닌 성적 접촉을 죄로 보았다. 데릭 베일리는 이 문제에 대해 다음과 같이 지적했다. "아우구스티누스는 오늘날 여전히 광범위하게 만연된 우리의 성 문화 형성, 즉 기독교가 성을 '악으로 더러워진 괴상한 것'으로 여기게끔 암시한 것에 막중한 책임을 져야만 한다." [8]

그런데 아우구스티누스보다 더 심한 신학자도 많았다. 어떤 이들은 부부들에게 그들이 잠자리에서 성관계를 갖게 되면 성령이 그 자리를 떠난다고 경고했다. 샤르트르의 이보는 경건한 사람들에게 목요일에는 그리스도가 잡히셨기에, 금요일에는 십자가에 달려 돌아가신 그리스도를 기억해, 토요일에는 동정녀 마리아의 영광을 인해, 일요일에는 그리스도의 부활을 기념해, 월요일에는 이미 고인이 된 조상들에게 경의를 표하기 위해 성생활의 절제를 권했다.[9]

개신교 개혁자들은 인간의 성을 보다 긍정적으로 수용했지만, 그래도 타락한 세상의 음욕을 걱정하여 결혼 관계든 아니든 성생활의 절제를 촉구했다. 하지만 이들보다 훨씬 적극적인 입장을 견지했던 사람들도 있었다. 제레미 테일러는 "거룩한 삶과 죽음을 위한 규범과 실천"이라는 글에서 성관계가 "가사의 염려와 슬픔을 덜어 편안하게 해 주거나 이들에게 애정을 갖도록"[10] 해 준다고 고무적으로 기술했다. 흔히 생각하는 바와 달리, 청교도들은 성에 관한 적극적이고 건전한 이해를 지녔다. 그들은 성교가 결혼의 본질적 요소임을 알고 있었고, 하나님의 선물이라고 생각해 장려했다. 에드워드 모건은 "청교도와 섹스"라는 글에서 이렇게 지적했다. "청교도들은 흔히 사람들이 청교도의 특징이라고 여겼던 것처럼 맹목적으로 열심이거나 좁아터진 고집쟁이는 한 사람도 없었다."[11]

그렇지만 교회사 전체로 봤을 때, 교회가 성경적 특징이라고 볼 수 있는 성을 높이 찬양하는 견해를 견지해 왔다고 볼 수는 없다. 교회가 창세기에 나타난 대담한 에로티시즘과 아가서의 관능적 환희를 자주 무시해 왔다는 건 얼마나 안타까운 일인지 모른다. 마찬가지로 신약성경의 성과 결혼에 관한 선언이 '성에 대한 그리스도인의 거부'라는 결론으로 쉽게 곡해되어 왔다는 점 또한 얼마나 비극인가! 우리는 보다 성경적이고 기독교적인 자세로 다시 돌아가야 한다.

왜곡된 성

성경이 성을 찬미하고 있음은 분명하지만, 주의를 주는 것도 사실이다.[12] 바로 이 타락한 성의 측면이 우리에게, 뿌연 유리를 통해 보듯이 성을 오해하게 만들었다. 그리스도인들의 과제는 왜곡된 성의 모습을 통해 형성된 우리의 이해를 바로잡아 온전한 성의 모습으로 바꾸어 놓는 것이다. 죄가 성을 왜곡시켜 놓았는데 그 형태는 매우 다양하다.

포르노물(Pornography; 외설물)은 왜곡된 성의 한 형태다. 포르노물이라는 말이 정확한 개념으로 정의될 수 없다고 해서 그 존재 자체도 얼렁뚱땅 넘어갈 수는 없다. 시스틴성당 내부에 그려진 누드 그림과 포르노 잡지 사진 사이에는 엄연한 차이가 있는 법이며, 이성 있는 사람이라면 이 둘 사이의 차이점을 단박에 알 수 있다. 루이스 스미즈는, "포르노물은 성을 보잘것없는 것, 재미없고 진부한 것으로 만들어 버리기 때문에 유해하다"고 말했다.[13]

예술이나 문학이 외설적인 방향으로 가까이 가면 갈수록 그 예술이나 문학은 성을 인간의 행위와 감정의 정상적인 영역 밖으로 더 멀리 떼어 놓는 결과를 초래하게 된다. 우리는 이런 외설적인 작품 속에서 머리가 잘려 나간 듯한 성의 모습을 발견한다. 여기에서는 오직 음욕의 표출일 뿐인 육체적 행위와, 그 외 모든 요소는 비인간화시키는 육체적 기술에만 관심이 집중된다. 외설적 예술은 인간을 싸구려로 만들고 속되게 하지만, 참된 예술은 인간을 높여 주고 고결하게 해 준다.

외설적 상업주의가 주는 하나의 특색은 그것이 환상의 세계를 그려 낸다는 점이다. 발전된 사진술과 인쇄술이 이루어 낸 기적은 수많은 결점을 보완할 수 있게 되었다. 흥미 위주로 잘 포장된 저속한 영화는, 그런 것이 없는 건전한 결혼 관계는 상대적으로 지루하고 재미없는 것처럼 보이게 한다. 도대체 어떤 여자가 풍만한 가슴과 야릇한 미소, 늘씬한 몸매로 넘쳐 나는 화면 속 여배우와 비교해 시종 더 아름답게 보일 수 있단 말인가? 마찬가지로 어떤 남자가 멋진 근육과 그을린 피부로 현대의 대중매체를 누비는 남성들과 상대가 되겠는가?

대답은 분명하다. 아무도 그럴 수 없다. 묘기 대행진에 나왔던 사람이라도 안 된다. 그 세계는 환상의 세계다. 교묘히 속여서 미혹하는 가공의 꿈나라일 뿐이다. 외설적 장사 속에 있는 성은 너무나 매끄럽고 훌륭하여 황홀하기까지 하다. 하지만 현실 세계에서의 성은 달콤함과 역겨움, 사랑과 피곤함, 황홀과 실망이 뒤섞여 있다. 사람들이 포르노 속 환상의 세계를 추종하게 되면 현실 세계의 약점은 보지 않으려 하게 되고, 급기야는 완벽한 환상의 세계만을 추구하기 시작한다. 이런 신념이 형성되면 성생활과 영성 생활 모두에 심각한 타격을 주게 된다.

지금 말한 것만으로도 충분히 치명적이지만, 어쩌면 이보다도 더한 가장 파괴적인 면은 포르노 속 성이 그리는 변형된 폭력성이다. 본격적인 포르노는 사실 자잘한 흥미 따위의 차원보다 훨씬 심각한 문제다. 그것은 폭력적이며 병적이다. 가학적이고 파괴적인 노골적

폭력성에 호소한다.

음욕(Lust) 역시 성의 왜곡된 형태다. 내가 음욕이라고 말할 때는 물론 일상적으로 바라보는 시선이나 스치듯 지나가는 생각까지도 포함하는 것은 아니다. 부단히 끓어오르는 성적 초조감에 애태우며 지내는 상태에 관해 말하는 것이다. 음욕이란 통제할 수 없는 고삐 풀린 욕정이다.

죄로 말미암아 우리의 성욕은 이상하게 뒤틀려 버렸다. 어떤 경우에는 무엇에 사로잡힌 듯 모든 것을 탐진하게도 한다. 우리의 뒤틀려 버린 성적 충동에 관해 C. S. 루이스는 다음과 같이 설명했다. "다른 식으로 말해 보겠다. 무대 위에서 옷을 벗는 여자 무용수를 구경하는 스트립쇼에 수많은 사람이 모인다. 자, 당신이 어느 나라에 갔는데 거기서는 접시의 음식에 뚜껑을 덮어 무대에 올리기만 해도 극장에 사람들이 꽉 들어찬다고 생각해 보라. 천천히 뚜껑을 열어 불이 꺼지기 직전에 모든 관객에게 공개하는데, 접시에는 고작 양고기 토막이나 베이컨 한 조각이 놓여 있다. 당연히 그 나라 사람들의 식욕에 뭔가 문제가 있다는 생각이 들지 않겠는가?"¹⁴

C. S. 루이스의 말이 옳다. 성욕과 관련해 뭔가 잘못되어 있으며, 이는 적지 않은 사람들에게 엄청난 짐이다. 올가미에 걸린 듯한 느낌, 성가시고, 죄책감으로 억눌리는 느낌. 종교가 갖는 평범한 종교성으로는 이런 병적으로 솟구쳐 오르는 충동을 어찌할 수 없다. 사랑받는 저술가요 장로교 목사인 프레드릭 비크너는 이렇게 말했다. "음욕이란 우리 옆구리에서 쉴 새 없이 떠벌이는 원숭이와 같다. 우

리가 하루 종일 우리 뜻대로 길들여 놓았건만 그놈은 꿈속에서 밤새 도록 들판을 헤매고 다닌다. 이제는 그놈에게서 자유롭게 됐다고 생 각할라치면 그놈은 추잡한 고개를 들어 올리고는 음흉한 미소를 머 금는다. 이 세상에는 그놈을 내리쳐 휩쓸어 버릴 만큼 차갑고 세차게 흐르는 강이 도무지 없다. 전능하신 하나님이시여, 하나님은 어찌하 여 인간을 이처럼 지긋지긋한 노리개로 장식해 놓으셨습니까?"[15]

많은 이들이 비크너의 원망 섞인 물음에 동의할 것이다. 하지만 그중 어떤 이들은 이보다 훨씬 심각하고 처절하게 부르짖을 수도 있 으리라. 그들은 구원을 소리 높여 외치지만, 하늘은 아무 말이 없다. 그들은 밤낮으로 성적 충동에 사로잡혀 시달린다. 그들은 기독교 신 앙에서 말하는 간음은 거부하지만, 내적 욕망을 충족하기 위해 자신 도 모르게 경미한 관음증 증세를 보이고 있음을 느끼게 된다. 하지만 이는 만족은커녕 마치 배고픈 사람이 과자 한 조각을 먹은 경우와 같 이 온갖 욕망을 부채질할 따름이다. 방종 뒤에는 죄책감과 후회가 따 르며, 계속해서 더 심한 탐닉과 죄책감, 후회가 이어지게 마련이다.

그리스도인은 음욕으로 시달리는 이들을 판단하기를 더디 하고, 이들에게 귀를 기울여야만 한다. 성으로 흠뻑 젖어 있는 우리 문화에 는 많은 유혹이 곳곳에 도사린다. 음욕으로 나타나는 성의 왜곡된 형 태는 매우 복잡하고 미묘하게 뒤틀려 있다. 오직 하나님의 은혜와 기 독교 공동체의 사랑으로만 이 음욕으로 불타는 우리의 성 문화를 다 시금 바르게 할 수 있다.

이상야릇한 성의 왜곡과 괴벽성은 때때로 가학성 변태성욕

(sadism; 사디즘)이나 피학성 변태성욕(masochism; 마조히즘)으로 나타나기도 한다. 가학성 변태성욕자는 고통을 가하는 것으로, 피학성 변태성욕자는 학대받는 것으로 기쁨을 삼는다. 이들 모두 아가서에서 보여준 따스하고 성숙한 모습의 사랑과는 거리가 멀다. 여기에서 나는 부부 간에 열렬한 키스나 살짝 할퀴는 행위 등을 통해 경험하는 성적 흥분에 대해 말하는 것이 아니다. 배우자 간 특이한 행위는 책임 있는 사랑과 관심이라는 상황 안에서라면 용인될 수 있다.

하지만 가학성 변태성욕자나 피학성 변태성욕자들에게 그런 행동은 책임 있는 사랑과 관심과는 완전히 거리가 멀다. 사랑의 관계를 구축하기보다는 고통 그 자체에 관심이 있다. 루이스 스미디즈는 "이쯤 되면 사람이 섹스를 통해 그 안에서 고통을 체험하는 것이 아니요, 섹스의 대체로서 고통을 체험하게 된다"라고 진단한다.[16]

인간에게 욕설, 저주, 고통을 주고받는 것을 즐겁게 여기도록 하는 것은 도대체 무엇인가? 이런 극단의 가학성 변태성욕은 강제 추행이나 심지어는 살인의 형태로도 나타난다. 사람에게 환희와 생명력을 주도록 창조된 '성'이 슬픔과 죽음을 가져다주는 데 이용되어 왔으며, 그렇게 왜곡되었다. 무엇 때문인가? 도대체 성이 얼마나 가증스럽게 둔갑되었기에 사람이 다른 사람을 지배하고 괴롭히며 심지어는 멸망시켜 버리기를 바라게 만든단 말인가? 이런 질문에 속 시원하게 답해 줄 사람은 아무도 없다. 다만 왜곡된 성이 실제로 악마적일 수 있음을 말할 뿐이다. 죄도 실재이며, 악도 실재다. "통치자들이나 권세들"(골 1:16)도 실재이며, 그들은 우리를 지옥 문 바로 앞까지 몰고

갈 수도 있다.

하지만 성급하게 비난을 퍼부으려 서둘 것 없다. 우리 모두의 안에 잠재적으로 비인간적이고 파괴적인 요소가 숨어 있다. 만일 그런 요소들이 가학성 혹은 피학성 변태성욕의 형태로까지 나타나지는 않는다고 해도 그것들은 여전히 존재하며 여전히 파괴적일 수 있다. 이런 실재적인 요소들이 우리를 십자가 아래 겸손히 엎드릴 수밖에 없게 하며, 온전함과 강건함이 충만하기를 피차 간구하게 한다.

성차별주의(Sexism) 또한 성에 대한 또 다른 왜곡이다. 사실, 성차별은 가학성 변태성욕의 이면에 불과하다. 그것은 한편이 마음먹은 대로 지배하고 통제하며 소유하고자 한다. 역사에는 이런 악랄한 지배의 슬픈 기록이 있으며, 주로 남자가 여자를 지배한 역사다. 심지어는 구약성경의 공동체에서조차 흔히 여성은 남성의 재량에 맡겨져 보호받아야 할 소유물로 취급되었다.

여성을 열등하게 여기는 것은 그릇된 생각이며, 영혼을 파괴시키는 관점이다. 여성이 선천적으로 열등하다는 점을 인정하지 않는다면, 마찬가지로 여성의 선천적 종속성 또한 받아들여서는 안 된다. 또 여성이 남성보다 열등할 것은 없지만 그래도 남성과는 본질적으로 다르고 따라서 필연적으로 남성에게 종속된다는 식의 주장 역시 설득력이 없다. 남녀 사이에 차이는 분명히 있다. 하지만 그것이 반드시 계층 질서를 수반하는 것은 아니다.

우리는 남성에 의한 여성 지배라는 질서가 타락 이전에도 있던 원래의 성적 질서가 아니요, 그 후의 저주의 산물임을 기억해야 한다.

"너는 남편을 원하고 남편은 너를 다스릴 것이니라"(창 3:16). 성차별은 성의 왜곡일 뿐, 온전한 성의 모습이 아니다. 우리는 그리스도의 죽음과 부활을 통해 타락의 결과를 극복했고, 지금도 극복하고 있으며, 앞으로도 극복할 것이다.

동성애와 그리스도인

여러 가지 이유로, 솔직히 나는 동성애라는 주제는 피하고 싶은 마음이 있다. 우선은 짧은 지면을 통해 내가 할 수 있는 언급이란 것이 온통 불충분할 뿐이기 때문이며, 또한 정상적인 성생활을 하는 사람들로서는 본질적으로 동성애에 관한 경험에 대해 완전히 무지할 수밖에 없기 때문이다. 이는 우리가 아무리 동성애의 상황을 알아보려 노력하거나 그에 관한 정보를 얻기 위해 아무리 많은 책을 읽는다고 해도 불가능한 일이다.

무엇보다 동성애 문제는 이 시대 기독교 공동체 안에서 매우 미묘한 주제라, 뭐라고 하든 말만 하면 곧 그럴듯한 이유를 들어 격렬한 비판을 받기가 일쑤다. 하지만 이런 이유들이 내가 침묵할 이유일 수는 없다. 나아가서 동성애 문제는 오늘날 너무나 심각한 고통과 상처를 낳고 있기 때문에, 무슨 언급이든 조금이라도 유용하다든지 아니 치료가 된다고만 하면 어떤 위험이 따른다 할지라도 그 자체로 가치 있는 일이다.

이 문제가 수많은 사람에게 심각한 상처를 입혀 왔기 때문에 긍휼과 치유의 말 한마디가 무엇보다 절실하다. 확실히 동성애 성향을 지닌 사람들은 흔히 자신들이 오해받고 있다거나 일방적으로 매도되고 있다거나 아니면 욕을 먹고 있고 심지어는 배척당한다고 느낀다. 한편 동성애를 성경적 규범에 대한 현저한 모독이라고 확신하는 이들은 그리스도인의 삶에서 동성애를 합법화시키려는 교단이 있음에 배신감을 느낀다.

그들과는 별개로 제삼자들이 있는데 이들이야말로 오늘날의 동성애 논쟁으로 상처를 입어 온 사람들이다. 이들은 자신의 성별 때문에 고투하고, 성 충동의 갈등으로 번민하며, 아마도 자신들이 숨은 동성애자일지도 모른다고 여기는 사람들이다. 이들이 아마 가장 심한 고통을 받고 있는 사람들일 것이다. 이들에 대해 교회가 어떤 분명한 입장을 밝혀 주지 않았기 때문에 이들은 마치 불명료함의 바다에서 표류하는 꼴이 된 것이다.

이들의 우측에서는 동성애에 대한 신랄한 비난이 쏟아져 들어온다. 이들은 비난하는 사람들의 성경에 충실하고자 하는 태도를 높이 사면서도 그들의 거칠고 정확하지도 않은 바리새인적 어투의 공격에 감정이 상해 왔다. 한편 이들의 좌측에서는 동성애를 열렬히 찬성하는 소리가 들려오기도 한다. 이들은 억압받는 자신들에 대한 찬성자들의 연민과 관심에는 감사하면서도, 찬성자들이 자기 입맛에 따라 다루기 쉽게 하고자 성경을 왜곡하는 모습에는 경악을 금치 못한다.

동성애 세계를 덮고 있는 문화적·교회적 혼란에 휩싸인 모든 사람에게 그리스도인의 따뜻한 긍휼과 이해가 절실하다. 차별 대우와 학대로 지쳐 있는 모든 동성애자가 용서받을 수 있도록 도울 필요가 있다. 교회가 그 본래의 도덕적 특성을 상실했다고 느끼는 모든 사람에게 귀 기울여야 한다. 그들의 입장에서 그들이 하는 말을 경청해야 한다. 자신의 성별에 대한 정체성을 놓고 씨름하는 사람에게 우리 그리스도인의 이해와 조언 그리고 냉철한 도덕적 판단이 절실하게 요구된다.

성경은 과연 동성애에 관해 구체적인 지침을 제공해 주는가? 그렇다. 성경은 이 점에 대해 아주 분명하고도 확실하다. 이성 간의 연합이 성에 관한 하나님의 뜻이라는 점, 그리고 동성애는 하나님이 애초에 정해 주신 패턴의 왜곡이라는 점을 시종일관 보여 준다. 그런데 이런 결론은 동성애와 관련된 성경의 특별한 구절들에 근거해서 단순하게 얻어진 결론이 아니다. 물론 내 생각에도 이런 구절들이 동성애 행위를 부인하기에는 충분한 근거가 되기는 하지만 말이다.[17] 오히려 성경 전체의 폭넓은 맥락이 바로 최고의 설득력 있는 근거다. 이런 성경의 맥락이 이성 간 결합을 유일한 규범으로 확실하게 보증해 주고 있다. 하나님은 "한 몸" 만드시려는 목적으로 사람을 "남자와 여자로" 창조하셨다. 이 확신이 인간의 성에 관한 모든 성경의 교훈을 묶어 주는 것이다.

자, 그런데 다음과 같은 주장도 꽤 일리가 있다. 즉 성경 기자들이 동성 간 음욕과 동성 간 애정, 혹은 고질적인 만성적 동성애와 단순한 동성애 성향 사이의 차이점을 구별하지 못했다는 것이다. 그렇다고 해서 이 문제에 관해 성경이 모호한 입장이라고 말할 수 없다. 동성애는 '자연스럽지 못한' 것으로서, 받아들여질 수 없으며, 하나님의 뜻과는 거리가 멀다. 동성애 역시 정상적인 성의 특별한 양태 중 하나라는 생각은 성경적 관점에서는 절대 생각할 수 없다.

동성애에 대한 이런 성경의 관점을 분명하게 한다고 해서 동성애가 그저 단순히 자신이 선택한 것이라는 결론으로까지 비약하려는 것은 아니다.

동성애자들은 모두가 자유롭게 자신의 성생활 방식을 선택하고 자기 마음대로 동성애 행위를 영위한다고 하는 생각은 훌륭한 이론도, 신학도 못 된다. 그것은 건전한 상식이라고 할 수 없다. 동성애는 굉장히 다양하게 나타나며 숱한 원인이 있는데, 그중 많은 원인은 개인이 통제할 수 없는 것들이다. 20-30퍼센트 정도의 동성애 성향을 지닌 이들은 80-90퍼센트 정도의 동성애 성향을 지닌 이들보다 훨씬 쉽게 정상적인 이성 관계로 '전향'될 수 있음이 나타나고 있다. 어떤 사람의 성적 기질을 결정하는 요인은 대개가 마음 깊이 자리 잡고 있으며 복잡하다. 그러므로 우리는 '이성 간 관계를 기독교인의 규범적 삶으로 고백하고자 하면서도 동시에 이성애를 지향하는 것이 낯설고 힘이 드는 이들' 곁에 있어 주며 공감하려는 것이다.

같은 성별의 사람에게 단순한 성적 매력을 느끼는 것은 동성애와는 전혀 다른 차원이다. 이런 매력은 서로 간 인정이나 애정, 관심 등과 같은 여러 가지 요소로 인해 생길 수도 있다. 이는 진정한 의미의 동성애와는 확실히 다르다. 어떤 여성이 그저 단순히 다른 여성에게 성적 매력을 느꼈다고 해서 그녀가 레즈비언은 아니지 않은가. 마찬가지로 어떤 남성이 다른 남성을 보고 흥분한 것만으로 그를 동성애자라고 할 수는 없다. 친밀함과 애정이라는 맥락 안에서 성적 흥분이란 드문 일이 아니다. 비정상적이거나 이례적인 것도 아니다. 게다가 그토록 엄청난 관심이 성에 대해 쏟아지고 있는 이 세대에서는 정상적 관계를 맺고 있는 사람들도 성에 사로잡혀 있다시피 되어 버렸기에 정상적 형태로든, 동성애 형태로든 성 표현을 하는 것이 일반적인 경우라고 볼 수 있는 가능성이 아주 커졌다. 하지만 역시 이런 경향은 적극적인 통제와 방향 수정을 강하게 요한다.

동성 간 성적 흥분을 경험한 사람이라고 해서, 자신의 삶이 동성애 성향으로 기울어져 간다고 걱정하지 않아도 좋다. 그런 경험은 매우 일상적인 경험이며 다만 그에 대해서 확고하고도 적절하게 대처해야 할 필요가 있을 뿐이다. 성적 충동이 자연스럽게 표출될 수 있도록 돕기 위해 신학적·사회학적·심리학적 지침이 필요하다. 이런 지침이 있으면 마치 기혼자가 혼외정사에 대해 단호하게 아니라고 할 수 있는 기준이 되듯 동성애 행위에 대해서도 단호히 물리치게 하는 지침이 될 수 있을 것이다.

성은 '원래의 수로를 따라 흐르는 한' 넓고 깊으면서도 유익한 큰 강과 같다. 하지만 강물이 일단 둑을 넘게 되면 파괴적이 되듯이, 성생활도 하나님이 주신 한계를 지나쳐 버리게 되면 역시 파괴적이 된다. 따라서 가능한 한 우리의 성생활에 주어진 한계를 명확히 규정해 주며, 넓고도 깊은 성의 흐름대로 자연스럽게 생활하도록 방향 지우는 능력의 한계 안에서 모든 것을 할 수 있게 하는 것이 우리의 과제다.

지금까지 나는 동성 간에 서로 정상적으로 반응하는 사람들에 관해 말한 것이지, 동성애를 선호하는 확고한 패턴을 지닌 사람들에 관해 말한 것은 아니다. 지금부터 후자의 사람들을 일컬어 '동성애 성향이 있는 사람'이라고 부르겠다. 그들은 아무리 노력해도 이성 간에는 성적 충동을 느낄 수 없으며, 역시 아무리 그러지 않으려고 해도 동성 간의 성 충동을 피할 수가 없다. 사회학자들에 따르면, 모든 남성의 약 5퍼센트 정도, 여성의 경우엔 그것의 절반 정도가 자신과 같은 성별의 사람에게 고질적인 성 충동을 느낀다고 한다. 이처럼 고질적으로 동성애 성향이 있는 이들에게 우리는 과연 무슨 말을 해 줘야 하는가?

　우선 그들에게 해 줘야 할 첫마디는 안짱다리 아이가 자기가 원해서 그렇게 태어난 것이 아니듯 그들의 동성애 성향도 그들 책임이 아니라는 사실이다. 이 둘 모두가 하나님의 뜻과는 어긋나지만 어느 편도 비난받을 일은 못 된다. 우리는 타락한 세상에서 살고 있으며, 따라서 많은 사람이 전체 인류를 사로잡고 있는 죄의 함정에 빠져 신음하고 있다. 우리는 마땅히 이런 이들을 이해하고 공감해 줘야 하며 정죄해서는 안 된다.

　하지만 그들이 자신의 동성애 성향에 대한 책임은 질 필요가 없을 지언정, 자신의 행위에 대한 책임은 면할 수가 없다. 누구든지 구체적인 결정은 자신이 해야 하는데, 특히 자신에게서 동성애 성향이 발견된 그리스도인이라면, 그는 반드시 하나님의 진리와 은혜의 빛 아래에서 그런 결정을 내려야만 한다.

일반적으로 이들에게는 세 가지 선택이 있다. 자신의 동성애 성향을 변화시키거나, 통제하거나, 아니면 그 성향을 실행하는 것이다.

동성애 성향이 있는 사람이 정상적인 이성애를 추구하는 사람으로 바뀔 수 있을까? 이 질문은 격렬한 논쟁거리다. 하지만 긍정적인 대답을 입증해 줄 만한 증거는 거의 찾기가 어려울 것이다. 소위 정상적인 성생활로 전향했다고 하는 이들 대부분은 비슷한 기미가 약간 엿보이던 사람이었을 뿐, 진정한 의미의 동성애 성향의 경우는 아니었을 것이다. 하지만 몇몇 연구 결과가 소망을 준다. 〈미국정신건강의학회지〉(American Journal of Psychiatry)에 실린 글을 보자. "자료에 따르면, 결정적인 동성애 성향 역시 완전히 정상적인 성적 성향으로 바뀔 수 있다는 확실한 실체적 증거가 있다. 이는 바로 이런 종류의 변화에 대한 킨제이의 통계학적 확률과, 마스터스 앤 존슨 데이터, 이와 유사한 변화에 대한 임상적 혹은 관찰 일화들과도 일치한다."[18]

순진한 낙관주의에 빠지지 말아야 한다. 하지만 동시에 우리는 언제나 참되고 궁극적인 변화에 대한 큰 소망을 포기하지 않아야 한다. 자신의 성적 성향을 바꾸려고 애쓰는 사람들에게는 곁에 있는 그리스도인들의 충분한 기도와 사랑 어린 지원이 필요하다. 그 과정은 쉽지 않다. 그러므로 같은 기독교 공동체의 일원인 우리는 그들이 좌절과 낙담, 실패의 나날을 보내는 동안 그들과 함께해 줘야 한다. 우리의 관심과 기도와 소망이 그들의 상황을 뚫고 삶을 변화시키시는 하나님의 능력을 가져오는 것이다. 그렇게 되면 이런 역사가 일어나는 순간순간마다 "즐거워하는 자들과 함께 즐거워"할 수 있을 것이다.

하지만 우리는 또한 "우는 자들과 함께 울" 수 있도록 마음의 준비를 하고 있어야 한다(롬 12:15).

하나님께 간절히 부르짖고 그들이 아는 모든 일을 다 행했는데도 자신의 성적 성향에 조금도 변화가 없는 사람도 있다. 그들과 함께 노력하는 우리 또한 아는 대로 할 수 있는 건 다 해 봤지만 마찬가지로 번번이 실패만 할 수밖에 없는 경우다. 그러면 이제 어쩌란 말인가?

두 번째 선택은 동성애 행태를 통제하는 것이다. 어떤 이들은 자신들의 동성애 성향에 직면해 도덕적 온전성을 유지하기 위한 방편으로 독신 생활을 선택해 왔다. 이런 사람들에게야말로 우리가 베풀 수 있는 가장 정성 어린 지원으로 용기를 북돋아 주어야 한다. 행동 수정, 인격적인 훈련, 현명한 판단이 절실하게 요구될 것이다. 교회 공동체는 이들이 부름받은 독신 생활에 충실할 수 있도록 진실하게 기도하며 그들을 감싸 주어야 한다.[19]

세 번째 선택은 자기의 동성애 성향을 그대로 실행하는 경우다. 이 지점에서, 동성애는 범죄 행위이므로 그리스도인의 선택이 될 수 없다고 선언함으로써 이에 대한 논의를 끝내 버리기 쉽다. 동성애 행위가 죄인 것은 확실하지만, 그렇다고 이 문제에 대해 상관하지 않아도 좋다는 말은 아니다. 우리는 파국으로 치닫는 타락한 세상에 살고 있기에 죄의 질곡들로 때때로 비극적 상황에 빠져 버릴 수 있다. 인간의 능력이란 언제든지 이상을 실현할 수는 없다. 우리는 유한하다. 따라서 우리의 지식과 능력에는 한계가 있다. 물론 우리는 하나님의 능력이 역사하기를 바라며, 이를 위해 기도하고 기대하고 있다. 그렇게 될 때는 그야말로 하나님이 찬송받으실 만한 경사스런 축일이 되는 것이다. 하지만 그렇지 못한 경우도 있다. 좌절과 낙담, 실패의 나날들이 닥쳐오면 또한 우리는 우리가 할 수 있는 최선을 해 나아가야 한다.

물론 기독교 공동체가 자신의 성적 성향을 변화시키거나 독신으로는 살 수 없다고 생각하는 사람들에게 동성애를 허락할 수는 없다. 하지만 만일에 그처럼 비통한 윤리적 결정이 내려진다면 그때는 가능한 한 최선의 도덕적 상황이 주어지도록 해야 할 것이다.

다음과 같은 비유가 도움이 될 수 있을 것이다. 만일에 일어나서는 안 될 전쟁이 시작되었다면 그 전쟁에 참가한 사람들에게는 여전히 도덕적인 압박감 같은 것들이 있을 것이다. 이상(理想)에 손상이 왔다는 것 자체는 사실 아무것도 아니다. 어떤 사람이 최선에 못 미치는 차선의 행위를 했다면 비록 강요당해 했을지라도 그는 도덕적 책임감을 계속 느끼게 되는 것이다. 동성애 행위를 선택한 그 선택은 용서할 수 없을지언정 그런 결정을 한 사람은 끊어 낼 수 없다. 그럴 수는 없다. 오히려 그리스도인인 우리는 언제나 그를 도울 준비를 하고, 그의 곁에 있어 주며, 상황이 악화될 때는 항상 수습할 만반의 태세를 갖추고, 언제든지 하나님의 용서와 용납을 전해 줄 준비를 해야 할 것이다.

우리는 이 장에서 두 가지 목표를 설정했다. 하나는 인간의 성에 대한 성경적 관점을 이해하는 것, 다른 하나는 하나님 뜻에 맞게 사는 법을 알고자 인간의 이해가 왜곡된 경우들을 살펴보는 것이었다. 이제는 성이라는 영역에서 통전적인 성경적 관점이 독신 생활에서 어떻게 구현되는지 이야기하고자 한다.

모든 사람은 성적 존재다, 싱글도 성적 존재다

지옥이란 '우리가 사랑의 온갖 위험에서 안전할 수 있는 곳인
천국'의 바깥쪽일 뿐이다.
• C. S. 루이스

오늘날 기독교 신앙에서 가장 커다란 도전 가운데 하나는 '성'과 '영성'을 독신 생활(single life)이라는 맥락 안에서 하나로 통합하는 일이다. 독신자(싱글)가 다수를 점할 날이 임박했다. 물론 여전히 결혼을 꿈꾸는 젊은이들이 있다. 또한 슬프게도 배우자의 죽음으로 원치 않게 독신 생활로 내던져진 사람도 많다. 이혼이라는 심각한 비극이 헤아릴 수 없는 많은 사람을 독신의 세계로 빠뜨리고 있다.

교회는 성 문제와 씨름하는 싱글들을 솔직하고 성실하게 도와줌으로써 크게 기여할 수 있다. 그러기 위해서는 먼저 '독신자란 성적 욕구가 전혀 없는 사람'이라는 식의 생각부터 버려야 한다.

싱글(특히 그리스도인으로 헌신한 사람)들은 실제로 자기의 성적 욕망과 투쟁하며 살고 있다. 그들은 수없이 곤란한 질문에 직면한다. '자위행위는 그리스도인에게 적법한 성의 표현인가?' '이따금 내 생각 전체를 지배하는 듯한 육체의 정욕을 어떻게 하면 좋은가?' '음욕이란 과연 무엇인가? 적당한 성욕과 음욕은 어떻게 다른가?' '육체적 애무는 무엇인가? 건전한 관계를 위한 적절한 수단인가, 아니면 정사(情事)에 이르는 전회에 불과한가?' '성교의 경우, 음경을 질에 삽입하는 행위 자체에 왜 그렇게도 중요한 의미를 부여하는가?' '혼외정사를 금하는 것은 확실한 성경적 근거가 있는 것인가, 아니면 단지 사회적 관습일 뿐인가?' 이와 유사한 많은 질문이 자신의 영성과 성의 조화를 원하는 모든 싱글 그리스도인이 당면하는 문제다.

성과 성교

시작하기에 앞서 성과 성교에 대한 기독교적 관점을 확실하게 해두는 것이 좋겠다.

"당신은 혼전의 성의 존재를 인정하십니까?"

이 질문에 대한 대답은 "그렇다"이면서 "아니다"이다. 이 질문이 인간이 성적인 존재인가를 묻는 질문이라면 기독교의 답은 분명한 "그렇다"이다. 하지만 그것이 단지 성교에 관한 질문이라면 분명히 "아니다"이다. 이 두 가지 답변 뒤에 숨어 있는 의미를 살펴보자.

우리는 성적인 사람들이다. 어떤 경우든 성을 거부하거나 부인하려고 해서는 절대로 안 된다. 인간은 하나님의 형상대로 남자와 여자로 창조되었다. 인간의 전 존재와 모든 행위에는 성적 의미가 함축되어 있다는 점이 중요하다. 나는 지금 독신자들은 왠지 성적이지 않다고 생각하는 실로 어리석은 생각을 고쳐 주려는 것이다.

싱글의 성은 '사랑하고 사랑받는 능력'을 통해 표현된다. 친밀함을 경험했다고 해서 모두가 반드시 결혼이라든지 섹스로 이어지라는 법은 없다. 사랑할 때 친밀해지기 위해 섹스가 반드시 필요한 건 아니지만, '사랑하는 능력'은 우리의 성에서 필수다. 따라서 싱글들은 조화롭고 진심 어린 관계들을 다양하게 계발해야 한다. 섹스를 동반하지 않고도 깊이 사랑하는 관계는 얼마든지 가능하며 또한 권장되는 관계다.

싱글의 성은 정서적 성취를 경험하려는 욕구를 통해 표현된다. 결혼을 위해 육체적인 순결을 지키겠다는 결단은 정서적 미성숙 상태로 남아 있겠다는 결단이 아니다. 싱글들에게 따스하고 만족스러운 교제는 자신의 성을 적절하게 표현하는 수단이 될 수 있다. 싱글들이 정서적 성취감을 맛보는 것은 충분히 가능한 일이다. 교회는 이들이 행복하고 만족스러운 사귐을 이루어 갈 수 있는 장을 마련해 줌으로써 그들을 도울 수 있을 것이다.

또한 싱글의 성은 자신의 성적 느낌들을 받아들이고 통제하는 법을 배움으로써 표현된다. 혼인 서약이라는 울타리 바깥에 있는 개개인들은 자신의 성적 느낌을 부인하거나 억누를 필요가 없다. 괴르겐은 이렇게 말했다. "느낌이란 느껴지는 것을 의미한다. 성적 느낌도 예외일 수 없다."[1] 우리가 이런 느낌을 부인하려고 하면 바로 우리의 인간성을 잘라 내는 것이다.

내가 지금까지 들어 온 플라토닉러브(platonic love; 육체를 무시한 정신적 연애)에 대한 언급들은 대부분 현실적인 것이 못 된다. 이성 간의 친밀한 교제 대부분에는 성애적(erotic) 차원이 존재한다. 따라서 삶에서 이런 차원을 거부한다는 것은 우리에게 전혀 이로울 것이 없다. 오히려 우리는 이런 느낌을 받아들여야 한다. 하지만 이를 받아들인다는 것은 이런 느낌에 의존해 행동하라는 의미는 아니다. 성감(sexual feelings)이 우리를 다스리는 것이 아니라, 우리가 그것을 다스려야 한다.

성적 욕망을 다스릴 수 없다는 생각은 망상이다. 누군가를 죽이고 싶을 만큼 화가 났을 수 있지만, 그런 느낌이 들었다는 것이 곧 그렇게 행하리라는 것을 의미하지는 않는다. 우리는 격노한 감정을 억누른다. 그리하여 그를 죽이지 않는다. 마찬가지로 우리는 성감을 우리의 의식의 권위 아래에 복종시켜야 하는 것이다.

지금까지 우리는 싱글들이 자신의 성에 대해 긍정으로 답해야 할 여러 가지 국면을 제시해 보고자 했다. 그러면 혼외정사 문제에 대한 답은 어떤가?

피할 길은 없다. 성경은 독신자의 성교를 분명하게 금한다. 문제는 '어째서'다. 성경 기자들은 성 문제에 조금도 얌전을 빼지 않았다. 인간을 남자와 여자로 만들었다는 성경의 창조 기사 자체가 바로 뜨거운 성적 경험의 실재를 온 마음으로 인정함을 암시한다. 아가서는 성을 관능적인 모험으로 노래한다. 사도 바울은 부부가 '부부 동거권〔성교권〕'을 포기해서는 안 된다고 경고한다. 그러면 도대체 어째서 혼인 서약이라는 울타리 안에 성교를 제한해야 하는가?

성경이 결혼하지 않은 사람에게 성교를 금하는 이유는 확고하고 적극적인 통찰에 근거한다. 성경 기자들은 성적 결합이 신비하고 독특한, "한 몸"이 되는 결합이라고 강조한다. 창조 기사 속에서 간단하지만 분명한 구절을 볼 수 있다. "이러므로 남자가 부모를 떠나 그의 아내와 합하여 둘이 한 몸을 이룰지로다"(창 2:24). 바리새인들이 당대 유행하던 이혼에 관한 논쟁거리로 예수님을 끌어들여 골탕을 먹이려고 했을 때도 예수님은 창세기의 "한 몸" 개념을 설명하셨으며, 거기에 "그런즉 이제 둘이 아니요 한 몸이니 그러므로 하나님이 짝지어 주신 것을 사람이 나누지 못할지니라"라고 덧붙이셨다(마 19:6). 바울도 에베소서에서 남편들에게 자기 아내 사랑할 것을 권하면서

"한 몸"을 인용한다. "자기 아내 사랑하는 자는 자기를 사랑하는 것"이기 때문이다(엡 5:28). 바울의 주장은 간단하다. 결혼이 이런 하나 되는 결합을 창조하므로, 자기 배우자를 해하는 것은 곧 자기를 해하는 것이다.

하지만 무엇보다도 우리가 살피고자 하는 내용에 가장 적합한 구절은 고린도전서 6장에 나오는 바울의 가르침이다. 바울은 거리의 여인과 관계를 맺은 어떤 신앙인의 경우를 다루고 있다. 그는 다음과 같이 기록하고 있다. "창녀와 합하는 자는 그와 한 몸인 줄을 알지 못하느냐 일렀으되 둘이 한 육체가 된다 하셨나니"(고전 6:16). 이 구절은 바울이 성교를 "한 몸"이 되는 결합을 이루는 매우 중요한 행위로 여김을 분명하게 보여 준다.

그러면 왜 성경의 윤리는 성을 혼인 서약이라는 울타리 안으로 제한하는가? 성교는 단순히 육체적인 것 이상이며, 심지어 정서적 및 정신적인 것 이상의 어떤 것을 포함한다. 그것은 각 사람의 영혼(spirit) 깊은 곳을 어루만지며 성경 기자들이 말하는 "한 몸"이 되는 확고한 결합을 이루는 것이다. 명심하라. 우리는 하나의 몸을 '가지는' 게 아니고 하나의 몸'이며', 하나의 영혼을 '가지는' 것이 아니고 하나의 영혼'이다.' 육체의 깊은 곳을 만진 것은 곧 영혼을 만진 것이나 다름이 없다.

루이스 스미디즈는 성교를 일컬어 "삶을 연합하는 행위"라고 말했다.[2] 또 데릭 베일리는 이렇게 말했다. "성교는 전체 자아를 사랑하는 전체 자아의 행위다. 즉 그것은 남자와 여자의 인격적인 만남인데,

그 만남 속에서 피차간에 좋든 나쁘든 중요한 행위를 하는 것으로, 이는 결코 취소될 수 없는 것이다. 이는 설령 그들이 그 행위의 본질적인 특성을 간과한다고 해도 여전히 사실로 남는다."[3]

결혼하지 않은 사람들 간의 성교에 대한 성경의 금지 명령 뒤에 있는 추론은 임신이나 성병 및 그 밖의 문제에 관한 상식선의 실제적인 관심을 넘어선다. 혼외의 육체적 접촉은 "그 행위가 지닌 내면적 실재를 해치는 것이므로 그릇된 것이며, 삶을 연합시키려는 의도가 없는 육체의 연합 행위이므로 더더욱 옳지 못하다. 성교 행위는 삶의 연합을 조인하고 봉인하며, 아니 어쩌면 그것을 낳는다. 그리고 삶의 연합은 곧 결혼을 의미한다."[4]

그러므로 바울은 혼외정사가 본질적인 범법 행위이므로 그것을 분명히 금한다고 밝힌다. 성교는 우리를 "한 몸"을 이루는 신비롭고도 확실한 실재로 이끌어 준다. 즉 그것이 영원하고 충실한 언약으로 이어질 때는 오묘한 경이로움으로 서로를 묶어 하나로 만들어 준다. 하지만 그렇지 않을 경우에는 "공허하고 덧없는, 결혼에 대한 악마적인 서투른 흉내가 되어 버림으로써 비록 자신은 결코 의식하거나 깨닫지 못한다 하더라도 자기 인격의 분열을 초래하거나 마음 깊은 곳에 좌절과 절망감을 낳게 만든다."[5]

성교에 해당하는 히브리어 단어는 '알다'라는 의미가 있다. 성경 기자들은 성교 행위에는 안다는 것에 대한 특별한 의미가 담겨 있고, 성교 행위를 통해 특별한 친밀함이 생겨난다는 것을 깨달았다. 그들은 이 친밀함의 실재를 일컬어 "한 몸"이라고 했다. 그래서 성경이 성교 행위를 혼인 서약이라는 울타리 안으로 제한하는 것이다.

그렇다면 이제껏 혼외정사를 행했으나, 지금은 자신이 행한 일이 실제로 그리고 참으로 잘못되었다는 것을 깨닫게 된 이들은 어떻게 하면 좋겠는가? 한 번 정사 행위로 묶인 실재는 결단코 돌이킬 수 없는 것인가? 아니다. 회복 불가능한 것은 아니다. 다만 하나님의 치유의 손길이 필요할 뿐이다. '삶의 연합'이라는 의도 없이 성기의 연합 행위에만 빠져드는 것은 심령에 상처를 입힌다. 이런 상처는 종종 곪기도 하고 감염이 된 나머지 그 독이 영적 생활 전반에 미치게 된다.

하지만 복된 소식이 있다. 치유가 가능하다. 하나님의 은혜가 상처 입은 영혼에게 치료와 회복의 강물처럼 넘쳐흐를 수 있다. 하지만 때로 개인 혼자서는 어려운 일이다. 이런 경우에는 영적으로 깨어 있고 치유의 기도에 정통해 그들을 위해 기도해 주고 그들을 자유롭게 해 줄 수 있는 다정다감하면서도 현명한 영혼의 의사를 찾는 편이 최선일 것이다.

어쨌든 치유의 기도가 절실하게 요구된다. 그런 사태를 어떻게 처리했든, 아무 일도 없었던 것처럼 시치미를 뗄 수는 없다. 맞부딪쳐서 치료하지 않으면 조만간에 겉으로 드러날 것이다. 내 친구가 일흔여덟 살의 여성 선교사 한 분을 상담한 적이 있었다. 그녀는 50년간 선교사로 일했지만, 당시 그녀의 생활은 비참했다. 그녀는 밤낮으로 두려움에 떨었다. 사람들이 두려웠으며, 심지어 계단마저 무서웠다. 그녀는 모든 것이 두려웠다. 그녀는 절망했고, 그녀의 모든 삶은 처절한 슬픔으로 가득 찼다. 비참함이 얼마나 컸던지 치료를 위해 충격 요법을 고려할 지경이었다.

상담에 탁월했던 내 친구는 그녀에게 어렸을 때는 행복했었는지 물어보았다. 그녀는 "예, 그럼요!" 하고 대답했다. 그다음 질문은 아주 간단했다. "지금 같은 슬픔과 절망을 느끼기 시작한 것이 언제부터인가요?" 그녀는 즉시 대답했다. "열여섯 살 때였어요." 내 친구는 다시 물었다. "왜죠? 그때 무슨 일이 있었기에 슬픔이 시작되었나요?" 그녀는 열여섯 살 때 한 청년과 잠자리를 가졌음을 생애 처음으로 시인했다. 다행히 임신하지 않았으며, 그 남자는 곧 떠나 버렸다. 하지만 이후 60년이 넘도록 그녀는 심령에 깊은 상처를 품고 산 것이다.

내 친구는 이 가여운 선교사의 내적 치유를 위해 기도했다. 그러자 놀랍게도 그녀에게 두려움과 절망이 사라지기 시작했으며, 마침내 다음과 같이 고백했다. "나는 내가 두려움과 절망 속에서 떨고 있던 사실을 기억할 수는 있지만, 더는 그때와 같은 느낌은 갖지 않게 되었습니다!"

그리스도의 능력을 힘입은 용서와 치유의 역사는 하나님의 자녀에게 공통으로 주어지는 은혜다. 우리가 구하기만 하면 풍성한 도움과 치유를 받을 수 있다. 그리스도인의 사귐을 풍성하게 하는 데 무엇보다 이 은혜의 역사가 꼭 필요하다.

성적 환상

예수님은 단지 혼외정사를 금하는 차원이 아니라, '성적 의로움'이 더욱 중대한 문제임을 분명히 밝히셨다. 예수님은 '마음의 간음'을 말씀하심으로써 이 문제의 핵심을 찌르셨다. "여자를 보는 자마다 마음에 이미 간음하였느니라"(마 5:28). 이 말씀은 서기관과 바리새인들의 외식에 대한 심대한 진보였다. 그런데 이 말씀은 또한 성적 환상(sexual fantasies; 성적 공상)에 대한 커다란 관심과 혼란을 불러오기도 했다.

그리스도의 진정한 제자가 되기를 원하는 독신자나 결혼을 위해 성적 순결을 지킨 미혼자들은 종종 성적 공상을 어찌해야 할지 몰라 당황하게 된다. 성에 관한 공상은 신나는 일이긴 하다. 하지만 문제를 일으켜 혼란에 빠뜨리기도 한다. 그런데 이런 식의 공상이 낳은 혼란은 교회 공동체의 양면적인 태도로 더욱 가중되었다.

미혼자들이 지도를 받고자 교회에 오면 으레 돌처럼 굳은 침묵, 아니면 성적 억압에 관한 조언을 마주하기가 일쑤다. 생각해 보라. 침묵은 아무 도움도 안 되며, 억누르라는 말은 그릇된 조언일 뿐이다. 그들은 자기의 성감을 억누르고자 갖은 노력을 다함에도 불구하고 언제나 그 노력은 실망으로 끝나게 마련이다. 결과는 죄책감이요, 그에 따른 참담함과 환멸만 남는다. 성적 공상을 다루는 법에 관한 확실하고도 실용적인 지침이 절실하다.

우선은 '음욕'과 '성적 환상' 사이를 가능한 한 분명하게 구분해 놓아야 한다. '가능한 한 분명한 구분'이라고 한 이유는 그 둘 사이를 명확하게 나누는 것이 종종 윤리적으로 종잡을 수 없는 오리무중 상태에 놓일 수 있음을 솔직하게 인정해야 하기 때문이다. 음욕은 언제나 성적 환상을 포함하고 있지만 성에 관한 공상이 언제나 음욕으로 귀결되는 것은 아니다. 이 차이를 어떻게 구분해야 할까?

나는 6장에서 음욕을 "통제할 수 없는 고삐 풀린 욕정"이라고 정의했다. 루이스 스미디즈는 이 둘의 차이를 다음과 같이 훌륭하게 짚어 주었다. "흥분된 감정이 어떤 사람을 취하고자 마음먹을 때, 매혹이 음모로 변하는 순간, 우리는 성적 흥분 상태에서 영적 간음으로 이미 옮겨 간 것이다."[6] 음욕은 길들여지지 않은, 소유하고자 하는 과도한 욕정이며, 이는 성적 공상을 통해 경험하는 일상적인 성 의식과는 아주 다른 것이다.

그러므로 그리스도인은 우선, 마음에 표류하는 모든 성적 공상 때문에 스스로를 정죄하는 무거운 짐을 벗어야 한다. 어떤 때는 성적 환상이 애정에 대한 열망을 의미하기도 하며, 또 다른 어떤 경우에는 눈에 띄게 아름다운 사람에 대한 매혹을 나타내는 것일 수도 있다. 성적 환상은 많은 의미를 지닐 수가 있으므로 단순하게 음욕과 동일시해서는 안 된다.

환상의 긍정적인 기능을 인정하는 것 역시 도움이 될 수도 있다. 우리는 환상을 통해 상상력의 바다를 마음껏 항해하는 동안 현실은 항구에 정박시킬 수 있다. 성숙한 사람들은 현실 세계와 유리되지 않은 채로 상상력을 활용할 줄 안다. 역사적으로 훌륭한 음악과 위대한 발명 중 많은 것들이 바로 그런 식으로 실현되었다.

다른 피조물과 달리 인간만의 두드러진 성적 특징 중 하나는, 자신의 성에 관한 반성 능력이다. 우리는 연애편지를 쓸 줄 알며, 달콤한 입맞춤의 순간을 수없이 떠올릴 수도 있다. 또한 아직은 주어지지 않은 감미로운 사랑의 순간을 기대하기도 한다. 이들은 모두 성적인 일들이요, 에로틱한 경험일 뿐 음욕이라고 볼 수는 없다. 사실 결혼 생활에서 성적 상상은 성적 표현을 일깨우는 데 대단히 중요하다. 아마 많은 부부의 성적 권태감은 그들의 상상력의 쇠퇴가 한 원인이기도 할 것이다.

하지만 성적 환상에 파괴적 측면이 있는 것도 사실이다. 성적 환상은 따뜻한 사귐의 관계를 대체하기도 하는데, 결국 지나친 기대와 그에 따르는 실망을 동반한다. 심지어 성적 집착에 빠지게도 한다. 육체에 대해 매우 불완전한 편견에 쉽사리 빠지게 하는가 하면, 부정한 행동의 전주곡이 될 수도 있다.

성적 환상이라는 문제는 확실히 대중매체의 병적인 유행 확산으로 점점 심각해지고 있다. 앞으로도 우리의 성적 환상에 호소하는 대중매체의 끈질긴 시도에서 벗어나기란 거의 불가능하다고 봐야 한다. 광고업자들은 성적 환상의 능력을 잘 알고 있으며, 이를 끊임없이 악용하고 있다.

하지만 성적 환상을 극복할 수 있는 능력이 우리에게 있음을 인식하라. 상상력은 다스려질 수 있는 것이다. 보다 낫게는, 우리는 자신의 심령을 참되고, 영예롭고, 의롭고, 순수하며, 사랑스럽고, 은혜로운 것들에 관심을 가지게 할 수 있다. 또 최악의 경우라 할지라도, 사도 바울처럼 "이제는 그것을 행하는 자가 내가 아니요 내 속에 거하는 죄니라"(롬 7:17)라고 고백할 수 있다. 그리고 우리는 보다 깊은 순종을 경험할 순간이 다가오고 있음을 안다.

악한 사람이 악을 행할 때는 자신이 하려는 바를 행하는 것이지만, 예수 그리스도의 제자가 되기를 원하는 사람이 악을 행할 때는 자신이 결코 원치 않는 바를 행하는 것이다. 바울이 고백한 대로, "원하는 것은 행하지 아니하고 도리어 미워하는 것을 행"하는 것이다(롬 7:15). 이런 상황에 직면하면 우리는 믿음으로 고백하게 된다. "이것을 행하는 자는 제가 아니요 제 안에 있는 죄입니다. 그러므로 하나님의 은혜와 섭리 안에서 죄가 사하여질 것입니다."

우리가 다른 사람에게 해 줄 수 있는 치유 목회 사역 중 하나는 바로 성적 환상에 대해 피차 기도해 주는 법을 가르치는 일이다. 이 차원에 들어가면, 내게는 나를 위해 기도하는 친구가 생기고 나 또한 그를 위해 기도하게 된다. 물론 이런 교제는 은밀하다. 이런 기도는 우리가 부름받은 행복한 사역이기에 늘 웃음과 즐거움이 있기 마련이다. 우리는 우리를 파멸로 이끄는 해로운 성적 영향들에서 보호받기를 기도한다. 우리는 우리의 성생활 전체가 온전하고 정결하기를 기도한다. 우리는 그리스도께서 우리의 성적 환상 한가운데 들어오시사 밝게 비추어 주실 것을 위해 기도한다. 이는 참으로 은혜스럽고, 건전하며, 행복한 사역이다. 당신에게 꼭 추천하고 싶다.

자위행위

자위행위(수음)는 성적 환상과 아주 밀접한 연관이 있기 때문에 이 시점에서 특별히 주의가 필요하다. 자위에 관한 윤리적 판단은 '간음이나 강간보다 더 심각한 죄로 여기는 것'에서 기껏해야 '머리를 긁는 것 정도로 여기는 것'까지 다양하다.[7]

한 가지 명백한 사실은 자위행위가 전 세계적으로 거의 보편적인 경험이라는 것이다. *Human Sexuality*(인간의 성) 저자인 제임스 맥커리는 남자의 95퍼센트와 여자의 50-90퍼센트가 자위행위를 한다는 사실을 밝혀냈다.[8] 그는 "모든 성적 행위의 형태 중에서 자위행위처럼 자주 입에 오르내리고, 광범위한 비판을 받으며, 그러면서도 일반적으로 행해진 것은 아마 없을 것이다"라고 주장했다. 거의 모든 청소년과 수많은 성인이 전 생애에 걸쳐 때때로 자위행위를 한다.[9]

자위행위는 특히 기독교적 양심에 따라 혼외정사에 대해 확고한 입장을 고수하고 있는 미혼자에게는 아주 심각한 문제다. 많은 중요한 질문이 제기된다. '자위행위가 그리스도의 제자들에게 도덕적으로 수용될 수 있는가?' '게다가 누군가가 주장하듯 무절제한 성생활을 피하게 한다고 해서 이를 일컬어 하나님의 선물이라고 할 수 있는가?' '자위행위를 할 때면 언제나 펼쳐지는 성적 환상은 어떻게 할 것인가?'

그리스도인이라면 누구에게나 관심거리가 될 만한 이런 종류의 질문들은 미혼의 싱글 그리스도인에게는 특히 더 심각한 질문이다. 무엇이 옳은가를 고민하는 많은 미혼의 싱글 그리스도인들이 자신의 자위행위 경험에 대한 죄책감과 좌절, 자기혐오로 괴로워하고 있다. 앞으로 다시는 하지 않겠노라고 결심하지만 또 하게 되고, 결국 자기 정죄의 심도는 더욱 깊어진다.

반론의 여지가 없는 두 가지 사실에서 시작해 보자. 첫째, 자위행위란 어떤 경우건 신체적으로는 무해하다. 이 점에 의사들은 모두 동의한다.

둘째, 성경은 한 번도 자위행위에 관해 직접 다루지 않았다. 예컨대 자위행위를 금지하는 명령은 아무 데도 없다. 성경 시대의 이집트 문서에 보면 그에 관한 기록이 있는 것으로 보아, 성경 기자들이 자위행위를 몰라서 기록하지 않은 것은 아닐 것이다. 또한 성경이 노골적인 성적 주제에 결벽증이 있기 때문도 분명히 아니었다. 그렇다면 성경이 자위행위에 관해 침묵한다는 것은 무엇을 의미하는가? 이는 자위행위가 도덕적 문제가 아니라는 것이 아니라, 우리가 받는 어떤 성경적 도움이든 그것은 직접적이기보다 간접적인 것임을 의미한다.

세 가지 사실이 자위행위가 도덕적인 문제라는 점을 보여 준다. 첫째, 성적 환상과의 관계다. 자위행위가 아무런 상념 없이 그저 이루어지는 경우는 없다. 많은 이들이 예수님이 금하셨던 '마음의 간음에(마 5:28) 빠졌다고 느끼게 만드는' 이미지들 때문에 깊은 죄책감에 시달리는 것이다.

두 번째, 자위행위란 집착으로 흐르는 경향이 있다. 자위행위를 하는 사람들은 그 속에 강제로 빠져든다. 그들은 이미 틀렸다고 생각하고, 그 행위는 이제 통제할 수 없는 습관이 되어 만사를 지배하게 된다. 이 몹쓸 습관적 과정을 통해 더 이상 다스릴 수 없어 손을 들었다고 하는 느낌을 갖게 되는 것이 아마 가장 괴로운 측면일 것이다.

세 번째는 자위행위의 비인간화적 특성과 관련이 있다. 자위행위는 혼자서 하는 성적 유희다. 참된 성생활은 서로의 인격적 관계를 키우는 방향으로 나아가지만, 자위행위는 존 화이트의 말마따나 "무인도에서의 섹스"인 것이다.

긍정적인 시각의 극단에서 본다면, 자위행위는 수많은 청소년이 그들의 육체적·정서적·사회적 성숙 과정에서 경험하는 불균형을 보상하는 데 유익하다. 많은 10대의 경우, 그들이 미처 결혼에 대한 책임과 사회적 친밀감을 갖기도 전에 벌써 섹스에 대한 신체적 준비가 끝나 있다. 자위행위는 인간의 본성이 일생의 다양한 국면에서의 성장에 발맞추어 가는 동안 일종의 자연스러운 '안전장치'를 제공해 준다.

결혼한 부부의 경우에는 자위행위가 함께 행해지면 서로 나눌 수 있는 경험을 풍부하게 해 줄 수도 있다. 결혼하여 사랑을 이루어 가는 상황에서는 그것이 "기쁨을 나누기 위한 흥겨운 유람"이라고 불리기도 했다.[10] 실제로 어떤 부부들은 상호 자위(mutual masturbation)가 그들의 완전한 성적 잠재력을 개발하는 결정적인 요소임을 발견하기도 한다.

이 모든 것에 대해 우리는 무슨 말을 할 수 있을까?

우선, 우리는 자위행위가 본래 죄 된 것이라든지 그릇된 것이 아니라는 사실을 말해야 한다. 가장 중요한 것은 자위행위란 대부분의 사람에게 일상적인 경험이며 정상적인 생활의 일부로서 받아들여져야 한다.

두 번째로 우리가 말해야 할 것은, 성교가 어려울 경우 잠정적으로 건전한 성적 활로를 열어 준다는 점에서 그 가치를 인정받을 수 있다는 점이다. 우리는 경솔하게 가당치도 않은 도덕적 짐을 사람들에게 지워서는 안 된다. 특히 자위행위에 관한 특별한 성경적 가르침을 제대로 파악하지도 못한 경우에는 더욱 그러하다. 그동안 수많은 정직한 사람들이 자위행위의 악덕을 열거하면서 거기서의 해방을 필사적으로 기도했다. 그러면서 실은 하나님이 자기의 성욕을 없애 주기를 바랐던 것이다. 이런 염원이란 철저히 비현실적이며, 만일 하나님이 기도를 들어주신다면 하나님은 자신의 창조 원칙을 범하시는 것이다. 성욕은 선한 것이요, 필연코 긍정할 것이지, 거부해서는 안 된다.

하지만 성욕은 또한 통제되어야 한다. 세 번째로 우리가 말해야 할 것은, 자위행위에 사로잡힐수록 그것이 우상이 되는 경향이 있다는 것이다. 우리가 사로잡혀야 할 분은 오직 하나님뿐이시다. 육체는 우리 통제에 따라야 하며, 이는 게으름이든 과식이든 자위행위든 마찬가지다. 통제를 벗어난 자위행위는 우리의 자신감과 자존감에 상처를 준다. 습관성 자위행위는 영적으로 치명적이다.

하지만 우리는 또한 그 반대의 집착, 즉 그만둬야 한다는 강박이 있을 수 있음을 간과해서는 안 된다. 이런 강박관념은 그만두는 데 실패할 경우 낙담하게 되니 해롭다. 전부가 아니면 아무것도 아니라는 식의 절망감에 사로잡히게 되는 것이다. 사실은 그럴 필요가 없다. 그런 강박관념은 비극적 현상이다. 다시 말하지만, 사람들을 흑백논리의 굴레에 속박해서는 안 된다. 오히려 조절하고 균형을 맞추며 관조하는 것이 필요하다.

네 번째로 우리가 말해야 할 것은 바로 이 점과 밀접한 관련이 있다. 자위행위에 따르는 성적 환상의 세계는 지워 버려야 할 게 아니라, 잘 길들여져야 할 인간 생활의 실재의 단면이라는 것이다. 성적 환상은 어쨌든 나타날 것이다. 이를 어떻게 다루어야 하느냐는 윤리적 물음이 있을 뿐이다. 성적 환상은 그것을 깨닫는 순간마다 나를 지배하는 요소가 될 것인가, 아니면 훨씬 중요한 문제인 사랑과 인간관계 속에서 성적 환상을 적절한 시각으로 이끌 수 있을 것인가?

우리는 환상이 삶을 이상화해 주기 때문에 이를 좋아한다. 환상의 세계에서는 우리가 전형적인 성적 무용담의 주인공이며, 우리의 성적 파트너는 둘도 없이 이상적인 상대가 된다. 무엇보다 상대는 우리가 듣고 싶은 고백을 들려주고, 우리가 원하는 행위를 해 주며, 그러면서도 결코 우리에게 우리 시간과 에너지를 바칠 것을 요구하지 않는다. 그렇기 때문에 환상을 다스리는 훈련이 필요하다. 환상은 우리를 불완전한 인간의 실재에서 떼어 놓는다. 따라서 마음으로 하는 간음에 관한 예수님의 말씀을 결코 단순하게 취급해서는 안 된다.

자위행위에 관해 우리가 해야 할 마지막 말은, 그것이 비록 흥분은 시킬지언정 온전한 만족은 줄 수 없다는 것이다. 오르가슴은 그보다 훨씬 큰 전체 가운데 아주 작은 일부에 불과하다. 그 큰 전체란 개인적 인간관계의 전 영역을 포함한다. 아침에 나누는 차 한잔, 저녁 시간에 나누는 잔잔한 대화, 애무, 키스 등 이 모든 것이 성생활의 본체다. 자위행위는 '필요한 모든 것을 완비한 연인'이라는 비현실적인 신화를 영속화하려 들기 때문에 항상 충족되지 못한 느낌을 줄 수밖에 없다.

복된 통제 아래 누리는 성

인류 역사에서 대부분의 과거 문화는 오늘날 우리에게는 익숙한 구애의 표현들을 거의 몰랐다. 그들에게 결혼이란 정해진 것이었다. 아브라함은 이삭의 아내를 구하기 위해 자기의 종을 보냈고, 결국 이삭과 리브가는 서로 눈인사도 하기 전에 선택되었다(창 24장). 다른 많은 문화권에서도 이는 마찬가지였다. 사랑과 친밀감은 결혼 전에 형성되기보다는 결혼 후에 따라오는 것이었다. 하지만 지금 시대 우리 문화는 다르다. 우리에게는 서로를 알아가며 구애하는 일종의 정교한 의식(rituals)이 있다. 이런 표현 방법은 대부분 순진무구한 것들로 보인다. 즉 함께 이야기를 나눈다든지, 손을 잡고, 입맞춤을 나누는 것 등이다. 하지만 어떤 경우는 포옹과 애무 등 성적으로 위험한 듯한 표현도 있다.

자유로운 성교를 인정하는 이들은 여기에 아무런 윤리적 딜레마가 없을 것이다. 그들에게는 이것들이 조건만 맞고 모든 일이 잘만 이루어진다면 성교를 위한 전희가 될 수 있다. 하지만 육체적 성관계를 부부에 한해 절대적으로 제한해야 한다고 보는 사람들에게 이런 것들은 도덕적 중요성이 가득한 문제다. 다음 조언들은 바로 그들에게 들려주는 답변이다.

반드시 다루어야 할 첫 번째 질문은 기독교에서 용인하는 성행위의 테두리 안에 다양한 사랑과 애정의 표현을 위한 자리가 있느냐 하는 것이다. 나는 이 질문에 '있다'고 답하고자 한다. 하지만 우선 정도의 차이는 차치하고라도 어째서 많은 사람이 '없다'는 경향을 지녀 왔는지를 살펴보겠다. '있다'라는 대답을 하게 된 가장 주요한 이유는 키스나 포옹이 성교를 향한 첫 단계라고 간주되었으며, 일단 시작하면 그칠 수 없는 일련의 과정이라고 여겨졌기 때문이다. 그런데 만일 성교가 서로를 알아가고 구애를 하는 이런 의식의 유일한 목적이라면 이 세상에 존재하는 모든 감각에는 그야말로 금지 신호와 울타리를 쌓아야만 할 것이다.

하지만 애정의 표현으로 나타나는 다양한 사랑의 행동은 전혀 다른 목적이 있을 수도 있다. 그런 행동은 따뜻한 애정을 주고받는 데 기여할 수도, 서로를 존중하며 친해지는 목적을 지향할 수도 있다. 우리는 성교에 이르지 않으면서도 이런 행위만으로도 얼마든지 만족할 수 있다.

서로의 애정을 표현하는 다양한 행위의 목적은 섹스라는 목표 없이 친밀감을 전하는 것이어야 한다. 미혼자들은 절대적 순결을 지키며 이 목적을 잘 이해할 필요가 있다. 속한 사회의 문화, 주변 사람들, 육체적 본능에서 오는 압력이 섹스 쪽으로 우리를 압박하기 때문이다.

나는 지금까지 성적 욕망을 거부하기보다 통제하라고 권했다. 여기에는 분명 매우 실제적인 어려움이 도사린다. 성적 욕망은 매우 강력해서 사람들이 미처 깨닫기도 전에, 돌이킬 수 없는 지점을 쉽게 넘어가게 할 수 있다. 이는 두 번째 질문을 제기하게 한다. 만일 우리가 그리스도인의 윤리적 맥락에서 서로의 애정을 표현하는 행위들을 인정한다면, 그 실천을 위해 어떤 지침을 마련할 수 있는가? 이런 표현의 범위는 단순한 포옹과 입맞춤에서부터 유방과 성기를 직접 자극하는 행위까지를 포함한다. 연속되는 이런 과정에서 미혼자에게 도움이 될 수 있는 조언이 있을까?

책임 있는 성욕을 위해서는 다음과 같은 기본 원칙이 지침으로 서 있어야 한다. "어떤 관계에서 육체적 친밀감의 증가는 항상 그에 비례한 헌신의 증가를 보여 준다."

다음 그림이 이 원칙을 설명하는 데 도움이 될 것이다.[11]

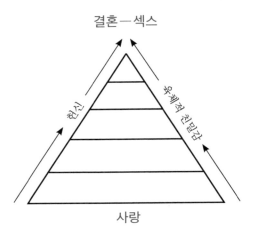

결혼―섹스

헌신

육체적 친밀감

사랑

　우리는 육체적 친밀감이 커지는 만큼 헌신하게 됨으로써 견고한 사랑의 기초를 쌓게 된다. 친밀감이 커질수록 헌신도 커지게 마련이다. 반대로 헌신이 커질수록 친밀감도 증가한다. 서로 간의 헌신이 흔들린다면 육체적 친밀도의 속도를 늦추는 것이 좋다. 초보적 헌신 단계에서는 한 사람과만의 배타적인 데이트 정도가 고작이지만, 보다 깊은 헌신의 단계가 되면 약혼과 같은 것을 하게 된다. 점차 육체적 친밀도를 높여 가는 둘만의 특권을 따라 그만큼 헌신이 커지면, 성교를 통한 궁극적 친밀감이 혼인 서약이라는 최고의 헌신의 표현과 일치하게 되는 것이다.
　하지만 다음 그림은 육체적 친밀감이 헌신을 추월할 때 어떻게 되는지를 잘 설명해 준다.

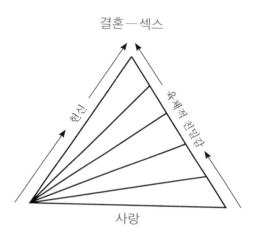

결혼—섹스

헌신

육체적 친밀감

사랑

　헌신에서는 한 뼘만큼 내딛으면서 친밀감의 표현에서는 10리를 앞서간다면 모든 일의 균형이 깨지고 만다. 거기에는 견고한 사랑의 기초 따위는 있을 수 없으며, 그에 따른 결과는 좌절과 혼란일 뿐이다.

　나는 율법주의에 빠지지 않으면서도 의지할 수 있는 지침, 책임 있는 성욕을 위한 일반적인 원칙을 제시하려고 노력해 왔다. 그 과정에서 생각한 두 가지 의견을 제시하고자 한다. 이것들이 유익하다면 좋고, 아니면 잊어버리라. 이것은 그 일반적인 원칙에 필수는 아니기 때문이다.

　첫째, 우리의 목적이 성교를 통하지 않고 인격적인 친교와 나눔을 계발하고자 하는 것이므로, 내 생각에 성기나 여성의 유방은 결혼하기까지는 성역으로 남겨 놓는 것이 현명하다. 이는 너무나 자극적인 애정 표현이기 때문에 직접적으로 성교에 이르게 하기 쉽다.

둘째, 약혼 기간은 너무 길지 않도록 하라는 것이다. 6개월을 넘지 않는 것이 확실히 좋다. 한 쌍의 남녀가 바야흐로 약혼이라는 지점에까지 도달하는 순간에는 여러 가지 친밀감의 단계에 들어가게 되는데, 이는 성교를 통한 표현 없이 오래 지속될 수 없다. 캐롤린과 내 약혼 기간의 경우는 어떤 의미에서는 분명히 매우 멋진 경험이었지만, 다른 측면에서는 가장 힘든 기간이었다. 서로를 위한 사랑, 보살핌, 나눔은 절정에 달했다. 우리는 결혼 때까지 성교를 미루고 기다리는 것이 언제나 즐거웠다. 하지만 마지막 기다리는 기간이 지나치게 길지 않았기 때문에 즐거웠던 것이다.

독신 생활

어떤 사람들은 예수님과 바울이 모두 가르쳤던 것과 같이 독신 생활에 대한 하나님의 특별한 소명을 받았다. 이런 가르침은 진정한 공헌이었다. 이전까지는 독신을 실제로 인정하는 성의 신학이 전혀 없었기 때문이다.[12]

예수님은 "천국을 위하여 스스로 된 고자"가 있었다고 주장하셨다(마 19:12).[13] 그리고 바울도 결혼하지 않은 사람이, 결혼한 사람은 쉽게 할 수 없는 하나님의 일을 힘을 다해 수행할 수 있다고 권면함으로써 동일한 근거를 제공하고 있다(고전 7:32-35).

어떤 사람들은 바울이 사람들에게 독신 생활을 심각하게 고려하라고 강요한다고 비난하지만, 사실 그의 주장은 실제적인 지혜의 가르침으로 가득한 것이다. 그는 결혼을 반대한 것이 아니다. 바울이 기독교의 성의 신학에 기여한 지대한 공로는 '결혼을 통한 성적 연합'과 '그리스도와 교회와의 연합'을 비유해 설명한 방법론에 있다. 하지만 바울은 우리가 그 대가를 계산해 두어야 한다고 강력히 주장했다. 알다시피 누구나 혼인 서약에 이르기까지 그 관계적 작업에 들여야 하는 엄청난 시간과 에너지를 깨닫지 않으면 안 되는 것이다. "장가 가지 않은 자는 주의 일을 염려하여 어찌하여야 주를 기쁘시게 할까 하되 장가 간 자는 세상일을 염려하여 어찌하여야 아내를 기쁘게 할까 하여 마음이 갈라지며"(고전 7:32-34).

그러므로 기독교 공동체 안에 '소명받은 독신'이 자리할 여지를 남겨 놓을 필요가 있다. 그들은 자기의 온 힘을 하나님 나라를 위한 섬김에 보다 효과적으로 쏟기 위해 스스로 독신 생활을 선택한 자들이다. 예수님도 바울과 같이 이런 부류의 모범이시다. 소명에 의한 독신 생활은 단순히 특별한 소명일 뿐, 삶의 형태로서 우월하거나 열등한 것은 아니다.

나는 *Freedom of Simplicity*(단순성의 자유)라는 책에 다음과 같이 썼다. "우리가 만일 독신 생활을 '그리스도인의 하나의 선택 사항'으로 선포하지 못한다면 그 사람들을 학대하는 것이다. 모두가 결혼해야 하는 것은 아니며, 또한 우리는 그렇게 선포해야 한다."[14] 독신자로 부름받은 사람들은 교회 생활과 사역에도 기꺼이 환영받아야 한다. 그들은 짝을 낚아채지 못한 족속이나, 반쪽짜리 인간이 아니다.

그들은 그리스도를 위해 독신이라는 적극적 선택을 한 것이며, 하나님의 부르심에 그렇게 응답한 것이다. 그리고 헤이니 아널드가 지적한 대로, "누구든 결혼하지 않고도 가장 깊은 영혼의 결합을 발견하는 것은 가능한 일이다."[15]

이 장을 마무리하기에 앞서 나는 독신에 대한 특별한 소명 없이 혼자인 사람들에 관해 꼭 이야기하고 싶다. 아마도 이들은 결혼한 뒤 사별했거나 이혼한 경우, 아니면 결혼을 바라지만 아직 결혼할 기회를 얻지 못한 사람일 것이다. 기독교 공동체는 오늘날의 부부 중심적 세상 속에서 소외감을 느끼고 한편으로 뒤처진 듯한 느낌 받고 있는 이들에게 특별한 배려를 해 주어야 한다.

많은 경우에 그들의 상황은 완전히 자기 의사와는 상관없는 국면으로 나타났다. 예를 들면, 우리는 사람들에게 '오직 주 안에서' 결혼하라고 말한다. 하지만 우리의 기독교 교육과 복음주의의 구조적 메커니즘 때문에 교회에는 남성보다 여성이 훨씬 많다. 그 여성들은 어떻게 하란 말인가?

또 교회 안에 있는 이혼당한 여성들을 생각하고 관심을 가지라. 많은 경우 우리는 그들을 환영조차 제대로 하지 못한다. 그들은 우리가 우물쭈물하는 것을 곧바로 눈치채며, 이런 태도는 차라리 그들을 내놓고 거부하는 것보다 못하다.

원치 않는 독신자들에게 나는 믿음과 희망을 가지라고 말해 주고 싶다. 마음을 강퍅하게 하지 말라. 하나님은 당신이 얼마나 좌절하고 있든지 상관없이 여전히 전능하신 분이다. 그분은 뮤지컬 〈지붕 위의 바이올린〉(Fiddler on the Roof)에 나오는 재단사 모틀이 노래했듯 "경이로움 중의 경이로움, 기적 중의 기적"을 가져다주실 수 있는 분이다. 그분을 신뢰하고, 당신의 최선을 다하라. 그리고 소망 가운데 살라. 그러면 설령 결혼의 순간이 오지 않는다 하더라도, 그 사실조차 충분한 그분의 은혜임을 알게 될 것이다.

이 장을 서술하면서, 나는 만족스러운 결혼 생활이라고 하는 따끈한 방구석에 앉아서 싱글들의 성적 순결 조건에 관해 보란 듯이 떠들어 대는 것은 아주 쉬운 일임을 알게 되었다. 단도직입적으로 말해서, 나는 밤에 독수공방을 한다든지 하루 종일 성적 절망감으로 속을 끓이지 않아도 된다.

하지만 우리 상태가 어떻든 간에 우리는 하나님의 선하심을 믿을 수 있으며, 그분의 능력으로 사는 법을 배워야 한다.

결혼이란 온 삶이 연합하는 것

기독교는 결혼을 격하시키지 않으며,
오히려 신성하게 한다.
• 디트리히 본회퍼

결혼은 하나님의 위대한 선물이다. 결혼은 그 모든 충만함 가운데서 "한 몸"이라는 경이로운 신비의 세계로 우리를 안내한다. 결혼은 경건하게 받아야 할 선물이며, 동시에 부드럽게 보살펴져야 한다. 결혼의 은사가 독신의 은사보다 높은 자리를 차지하는 것은 분명 아니지만, 그렇다고 그 중요성을 훼손해서는 안 된다. 마르틴 루터는 다음과 같이 선언했다. "오, 귀하신 주여, 결혼은…… 하나님의 선물입니다. 결혼은 가장 감미롭고 값진 것입니다. 그렇습니다. 최고로 순전한 삶입니다."[1]

창세기를 보며 우리는 결혼의 연합이 부모 자식 간 연합보다 크다는 것을 깨닫게 된다. "이러므로 남자가 부모를 떠나 그의 아내와 합하여 둘이 한 몸을 이룰지로다"(창 2:24). 예수님도 창세기에 나온 이 성경 구절을 언급하시며 부연해서 말씀하신다. "그런즉 이제 둘이 아니요 한 몸이니 그러므로 하나님이 짝지어 주신 것을 사람이 나누지 못할지니라"(마 19:6). 바울 역시 그리스도와 그분의 교회 사이의 관계를 연합의 관계로 설명함으로써, 결혼을 영적으로 높은 차원에 올려놓았다(엡 5:21-32). 성경은 결혼을 그야말로 위대한 소명으로 본다. 그렇기에 헬무트 틸리케도 결혼에 "아가페의 서약"이라는 탁월한 칭호를 줄 수 있었다.[2]

그리스도인의 결혼

그리스도인의 결혼의 기본은 무엇일까?[3] 나이를 불문하고 모든 부부가 모두 이 문제와 씨름하고 있다. 낭만적 감정과 서로 매력을 느끼는 것만으로 충분할까? 이것이 물론 중요하기는 하다. 하지만 충분하지는 못하다. 신약성경이 결혼을 말할 때 '낭만적 사랑'은 한마디 언급조차 하지 않을 정도로 사소한 요소로 여기고 있음에 놀라지 않을 수 없다. 이런 사실이 낭만적 사랑이 무의미하다고 말하는 건 물론 아니지만, 결혼에 관해 보다 넓은 범위에서 고려할 수 있는 관점을 제공해 주는 것은 틀림이 없다.

이 시대의 큰 비극 중 하나는 사람들이 단지 낭만적 사랑이나 성적 끌림에 기초해 결혼하기도 하고 갈라서기도 한다는 사실이다. 오늘날 육체적 사랑(에로스)이 하나님에게서 오는 사랑(아가페)에 복종하지 않은 채 미쳐 날뛰고 있다.[4] 성적 사랑과 낭만적 사랑이 결혼에서 선한 것이라는 사실은 분명하다. 하지만 우리가 여기에 근거해 결혼 생활을 영위할 수는 없다.

낭만적 사랑이 아니라면, 기독교에서 바라보는 결혼의 기초는 과연 무엇인가? 그리스도의 뜻에 따른 결혼의 원칙은, 우리 자신과 다른 사람들의 행복을 위해야 하며, 이 땅에 하나님 나라를 건설하는 데 이바지해야 한다는 것이다. 여기에 낭만적 사랑과 성적 만족이 포함되어 있음은 의심할 나위가 없다(고전 7장). 낭만적 사랑과 성적 희열은 모두가 하나님의 창조의 소산이며, 이 두 가지 모두 한계가 있다. 그것은 우리가 이들을 떠나서는 삶을 영위할 수가 없다는 점에서 그렇다. 로맨스와 섹스, 이 두 가지는 모두 결혼에 앞서서 심각히 고려해야 할 요소이며, 어떤 개인과 결혼할 것인가 말 것인가를 결정하는 요소가 될 수도 있을 것이다. 하지만 이것들이 그리스도를 따르는 사람들의 결혼의 단 하나의 기초로 군림할 수는 없다.

요점은, 그리스도인의 결혼은 사적 업무 수행이나 개인적 성취보다 훨씬 고결하다는 것이다. 그리스도인이 결혼을 생각할 때는 반드시 부르심과 소명이라는 보다 중대한 문제를 고려해야 한다. 동시에 이웃을 위해, 신앙 공동체의 행복을 위해, 그리고 모두를 위해, 무엇보다도 그들의 결혼이 하나님 나라 발전에 기여할지 아니면 장애가 될지를 고려해야 한다.

이 모든 내용이 아마도 당신에게 전혀 흥미롭게 들리지 않을 거라 충분히 예상된다. 그리고 어떤 점에서는 사실이 그렇다. 성경이 결혼을 그릴 때 연애소설에 나오는 식의 언어 사용을 거부하고 있기 때문이다. 우리가 든든하고 영원한 결혼을 바란다면 에로스는 단순하게 아가페로 훈련되어야 한다.

결혼에 대한 기독교적 기초에는 달콤하고 낭만적인 부분이 많다. 사실 낭만적 성에 내재하는 선은 아가페적 사랑이 지배하는 가정이나 공동체 내에서라면 가치가 있다.

결혼은 사랑(아가페)의 법이라는 보다 큰 맥락 안에서 이해해야 한다. 성경적 관점에서 볼 때 사랑은 모두의 행복을 위한 합당한 이유가 있는 관심사다. 결혼을 결정하는 가장 결정적인 고려 사항은 우리의 행복, 즉 나와 배우자의 행복이어야 하며 이로써 다른 사람들도 행복해질 수 있는가여야 한다.

결혼은 또한 제자도라는 보다 큰 맥락에서 이해해야 한다. 그리스도인의 결혼은 그리스도를 향한 순종 밖에서는 있을 수 없으며, 실로 이것이야말로 결혼에 대한 하나의 증거가 되어야 한다. 결혼을 결정할 때 또 하나의 결정적인 고려 사항은 이 결혼을 하게 됨으로써 그리스도의 제자 직분에 더욱 충실할 수 있는지, 하나님 나라 건설에 더욱 이바지할 수 있는지다.

지금까지 말한 일반적인 원칙이 쓸모 있다고 할지라도, 역시 여러 가지 문제를 불러올 수도 있다. 인생이란 그렇게 단정하게 포장된 채로 펼쳐지지 않는다. 결혼이 지니는 잠재적인 능력은 부부의 행복을 보장해 주기도 하지만 동시에 관계의 파괴를 초래할 수도 있다. 누가 결혼이 그리스도인의 제자도에 미칠 효과를 정확하게 측정하겠는가? 어쨌든 한 쌍의 남녀가 그토록 최고조로 뜨겁게 달아오른 시점에서 결혼을 생각할 때, 가장 중요하게 생각해서 다른 모든 요소를 대수롭지 않게 넘길 만하다 여기게 하는 건 바로 로맨틱한 감정과 성적 욕구 아니겠는가?

그래서 기독교 공동체가 필요하다. 우리는 이런 문제 속에서 홀로 버둥거리도록 내던져져 있지 않다. 우리에게는 애정과 연민을 가지고 우리에게 통찰과 분별력을 줄 수 있는 이웃이 있다. 더구나 나는 보다 크고 기독교적인 결혼의 기초를 단지 인식하기만 해도, 낭만적 정서와 성적 욕구들을 훨씬 좋은 관점으로 이끌어 주는 길이 열린다는 사실을 깨달았다.

부디 내가 낭만적 사랑을 반대하는 사람이라고 생각하지 않기를 바란다. 실제로 낭만적 사랑은 결혼의 관계를 나아지게 하기 위한 필수 요소다. 특별히 결혼을 생각하는 사람에게는 결정적인 요소가 될 수도 있다. 하지만 그것은 어쨌든 결혼을 하느냐 마느냐를 결정하는 데 '하나의 요소'일 뿐이다. 즉 '가장 중요한 요소'는 아니다. 내가 부탁하고 싶은 것은, 보다 바람직한 균형을 가지라는 것이다.

결혼의 계약적 특성

우리가 그리스도인의 결혼이 "한 몸"이라는 실재를 가리키는 것이라고 고백하는 것은 단지 감상적인 의미에서만은 아니다. 둘이 하나로 기능하는 실재가 된다는 것은 마치 컴퓨터의 디스크 드라이브와 디스크가 하나의 기능 단위를 이루는 것이나, 활과 화살이 서로 밀접한 관계에 있는 것과 어느 정도 비슷하다.

결과적으로 "한 몸"이라는 결혼의 실재는 '결혼은 삶을 위한 것이다'라는 의미를 기독교적으로 고백하게 한다. 이는 '가난할 때나 부할 때나, 아플 때나 건강할 때나, 죽음이 둘을 갈라놓을 때까지의' 영원한 계약(약속, 언약)이 되도록 하는 것이다.

우리는 곧 이혼 문제를 살펴보겠지만, 지금은 결혼의 항구성이 우리에게 가져다주는 유익한 점을 알아보겠다. 우리는 계약을 체결했고, "한 몸"의 실재를 체험했기 때문에 낭만적 사랑이 식는 시기를 이겨 낼 수 있다. 낭만적 사랑은 언젠가는 식어 버린다. 육체적 사랑(에로스)의 열정을 언제까지나 강렬하게 유지할 수 있는 사람은 아무도 없다. 겉만 번지르르한 것이 육체적 사랑의 본질이기 때문이다. 하지만 C. S. 루이스가 지적한 대로, "더 이상 사랑에 '빠져 있지 않는 것' 이 사랑하지 않음을 뜻하는 건 아니다."⁵ 그런 때가 닥치면(그런 때는 반드시 온다) 하나님의 사랑(아가페)이 육체적 사랑(에로스)을 훈련시키고 성숙하게 한다. 오랫동안 버티며 견디는 힘이 있는 아가페는 에로스의 불씨가 다시 타오르도록 북돋아 준다.

우리가 결혼 계약에서 항구성을 요구한다는 건 그에 따른 여러 가지 다른 많은 사실을 요구한다는 말과 같다. 예를 들면, 결혼 계약이 성사되는 데는 헌신이 요구된다. 보다 나은 결혼 생활을 위해 신중한 노력을 기울이는 것은 성경 공부와 기도만큼이나 거룩한 과업이다. 결혼의 관계성을 성경 공부나 기도보다 소홀히 하는 것은 사실 죄다. 이는 곧 우리가 행한 혼인 서약을 스스로 위배하는 일이기 때문이다. 결혼 생활에 주의를 기울이는 것은 바로 하나님께 순종하는 행위다. 그것이 일상에서 하나님 나라를 최우선으로 삼는 구체적인 방법인 것이다. 우리가 부부 관계에서 시간과 에너지를 바치며 사는 것이 곧 그리스도를 섬기는 삶이다.

혼인 서약을 체결할 때 우리는 한 사람의 타인과 평생에 걸친 사귐에 들어가게 된다. 그 사귐은 모든 친밀함과 신비로움 속에서 최고 수준의 노력을 요구한다. 우리는 이처럼 가장 부담스러우면서도 가장 큰 보상이 주어지는 일에 가장 귀한 시간과 에너지를 기꺼이 투자함으로써 자신을 헌신하는 것이다.

침실에서의 기쁨

솔직히 말해서, 결혼한 부부에게 성은 감미로운 경험임에 틀림이 없다. 그것은 모든 면에서 굉장하면서도 복된 선물이다. 우리는 솔로몬의 아가에 나오는 찬양에 동참하게 된다.

> 내 누이, 내 신부야
> 내가 내 동산에 들어와서
> 나의 몰약과 향 재료를 거두고
> 나의 꿀송이와 꿀을 먹고
> 내 포도주와 내 우유를 마셨으니
> 나의 친구들아 먹으라
> 나의 사랑하는 사람들아
> 많이 마시라(아 5:1).

우리는 잠언의 가르침에도 기꺼이 화답한다. "너는 그의 품(그녀의 젖가슴-NIV)을 항상 족하게 여기며"(잠 5:19).

섹스를 한낱 생식 수단으로 제한하려는 사람은 성경을 쉽사리 무시하는 자다. 성경은 섹스가 결혼의 울타리 안에 있음을 강력하게 주장한다. 성행위의 빈도나 그 기술의 다양성 등은 서로를 위한 고려라는 면을 제외하면 도덕적인 문제가 못 된다. 다른 말로 하면, 결혼한 부부는 그들이 서로의 관계를 향상시키고 만족을 주는 일이라면 무엇이든지 주 안에서 자유롭다는 말이다. 그들이 서로 동의하기만 한다면 구강 성교든, 상호 자위든 또한 서로에게 기쁨이 되는 어떤 성적 기술이든 간에 본질적으로 악한 것은 아니다.

성적 기술에 관한 문학 작품이 많기 때문에 나는 이 책에서 그 부분은 다루지 않을 것이다. 다만 그리스도인들이 '결혼이라는 울타리 안에서' 보다 깊은 사랑의 경험으로 인도하는 달콤한 환희의 성적 영역을 개발하는 자유를 누린다는 점을 말해 두는 것으로 충분하다.

아, 부부 간의 성적 리듬에 관해서는 언급하는 것이 좋겠다. 성교는 일단 결혼하기만 하면 저절로 기적적으로 이루어지는 것이 아니다. 성교에는 돌봄, 훈련, 교육, 또 그 훨씬 이상의 것들이 요구된다. 두 사람이 성적으로 친밀한 관계에 들어가려면 거기에는 정서적·영적·육체적 상호 협력이 굉장히 필요하다.

남자와 여자는 성적 경험에 다르게 반응하며, 우리는 이 차이를 구별하는 것이 좋다. 어쩌면 몇 권의 책을 통해 도움받을 수도 있을 것이다. 하지만 그렇게는 도무지 찾아낼 수 없는 당신과 당신의 배우자 사이에만 존재하는 독특한 차이가 있다. 책에서는 가벼운 일상적인 힌트나 제시하는 방향밖에는 얻을 수가 없다. 당신의 배우자만이 갖는 독특하고 신비로운 차이점을 찾아내는 것은 오직 당신에게 달려 있다.

전문가들은 보통 여성의 경우에, 남성보다 더 돌봄과 정서적 나눔이라는 관점에서 섹스에 반응한다고 말한다. 하지만 자기 아내의 리듬을 파악하는 일은 하나님이 주신 특별한 책임이다. 얼마나 자주, 얼마나 강렬하게, 어떻게 천천히, 얼마나 빨리, 어떻게 하면 좋아하고,

어떻게 하면 싫어하는지 등등. 이런 수천 가지 질문이 사랑의 언어를 형성한다. 남편은 아내의 마음과 영혼의 언어를 해독할 수 있어야 하며, 마찬가지로 아내 역시 남편의 언어를 해독할 수 있어야 한다.

서로의 언어를 해독하는 것이 성적 친밀감의 고통과 환희를 이루는 절정이 된다. 이것은 우리가 피하려고 해도 피할 수가 없다. 이 길만이 우리로 하여금 성적 경험에서 지속적인 기쁨을 누리게 하고 무한한 다양성을 얻게 한다. 창조주 하나님은 결혼을 영원한 것으로 만드셨음이 확실하다. 단, 그 영원은 일생을 거쳐 우리가 그토록 놀라운 서로의 내적 언어의 문법을 막 이해하게 된 순간부터 시작된다.

많은 사람이 성생활에 싫증을 느끼게 되는 이유는 그들이 "한 몸"을 이루는 인격의 연합이라는 신비롭고 경이로운 도전을 끊어 냈기 때문이다. 결국 그들이 성을 통해 보는 것은 성기를 질에 삽입하는 것뿐이며, 그런 행위는 실제로 순식간에 지겨워진다. 하지만 "한 몸"을 이루는 실재하는 기독교의 증거가 참이라면 이보다 더 놀라운 도전이란 있을 수 없을 것이다.

서로 상대방의 성적 밀물과 썰물의 언어를 알아내는 것이 영적 과제다. 우리가 영적으로 성장하면 성적으로도 친밀하게 된다. 기독교의 묵상은 종종 서로의 내적 리듬을 감지하는 데 도움이 되기도 한다. 하나님은 우리가 "한 몸"으로 연합해 충만한 실재를 맛보도록 도우시려 세심하게 바라보고 계신 듯하다. 묵상기도를 통해 우리는 가끔 성적으로 가까워지려면 어디를 강조해야 할 것인가 하는 통찰을 얻곤 한다. 하나님은 이런 문제들에도 간섭하신다. 우리가 만일 듣는 기도를 통해 하나님의 인도하심에 보다 많이 귀를 기울인다면 우리는 배우자에게 보다 민감하고 훌륭한 연인이 될 것이다.

노먼 로벤츠 박사는 다음과 같은 말을 했다. "부정(不貞)을 막는 데는 활력 넘치고 흥미로운 결혼 생활이 특효다."[6] 결혼 생활 가운데서 우리가 신비와 흥분과 황홀한 상태를 계속해서 간직하고 싶어 하는 자리는 성적 친밀감을 나누는 자리다.

그리스도인과 이혼

성공적인 결혼이라는 높디높은 봉우리 위에 우뚝 선다는 것은 신나는 일이다. 하지만 결혼의 실패라는 골짜기로 곤두박질치는 것은 그와는 정반대 일이다. 그것은 마치 죽음의 그림자가 드리운 계곡과도 같다. 누구나 결혼 생활을 하면서 슬픔과 고난의 시기를 마주하기 마련이지만, 때로는 그 고통과 슬픔이 너무도 크고 감당하기 힘들다. 결혼 생활에서 이런 깊은 어둠의 골짜기를 만날 때 우리 그리스도인들은 어떻게 해야 할까?

이 시대 상황에서는 이 문제에 답하기가 매우 어렵다. 이 문제가 예수님 당시에도 상당한 논란거리였다는 점은 매우 흥미롭다. 구약 성경의 히브리인 사회에서 이혼은 일상적이었고, 따라서 모세도 이혼에 관해 교화하면서 합법적인 지침을 제시했다(신 24:1-4). 하지만 이런 지침도 완전히 확립되지는 않았다.

예수님 당시에는 랍비 힐렐이 주도하는 랍비들의 학파가 있었는

데, 그들은 남자가 어떤 이유로든 자기 아내와 이혼해도 좋다고 주장했다. 예를 들어, 아내가 아침에 빵을 태웠다거나, 자기를 더 기쁘게 해 주는 다른 애인을 만나게 됐을 경우 등이다. 힐렐 학파에 따르면, 이와 같은 이유는 충분한 이혼 사유였다. 하지만 랍비 샴마이로 대표되는 또 다른 학파는, 아내와 이혼할 수 있는 유일한 사유는 '부정' 외에는 없다고 주장한다(이혼은 남성만의 전유물이라는 사실을 주목하라. 이 문제에 관한 한 여성은 발언권이 없었다).

바리새인들이 예수님을 이 논쟁에 빠뜨리려고 물었다. "사람이 어떤 이유가 있으면 그 아내를 버리는 것이 옳으니이까"(마 19:3). 힐렐 학파의 대답은 그렇다는 것이었고, 샴마이 학파의 대답은 아니라는 것이었다. 예수님은 어느 편이었을까? 하지만 예수님은 누구의 편도 들지 않으시고 처음으로 돌아가 하나님의 뜻을 구하게 하셨다. "사람을 지으신 이가 본래 그들을 남자와 여자로 지으시고 말씀하시기를 그러므로 사람이 그 부모를 떠나서 아내에게 합하여 그 둘이 한 몸이 될지니라 하신 것을 읽지 못하였느냐 그런즉 이제 둘이 아니요 한 몸이니 그러므로 하나님이 짝지어 주신 것을 사람이 나누지 못할지니라"(마 19:4-6).

결혼에 대한 하나님의 뜻은 영원한 "한 몸"의 실재가 되는 것이다. 하지만 물론 이것은 모세의 율법적 문제를 불러왔고, 바리새인들은 다시 물었다. "어찌하여 모세는 이혼 증서를 주어서 버리라 명하였나이까"(마 19:7). 자, 이 질문에 대한 예수님의 답변을 주목하라. "모세가 너희 마음의 완악함 때문에 아내 버림을 허락하였거니와 본래는 그렇지 아니하니라"(마 19:8).

예수님이 하신 말씀이 무슨 뜻인지 알겠는가? 예수님은 지금 남자들에게 말씀하신다. 그리고 모세는 여자들을 완악한 남자들에게서 보호하려고 이혼을 허락했다고 지적하신다. 아내의 머리를 벽에 세게 박느니 차라리 아내와 이혼하는 편이 낫다. 하지만 예수님이 말씀하신 대로, 본래는 이혼이 하나님의 뜻은 아니다.

예수님은 모세가 여성을 보호하기 위해 이혼 증서 제도를 만들었던 이유와 동일한 이유로 당시의 이혼 관행을 반대하셨다. 악하고 파괴적인 관행 때문에 여성들은 완전히 무방비 상태로 당하고 있었다. 예수님 시대에, 이혼 때문에 여성들이 당한 상처는 실로 엄청났다. 이혼에 해당하는 용어는 정확하게 문자적 의미로는 '내어 버리다'라는 뜻이며, 여성들은 아주 간략한 절차를 통해 법정이나 회당에도 갈 것 없이 손쉽게 버려질 수 있었다. 증인만 있으면 되었는데, 그 증인조차 남편의 증인이면 된다. 합법적인 소송 같은 건 필요하지 않았으며, 그저 이혼 증서 한 장만 여자에게 주면 되는 정도였다. 그 증서에는 그녀가 이러저러한 이유로 이혼을 당했다고 써 있었다. 그런데 그 이유란 자기 차례도 아닌데 말을 했다든가, 강아지를 발로 찼다든가 하는 식이었고 사실상 어떤 이유라도 갖다 붙이면 성립될 수 있을 정도였다.

여자는 1세기의 가부장적 사회에서 하나의 희생물이었다. 따라서 예수님은 여자를 희생시키는 악습을 반대하셨다. 심지어는 자기 아내를 버린 남자는 그녀를 "간음하게" 하는 자라고 질타하셨다(마 5:32).

주님은 거리로 쫓겨나게 된 여자가 살 수 있는 방법은 단 하나밖에 없다는 당시 현실을 지적하신 것이다. 그 여자가 나가서 직업을 구할 데라고는 아무 데도 없었다. 딱 하나 팔 수 있는 것이 있었는데, 이것이 바로 1세기경에 매춘이 판을 치게 된 원인이다.

이 모든 사실에서 우리가 반드시 알아야 할 건, 예수님은 이혼이 용인될 수 있는 경우를 한정해 줄 합법적인 원칙을 정해 주려 하신 게 아니라는 점이다. 마태복음 5장 32절에서 알 수 있는 사실은, 예수님이 이혼을 정당화하는 근거로서 간음을 생각하신 것은 샴마이 학파 입장에 기운 것 같아 보이지만, 그것이 이혼을 가능하게 하는 유일한 기준임을 의미하는 것은 아니며, 간음이 곧 모든 경우에 이혼을 의미하는 것도 아니다.[7]

예수님은 어떤 법칙을 세우고 계신 게 아니다. 함께 살아가는 사람들의 영혼을 자극하셨다. 따라서 우리는 이혼에 관한 예수님의 가르침을 대하면서, 이혼을 가능하게 하는 한 가지, 두 가지, 세 가지 요인에 주목하려 해서는 안 된다. 오히려 1세기경 팔레스타인이라는 정황에서 인간관계에 관한 예수님의 가르침의 핵심을 봐야 하며, 동시에 이 시대 우리의 정황에서 그 통찰을 해석해야 한다.

이것이 바로 사도 바울이 고린도 교회에 대해 가졌던 태도였다. 고린도 교회의 문제는 많은 사람이 그리스도를 새로 믿게 되었는데, 그들은 여전히 이방인으로 남아 있는 사람들과 결혼한 상태라는 것이었다. 이런 부부 관계의 상태는 어떠했을까? 그리고 만일 믿지 않는 배우자가 이혼하기를 바란다면 믿는 사람은 어떻게 해야 했을까?

만일 바울이 예수님의 가르침을 율법적으로 이해했다면, 바울은 그들에게 간음한 연고 외에는 결혼 관계를 깨뜨리지 말라고 했을 것이다. 예수님이 간음만이 이혼을 위한 유일한 근거가 된다고 말씀하셨기 때문이다(마 5:32). 하지만 바울은 그렇게 말하지 않았다. 오히려 그는 가능하면 결혼 상태를 유지하라고 가르쳤다. 하지만 "혹 믿지 아니하는 자가 갈리거든 갈리게 하라 형제나 자매나 이런 일에 구애될 것이 없느니라 하지만 하나님은 화평 중에서 너희를 부르셨느니라"라고 덧붙였다(고전 7:15).

바울이 말하려는 건 무엇일까? 그가 이혼에 관한 예수님의 가르침을 몰랐을까? 그렇지 않다! 그는 결혼과 이혼에 관한 예수님 말씀의 핵심에는 '사랑의 법'이 있음을 알았으며, 고린도 교회의 상황에 이 핵심 진리를 전해 준 것이다.

마찬가지로 고린도 교회 성도들에게 전해 준 바울의 지침을 새로운 율법주의로 왜곡해서는 안 된다. 예를 들어, 어떤 사람들은 이혼을 정당화하는 근거는 마태복음 5장 32절의 예수님 말씀에 따른 간음, 고린도전서 7장 15절의 바울이 진술한 별거, 이렇게 단 두 가지뿐이라고 주장한다. 그렇다면 만일 어떤 여자가 남편의 성적 폭행이나 있을 법한 온갖 종류의 비인간성을 호소해 오는 경우에도, 간음이나 유기(desertion)가 아닌 다음에야 이혼할 수 있는 '성경적' 근거가 없노라고 간단하고 고상하게 말해야 하는가? 이것이 바로 예수님 말씀과 바울의 말을 또 하나의 새로운 율법주의로 해석하려 드는 사람들의 사고방식이자 치명적인 약점이다.

하지만 만일 아무런 원칙도 주어지지 않는다면, 오늘날 이혼에 관한 질문에 어떤 지침을 줄 수 있겠는가? 우선 우리가 할 수 있는 말은, 본래부터 결혼에 관한 하나님의 뜻은 영원한 "한 몸"의 실재를 이루는 것이라는 사실이다. 하나님은 우리를 남자와 여자로 창조하셨으며, 함께 살도록 창조하셨다. 우리는 서로가 배필이다. 그것도 일생을 통해 영원한 배필이다. 이에 미치지 못하는 것은 어떤 것도 하나님의 뜻을 거스르는 일이다.

따라서 우리 그리스도인들은 이혼을 정당화해 주는 근거에 대해서는 동의하지 않는다 할지라도 이혼이 살아 있는 유기체를 잘라 내는 것과 비슷하다는 데는 모두가 동의할 것이다.[8] 지금 우리는 근래에 소원해진 편리한 관계의 청산에 관해 이야기하는 것이 아니다. 한쪽 팔을 잘라 내고 가슴을 도려내는 아픔과 더 비슷한 일에 관한 것이다. 이혼은 "한 몸"의 연합을 이루는 심령에 끼어들어 분열시킨다. 수술을 하고 살아날 수도 있지만 지금 우리는 근본적인 대수술에 관해 말하는 것이지 가벼운 외래환자를 돌보는 것이 아님을 분명히 해 두자.

상황이 이렇기에, 그리스도인들은 이혼을 가능한 모든 은혜의 수단과 방법을 다 써 본 뒤의 최종적인 해결책으로 볼 필요가 있다. 이혼이란 단지 결혼 생활에서 어려움에 봉착하게 되었다든지, 아니면 다른 사람과 '사랑에 빠졌다든지' 하는 이유로 선택하는 그 무엇이 아니다. 절대로 아니다. 그리스도인의 결혼은 "한 몸"으로의 연합이며, 하나의 유기체가 되는 것이다. 따라서 우리는 이혼 말고는 도무지 다른 선택지가 없을 때만 이 유기체를 깨뜨릴 수 있다. 찰스 스윈돌은 이렇게 말했다. "결코 성급하게 서두르지 말아야 할 것 두 가지가 있는데, 곧 장례식과 이혼이다."[9]

쉽게 포기해서는 안 된다. 성경은 글자 그대로 '용서받고 구속된 관계'에 대한 소망으로 가득하다. 하나님은 우리가 결혼 생활에서 성공하기를 열렬히 바라신다. 우리는 사려 깊은 기독교 공동체의 자원을 활용할 수 있다. 친구와 이웃의 사랑과 보살핌이 우리의 것이다. 전문가들의 적절한 상담이나 영적으로 민감한 이들의 치유의 기도가 모두 우리의 것이 될 수 있다.

하지만 우리는 타락한 세상에 살고 있기 때문에, 우리의 온갖 노력에도 불구하고 결혼 생활이 사망의 음침한 골짜기로 들어가는 것과 같은 시기가 닥칠 수도 있다. 모든 수단을 다 강구했고, 치료가 가능할 법한 모든 방도를 다 동원했으며, 안 해 본 일이 없을 지경이다. 그런데도 여전히 결혼 생활은 절망과 고통의 늪으로 빠져들어 간다. 이런 경우라면 사랑의 법(아가페)은 이혼할 것을 명령한다. 진실로 이혼만이 사랑의 법이 처방한 최종 해결책으로 받아들여진 것이라면 대부분의 이혼 현장에 나타나는 악은 사라질 것이다. 또한 이혼 자체가 거의 발생하지 않게 될 것이다. 하지만 그리스도인은 어떠한 경우의 이혼이든, 기도를 통해 하나님을 변호사와 재판관으로 삼아 사랑의 법에 순종할 것을 확실히 해야 할 것이다.

그러므로 그리스도의 뜻에 맞는 이혼의 근거는 바로 결혼의 그것과 꼭 같은 것이다. 결혼 생활을 계속하는 것이 이혼하는 것보다 현저히 파괴적이라는 판단이 분명히 서면 그때는 결혼 생활에 종지부를 찍어야 한다.

혹여 최종적으로, 도저히 참을 수 없는 상황이어서 근본적인 해결책으로 이혼을 택하게 되었다 하더라도, 상대를 냉정하게 '내어 버려서는' 안 된다. 적절한 재산의 분배를 통해 살 방도를 만들어 줘야 하며, 그리하여 두 사람 모두 빈궁에 처하지 않게 해야 한다. 나아가서 우리는 어느 편도 상대방을 감정적으로 '내어 버려서는' 안 된다. 가능한 한 모든 면에서 진심을 다해 고통을 최소화하도록 노력해야 한다.

그런데 하나님께 신실함을 지키고자 좋지 않은 결혼 생활일지라도 그 자리에 머무는 사람도 있다. 그들의 결정은 잘못된 것이 아니다. 하지만 극도로 험난하다. 그들에게는 기독교 공동체의 기도와 도움이 꼭 필요하다. 우리는 그들과 고통을 나누어야 하며, 그들을 받아 주고, 그들이 하나님의 생명과 빛에서 단절되지 않도록 기도해야 한다. 그들이 결국 나중에는 이혼을 결정하게 된다 해도, 그들은 결코 실패했다거나 잘못한 것이 아니다. 따라서 그들을 너그러운 사랑으로 받아 주어야 하는 것이다.

독자들 가운데 이혼한 사람, 자기의 결혼을 유지하는 데 최선을 다하지 못했다고 걱정하는 사람에게 꼭 하고 싶은 말이 있다. 내가 앞서 이혼을 "가능한 모든 은혜의 수단과 방법을 다 써 본 뒤의 최종적인 해결책"이라고 말했을 때 당신은 아마도 의기소침해졌을 것이다. 너무 성급하게 이혼한 게 아닌가 하고 깊이 의구심을 품을지도 모르겠다. '만약에, 만약에 내가 조금만 더 참았더라면, 한 번만 더 어뗳게 해 보았다면 아마 사태는 전혀 다른 방향으로 진전되었을 텐데' 하고 아쉬워할지도 모르겠다.

이런 생각들로 괴로워하고 있다면, 당신의 마음을 편안하게 해 주고 싶다. 아마 당신은 실패했을 것이다. 우리는 모두 실패한다. 하지만 하나님은 우리의 실패보다 더 위대한 분이시다. 그분의 긍휼하심과 용서와 받아 주심은 이 모든 것을 포함한다. 우리는 우리의 과거를 어찌할 수가 없다. 하지만 우리는 그 과거의 지배에서 자유로울 수는 있다. 지금 이 모습 이대로 족하다. 그분의 사랑과 보살핌 가운데 푹 잠기자. 그분이 베푸시는 용서와 내일의 소망으로 부르시는 초대를 받아들이자.

그리스도인과 재혼

이혼한 사람들에게 '내일의 소망'이란 무엇인가? 그들은 재혼의 가능성을 기대할 수 있는가, 아니면 기대해야만 하는가? 진실로 의를 행하려는 이들에게는 이런 질문이 매우 곤혹스럽다.

많은 사람이 "누구든지 버림받은 여자에게 장가드는 자도 간음함이니라"(마 5:32; 막 10:11-12; 눅 16:18; 마 19:9)라고 하신 예수님의 산상수훈 때문에 실제로 곤란을 겪었다. 이 말씀은 그리스도인은 결코 재혼해서는 안 된다는 뜻인가? 이 말씀은 더 직설적일 수 없을 만큼 직설적이지만, 예수님이 도대체 왜 그처럼 엄격하게 금하셨을까? 재혼을 금하셨던 진의는 무엇이었을까?

예수님은 1세기의 문화적 정황에서 남성들의 공격적인 태도를 언급하신 것이다. 그 당시 남자는 여자를 일시적으로 취하고 버릴 수 있었다. 예수님은 이런 남성 우위의 파괴적 태도에 일침을 가하신 것이다. 이 점이 바로 우리가 예수님의 행적을 주의 깊게 살펴야 할 이유이기도 하다.

예를 들면 우물가의 여인에게 찾아가셨던 예수님의 방문이다(요 4장). 예수님은 그 여자에게 다섯 명의 남편이 있었으며 지금 같이 살고 있는 자도 그녀의 남편이 아니라고 지적하신다. 알다시피 예수님은 사실만을 진술하실 뿐, 문자적으로는 아무런 정죄도 하지 않으셨다. 그녀는 그런 이혼에 관해서는 할 말이 없었기 때문이었다. 그녀는 다섯 번이나 '버림받았고' 소위 '중고품'처럼 취급받았기에 남성들이 이제는 그녀를 소유하기 위해 다시 결혼할 필요가 없어졌다. 예수님은 마치 가축을 사고팔듯 쉽게 결혼하고 이혼하고 또 재혼하는 당시 남자들의 완악함을 정죄하신 것이다(실제로 예수님 시대에는 좋은 암소 한 마리가 경매 시장에서의 여자 한 명 값보다 더 비쌌다).

예수님은 재혼에 관한 가르침을 통해, 전에 결혼한 경력이 있는 여자와 남자 사이에 존재하는 차별 관계에 주목하신 것이다. 한쪽은 상대에게 비하되고 다른 한쪽은 상대를 비하시키는 관계 말이다. 그 관계는 여자를 영원한 두려움과 궁지로 몰아가는 참으로 무서운 것이었다. 남자는 여자를 자기 손아귀에 넣고 쉽게 좌지우지했다. 1세기의 문화적 정황에서, 이혼당한 여자는 '중고녀'(secondhand woman)로 여겨졌다.

따라서 예수님은 남자가 여자를 값싼 소모품 정도로 생각하는 시절에, 남자가 여자를 옳지 못한 관계 안에서 소유하고 있음을 지적하신 것이다. 그런데 이 시대 역시 마찬가지 아닌가? 수많은 여자가 단지 자기 남편이 자신을 '중고녀'로 취급하고 있다는 사실에 오늘도 지옥 같은 삶을 산다.

그러므로 예수님은 재혼을 간음이라고 하셨지만, 그 속에 본질적으로 잘못된 것이 있어서가 아니라, 당시 남자가 여자를 대하는 모욕적인 태도를 두고 하신 말씀이다. 예수님은 "간음"이라는 단어를 일종의 '잘못되고 손상을 입히는 성적 관계'로 사용하셨다. 예수님은 마음에 품은 음욕을 "간음"이라고 묘사하시면서 이 단어를 사용하셨다 (마 5:28). 이 경우에도 역시 관계의 파괴가 행해짐을 지적하셨으며, 그점을 정죄하신다.

우리는 재혼에 관한 예수님의 통찰력 있는 말씀들을 영혼을 죽이는 또 다른 율법주의적 말씀으로 이해해서는 안 될 것이다. 예수님이 하신 다른 말씀도 마찬가지지만, 우리는 이 말씀을 실천하는 것에 고민할 필요조차 없을지도 모른다. 만일 우리가 주님이 우리에게 하신 말씀대로 손과 눈에 대한 말씀을 율법주의적으로 받아들인다면, 아마 우리는 모두 장애인이 되고 말 것이다(마 5:29-30). 아무도 예수님이 식사를 베풀 때 벗이나 친척이나 이웃을 청하지 말라고 가르치신 것을 새로운 율법주의로 바꿀 생각조차 하지 않을 것이다(눅 14:12).

마찬가지로 예수님의 재혼에 관한 가르침 역시 율법주의적으로 받아들여서는 안 된다. 하나님의 절대적 뜻 안에 있던 결혼의 창조

의도는, 절대로 나뉠 수 없게 되어 있는 영원한 "한 몸"의 실재가 되는 것이다. 하지만 하나님의 절대적 사랑 안에 있는 그분의 구원 의지는 우리 인생의 깨어짐을 덮으시며, 우리를 자유롭게 하시는 것이다.

그러므로 재혼의 근거 역시 결혼이나 이혼의 근거와 마찬가지로 그리스도의 뜻에 부합해야 한다. 어려움에 처해 있던 사람이 재혼함으로써 근본적으로 나아질 수 있으며, 하나님 나라 건설이 훨씬 효과적으로 이루어질 수 있다면 사랑(아가페)의 법이 재혼을 정당화시켜 줄 것이며 심지어는 그 성립을 촉구하게 될 것이다.

재혼 시 봉착하게 되는 실제적인 문제는 성적 상처와 감정적 고통을 어떻게 감싸 줄 것인가다. 이는 보통 개인이 홀로 해결하기는 어려운 문제다. 결혼 생활이 실패하는 데는 여러 가지 원인이 있으며 배우자 어느 한쪽만의 실패라고 보기도 어려운 것이다. 또한 설령 한쪽만의 실패라고 하더라고 여전히 치료되어야 할 상처가 있을 것이다. 이처럼 온전함을 지향하는 본질적인 접근이 없는 한, 재혼이란 현명한 처방이 못 된다.

많은 경우에 그리스도인의 교제가 도움이 될 수 있다. 깊은 관심을 가지고 이야기를 들어주고 치료를 위해 기도해 줌으로써 큰 도움을 줄 수 있다. 상담을 받거나 좋은 책을 읽는 것도 도움이 된다. 무엇보다 우리는 그들이 친밀함을 가질 수 있는 분위기를 만들어 줄 수 있다. 무엇보다도 우리는 안전감과 돌봄을 느끼고 사랑을 다시 시도할 수 있도록 친밀함과 긍휼의 환경을 제공할 수 있다.

우리의 논의는 어디까지 왔는가? 우리는 성을 통전적인 성경적 관점에서 이해하고자 시도했다. 우리는 이 관점이 미혼의 싱글 남녀에게는 어떻게 적용될 수 있을지 밝히고자 노력했다. 또한 결혼, 이혼, 재혼 등이 그리스도의 뜻에 부합하는 경우란 어떤 것일지를 이해하려 많은 애를 썼다. 이제는 집중해서 '신의 서약'에 관해 배울 차례다.

"연합을 낳는 풍성하고 생동하는 성을
누릴 것이다"

신의는 자연적 사랑을 강화시키는 윤리적 요소다.
• 에밀 브루너

이 시대 성 문제는 새롭고도 강력한 대응을 요구하고 있다. 그것은 부정적이거나 보수적이어서는 곤란하며, 능동적이고 창조적이며 적극적인 대응이어야 한다. 우리에게는 인간의 성에 대한 풍성하고 능동적인 성경의 증언을 전하는 대응이 필요하다. 그것은 모든 그리스도인을 위한 것이어야 하며, 일상생활에서 실천할 수 있어야 한다. 또한 우리는 하나님이 주신 성의 기능의 왜곡을 불쌍히 여기며 강력하게 대처해야 한다.

이것이 가장 잘 응집되어 있는 것이 바로 '신의(fidelity; 정조) 서약'이다. 남녀노소, 결혼한 사람, 결혼하지 않은 사람, 사별한 사람, 재혼한 사람을 막론하고, 모든 그리스도인은 자신의 성적 관계에서 '신의'를 지키도록 부름받았다.

신의의 의미

수많은 복잡성 속에서 우리의 성을 확인하는 것.   우리 그리스도인은 인간이 다정함과 연민, 사랑과 우정이 필요한 성적 존재라는 사실을 기뻐한다. 우리는 우리 자신을 성적 개념과 무관하게 생각하려는 시도를 단호하게 거부한다. 한 사람을 성과 무관한 존재로 여기는 것은 곧 그를 비인간화하는 것이다. 따라서 우리는 자신이나 다른 사람을 바라볼 때 성과 무관한 존재로 바라봐서는 안 된다. 우리는 성적 존재로서 하나님이 창조하신 본성에 충실해야 할 것이다.

우리가 받은 소명에 대한 충성.   어떤 사람은 독신 생활로 부름받았다. 그 소명이 하나님에게서 온 것이며 신앙 공동체 안에서 확실히 인정된 것이라면, 그리스도의 제자인 그는 하나님의 은총의 섭리 가운데 그대로 만족하며 지낼 수 있다. 안절부절못하며 마음 졸일 것도, 다른 무엇을 찾아 두리번거릴 것도 없다. 신앙 공동체는 이런 소명과 은사를 '짝 찾기에 실패한 사람'이라는 싸늘한 시선으로 바라보지 말고, 오히려 두 팔 벌려 환영해야 한다.

또 다른 사람은 결혼 생활로 부름받았다. 그들은 자신의 소명을 기꺼이 환영하며, 그 소명에 응답하는 데 드는 시간과 에너지를 아끼지 않는다. 교회는 그들이 결혼과 가정을 든든하게 세워 가도록 함께 노력을 기울이며 지원한다. 교회는 가정을 연합이라는 목표에서 멀어지게 방해하는 각종 모임과 헛된 책무들을 물리친다.

육체적 성관계를 혼인 서약 안에서만 맺는 것. 그리스도인은 결혼 전의 무절제와 결혼 후의 간음에 대해 분명히 안 된다고 말한다. 우리는 성적으로 이성을 후림으로써 성적 기술의 뛰어남이 입증될 수 있다고 외치는 현대사회의 신화를 수치스럽게 생각한다. 우리는 결혼으로 이루어지는 영원한 "한 몸"의 관계를 통해서만 성적 경험의 충만함과 온전함을 알 수 있다고 고백한다.

서로의 행복과 성장에 대한 지속적인 헌신. 그리스도인은 배우자의 행복과 인격적인 완성에 전념한다. 우리는 서로의 모든 은사와 재능과 능력이 제때에 발휘되기를 소망한다. 남편과 아내는 서로의 발전을 위해 희생해야 할 소명이 있다.

상호성. 우리가 서로에게 충실한 것은 어느 한쪽이 위에서 군림하지 않음을 의미한다. 힘자랑도 없으며, 허울 좋은 우월 의식이나 인위적인 계급도 있을 수 없다.

서로 정직하고 투명함.　우리의 책무는 위선의 가면을 벗어 버리고, 우리의 허울에서 빠져나오는 것이다. 우리의 나눔은 '사소한 추구'를 위한 것이 아니요, 영혼 깊숙이 자리한 내면의 언어를 기꺼이 이해하고 위하는 것이어야 한다.

'영적 삶'이라는 내면세계를 함께 탐구하는 것.　우리는 함께 기도하고, 함께 예배드리며, 함께 찬양할 것을 다짐한다. 우리는 영혼의 내면의 성소로 상대방을 기꺼이 초대한다. 우리는 상대방을 우리의 갈등, 의심, 돌파, 성장 등에 대한 증인으로 초대한다.

싱글을 위한 신의 서약

인간의 성은 수많은 면을 지니는데, 성교는 그중 하나일 뿐이다. 싱글이라 하더라도 여러 가지 다른 성적 면을 계발하고 즐긴다면 성교에 대한 욕망도 균형을 잡게 될 것이다.

사실, 우리가 성욕이라고 부르는 것은 절대적 필요라기보다는 그저 '원하는 것'이다. 음식과 공기와 물은 인간의 몸에 절대적으로 필요한 것이다. 이것 없이는 생존할 수 없다. 하지만 성교의 결핍으로 죽는 사람은 없다. 예수님을 포함해 수많은 사람이 실제로 육체적 성관계를 갖지 않고도 풍성하면서도 만족스런 삶을 살았다!

따라서 성교는 사람이 '원하는' 것이지 '필요한' 것은 아니다. 이 차이는 매우 중요하다. 이를 구분할 줄 알면 싱글들은 놀라운 자유를 만끽할 수 있다. 그들은 반쪽짜리 인생도, 불충분하고 불완전한 인생도 아니다. 그들이 완전한 성을 경험하는 데 반드시 성교가 있어야 하는 것은 아니다.

사도 바울은 특별히 고린도 교회 성도들에게 쓴 서신에서 이 성욕의 문제를 다루고 있다. 그들은 성적 유혹이 많은 환경에서 살고 있었으며, 그들 중에 바울을 통해 자유를 맛본 어떤 이들은 이 자유가 창기와의 성관계까지를 포함하는 완전한 성적 자유를 의미한다고 생각했다. 그들의 주장은 다음과 같다. "그리스도 안에서 모든 것이 합당하다." 이에 바울은 이렇게 응답했다. "모든 것이 내게 가하나 다 유익한 것이 아니요 모든 것이 내게 가하나 내가 무엇에든지 얽매이지 아니하리라"(고전 6:12).

그때 고린도 교회 성도들이 제기한 문제는 섹스도 마치 음식처럼 정상적인 육체적 필요 요소라는 것이었다. 달리 말하면 성욕이 식욕처럼 자연스러운 육체의 욕구라면 일어날 때마다 이를 만족시켜 주는 게 어째서 잘못이냐는 것이다. 바울은 이렇게 대답했다. "음식은 배를 위하여 있고 …… 주는 몸을 위하여 계시느니라"(고전 6:13). 계속해서 바울은 '일시적인 생물학적 소화기관은 다만 이 땅에서의 존속을 위해서만 필요한 것이나, 몸은 성령의 전이며 부활하게 될 것이므로 영원한 가치로 충만한 것이다'라고 주장했다. 그러므로 우리는 "음란을 피해야" 한다. 문란한 성생활은 "한 몸"의 원리를 우스꽝스럽게 만들어 버림으로써 우리 몸의 영적 측면을 훼손시킨다.

"창녀와 합하는 자는 그와 한 몸인 줄을 알지 못하느냐 일렀으되 둘이 한 육체가 된다 하셨나니 주와 합하는 자는 한 영이니라"(고전 6:16-17). 여기서 바울이 우리에게 말한 성교는 그 의미가 영원하기 때문에 어떤 경우에도 결혼하기까지는 참아야 한다는 것이다. 그러므로 미혼의 그리스도인들은 섹스에서 자신을 멀리할 것이며, 동시에 인간의 성과 관련된 것들을 다른 차원에서 다양하고 충분하게 개발하려고 노력해야 한다.

친밀한 교제는 싱글들이 잘 가꾸어야 할 인간의 성의 또 다른 측면이다. 사랑을 주고받는 것은 인간이 살아가는 데 필수 행위다. 사실, 말 그대로 사랑이 없어서 죽기도 했다. 인간은 삶에 활력을 주고 관심을 가져 주는 친구를 필요로 한다. 많은 싱글들이 오늘날 유행하는 '외로움'으로 힘들어하는 이유는 그들이 '연애'와 '섹스'를 같은 것으로 취급하는 경향 때문이다. 하지만 사실은 이와 다르다. 많은 경우, 섹스 없이도 친밀하고 깊은 사랑의 관계가 이루어질 수 있다.

싱글들은 여러 차원에서 사람들의 삶에 들어가 그들과 친밀해질 수 있다. 같이 책을 읽거나 생각과 목표를 말하고 대화를 할 수도 있고, 또 이외에도 다른 많은 것들이 서로를 친밀해지도록 도와줄 것이다. 이성 간에도 우정은 가능하다. 미혼자와 기혼자 사이도 물론이다. 사람들은 풍부한 태피스트리(tapestry; 여러 가지 색실로 그림을 짜 넣은 직물)요, 각자의 인생으로 복잡하고 다양한 직물을 엮어 낼 수 있음을 배우는 건 굉장히 재미있는 작업이다.

친밀함과 밀접한 관계로 나타나는 성의 또 다른 측면에는 '접촉'이 있다. 만지기, 안아 주기, 쓰다듬기 같은 행위는 반드시 성교에 결부되지 않으면서도 친밀한 의미를 지닌다. 실제로 애슐리 몬터규는 자신의 책 《터칭》(Touching)에서 다음과 같이 지적했다. "서구 세계의 성적 행위, 즉 서구 문화를 특징짓고 있다고도 할 수 있는 성에 대한 광적인 집착 현상은 사실 진정한 성적 관심의 표현이 전혀 아니고, 오히려 접촉에 대한 욕구를 충족시키고자 하는 시도일 뿐이라는 개연성은 얼마든지 있다."[1]

싱글이라도 어루만지거나 껴안기, 따뜻한 포옹을 기꺼이 받아들일 수 있다. 인간의 성에서 필수 요소인 접촉을 거부하는 태도는 미련하다. 전문적으로 치유를 행하는 사람들에게서 육욕적이지 않은 접촉의 중요성은 점차 커지고 있다. 간호사는 아기들을 쓰다듬고 보듬어 주는 법을 배운다. 정신질환 환자를 대하는 의료진이나 상담가는 단지 그들의 손을 잡아 주는 것만으로도 얼마나 그들에게 큰 힘이 되는지를 배운다. 콜카타의 테레사 수녀 같은 이들은 불쌍히 여기며 만져 주는 행위의 치유 능력을 우리 모두가 깨닫게 도와주었다.

더욱이 혼자 사는 노인들에게는 터치라는 생기를 주는 경험이 필요하다. 많은 이들이 수개월 동안 아무도 자기를 만져 주지 않는 채 지내고 있다. 예컨대 교회에서 성도들이 교회 안 어르신들에게 가서 그저 다정하게 안아드린다거나 등을 쓰다듬어드리기만 해도, 그들은 자신이 받고 있는 사랑에 감정이 북받칠 것이다.

인간의 성의 또 다른 측면은 아름다움과 육체적 매력에 대한 감상이다. 많은 싱글 그리스도인들이 잘생긴 남자나 예쁜 여자에 대한 자연스러운 감상을 애써 멀리하는데, 그러다가 혹여 예수님 말씀처럼 마음으로 간음할지 모른다는 두려움 때문이다. 하지만 이는 쓸데없는 생각이다. 음욕 없이 얼마든지 예쁜 얼굴이나 몸매를 좋아할 수 있다. 우리는 오히려 눈, 머리, 미소, 딱 벌어진 어깨와 멋진 팔뚝, 엉덩이의 곡선과 각선미 등을 음흉한 눈길로 보지 않고도 즐기는 법을 배울 수가 있다. 이것들은 모두 창조주가 주신 사랑스런 선물이다. 어떻게 감히 이것들을 무시할 수 있겠는가!

아름다움을 즐기는 것을 악하다고 몰아세워서는 안 된다. 그저 통제할 수 있으면 된다. 또한 통제하는 것이 가능하다. 우리가 무절제한 정욕에 빠져 곤두박질치지만 않는다면 멋진 이두박근이나 아름다운 가슴의 곡선을 감상할 수 있다. 대중매체가 아름다운 몸매나 관능적인 움직임을 모두 음란한 성에 결부시키려 한다고 해서 우리도 그런 환상의 세계에 동참해야 하는 것은 아니다.

커뮤니케이션이라는 경험 또한 인간의 성의 또 다른 측면일 수 있다. 처음에는 단순히 크고 작은 일에 관한 대화를 가리킨다. 때로는 웃음도 포함된다. 혹은 언어를 초월해 침묵 가운데 함께 앉아 있는 것만으로도 훌륭한 소통을 체험할 수 있다.

내가 처음 목회할 때 그저 이야기나 나눌 요량으로 종종 찾아가던 사람이 있었다. 그 사람의 서재에서 우리는 앞으로 일어날 일에 관한 생각이나 바람을 서로 나누곤 했다. 하지만 그중 가장 기억에 남는 건 그저 아무 말 없이 앉아 있던 순간이다. 이런 식의 소통 경험을 통해 지속적인 연대감이 생겨나며, 우리의 친밀함은 더욱 공고해지고 깊어지는 것이다.

우리는 교회 안에서 흔히 싱글들의 성이 속박당하는 것을 보게 된다. 예를 들면, 결혼을 하든지, 아니면 아예 목석이 되라는 식의 주문으로 그들을 곤경에 빠지게 하는 것이다. 하지만 이런 식의 주문은 온당치 않으며, 그들 또한 이런 상황을 벗어나려고 혼외정사 따위를 시도할 필요는 없다.

싱글들은 그리스도 안에서 결혼을 선택하거나, 교제나 우정의 관계를 통해 다른 측면의 성적 만족을 찾을 수 있는 자유가 있다. 이것이 싱글에게 '신의 서약'이 가지는 의미다.

부부를 위한 신의 서약

그리스도인에게 신의는 계약이다.[2] 계약이란 약속(언약)을 의미한다. 사랑의 맹세, 충성의 맹세, 신실함의 맹세다. 이 계약에는 내일에 대한 기대와 어제를 돌아보는 감각의 연속성이 포함된다. 이 계약에는 또한 귀속의 의미도 포함된다. 이는 사랑과 관심이 풍성하게 자라나는 관계가 되도록 서로를 의탁함을 의미한다. 그럼 이제, 이런 결혼의 계약에서 신의가 의미하는 것이 무엇인지 알아보자.

첫째, 결혼 생활에서 신의는 일부일처제를 뜻한다. 우리는 일부일처제를 주장하며 일부다처제를 반대한다. 하지만 그 이유가 이에 관한 성경의 율법에 기초한 것은 아니다. 사실 어떤 이들은 성경에서 일부일처제를 뒷받침해 주는 구절보다 일부다처제를 뒷받침하는 구절이 두 배나 되는 것을 알게 되면 당황할지도 모르겠다. 하지만 상관없다. 일부일처제에 대한 기독교의 증언은 예수 그리스도 안에 있는 사랑(아가페)의 계시에 근거한 것이다. 그리스도께서 우리에게 유업으로 주신 사랑은 "타인을 위한 존재"라는 실재다.[3] 솔직히 말하면, 일부다처제는 여성을 비인간화시킨다.[4] 그 제도에서 여자는 남자의 쾌락을 위한 무리 중 하나일 뿐이다. 일부다처제는 사랑의 법에 정면으로 위배된다. 우리는 구약성경에서도 이 제도가 빚어낸 몹쓸 결과들을 적지 않게 찾아낼 수 있다.

그렇다고 회심하자마자 일부다처제 문화권에 있던 사람이 일부일처제로 바꾸어야 한다고 주장하는 것은 아니다. 나는 한 명의 아내와 사랑스런 네 명의 자녀를 둔 나이지리아에서 온 유학생을 알고 있다. 그의 아버지는 일곱 명의 부인이 있었다. 그 아버지는 최근에 별세했고, 관습에 따라 부인들은 그의 아들인 이 유학생에게 상속되었다. 그리고 보니 이들을 모두 내쫓아 버리는 것은 그 유학생으로서는 너무나 가혹한 처사였고, 결국 그 유학생은 이들을 그냥 자기의 아내들로 남게 했다.

그는 물질적 부양이라는 면에서는 남편 노릇을 할 터지만, 성적으로는 그 여인들의 남편일 수는 없으며, 따라서 그 여인들에게 결혼하지 않은 이들과 같은 성적 자유가 있음을 분명히 밝혔다. 만일 그 여인들이 나중에라도 누군가와 결혼하려는 때가 오면, '명예로운 해방'인 이혼을 해 주기로 했다. 이런 경우는 일부다처제 문화에서 사는 그리스도인에게는 매우 어려운 결단임이 분명하다. 하지만 나는 그 유학생의 이런 노력에 아낌없는 찬사를 보냈다.

둘째, 결혼 생활에서 신의는 사랑과 충성에 대한 평생의 맹세를 의미한다. 그리스도의 제자라면 단지 어려움에 부딪친다거나 달콤한 사랑이 식는다고 해서 그 계약을 위배해서는 결코 안 된다고 말한다. 결혼 생활에 찾아오는 어려움들이 반드시 잘못된 결혼에 대한 징후라고는 볼 수 없다. 오히려 그것들은 결혼 생활이 건강하다는 사실을 뒷받침한다고도 볼 수 있다. 서로를 아끼는 사이일수록 상호 관계를 존중하기에 의견의 불일치도, 논쟁도 있을 수 있는 것이다. 만일 부부 사이에 이런 일이 전혀 없다면 아마 그 부부는 서로에게 무관심하다는 점을 부인할 수 없으리라.

의견의 불일치나 다툼은 전혀 문제일 수 없다. '우리가 그런 상황에 어떻게 대처할 것인가'가 관건이다. 찰리 셰드는 *Letters to Karen* (캐런에게 보내는 편지)에서 "보기 좋고 깔끔한 부부 싸움을 위한 일곱 가지 규칙"을 제시했는데, 이는 바로 캐런과 마르타 부부에게 주는 것으로, 나도 이 규칙을 추천하고 싶다.[5] 이 책에서 제시한 아주 적절한 충고에 한 가지 덧붙이고 싶은 게 있다면, 절대로, 다시 말하지만 절대로 폭력은 사용하지 말라는 것이다. 폭력의 사용은 우리가 아는 것 이상으로 훨씬 심각한 관계의 파괴를 가져오게 된다(또한, 만일 누군가가 이혼에 대한 성경적 근거를 찾아보고자 한다면 폭력이 분명 가장 선두 자리를 차지할 것이다).

물론 부부가 갈등을 겪을 때 때로는 참기 힘든 것처럼 보일 때도 있다. "더 이상 어떻게 참으란 말이죠?"라고 소리치게 되는 경우다.

하지만 갈등의 깊이가 깊을수록 보상은 그만큼 클 것이기에 우리는 계속해서 인내해야 한다. 무엇보다도 우리가 함께 살아가는 이 오랜 인생길이 가치 있다고 여겨진다면, 결혼 생활이 서로 무던히도 애쓰고 씨름할 만한 것이라고도 믿게 될 것이다. 우리의 사랑은 쉽사리 잃어버리기에는 너무도 귀하고 선한 것이다.

이렇게 말하면서도, 단지 참을 수 없는 정도가 아니라, 전적으로 참을 수 없는 경우가 분명히 있다는 사실 역시 인지하고 있다. 그럴 경우, 신의는 '사랑 깊은 조언과 분별을 구하기 위해' 당사자가 기독교 공동체 앞에 이혼 문제를 거론할 수도 있음을 제안한다. 상처받은 결혼 생활의 치유는 물론이고, 결혼 생활이 실패한 이혼의 상처 역시 치료해 주는 것이 교회가 할 일이다.

많은 교회가 이런 미묘하고 곤란한 문제에는 책임을 지려 하지 않기에 나만큼 통렬하게 인식하지 못하는 것이 사실이다. 때로는 장로나 공인된 지도자조차 결혼과 이혼 문제에 대해서는 의견이 분분해 아무런 도움이 되지 못한다. 편견이 판을 치고 영적 통찰은 도외시되기 일쑤다. 솔직하게 말해서, 많은 교회 지도자가 예산을 집행하고 교회 건물을 관리하는 것이야말로 교회 일이라고 생각하지, 결혼에 관한 서투른 상담 따위는 교회 일이라 생각하지 못하는 실정이다.

하지만 실은 깨어져 피투성이가 된 결혼 생활로 아파하는 이들에게 두 팔 벌려 줄 수 있는 사랑의 공동체야말로 놀라운 치유의 역사가 이뤄질 수 있는 곳이다. 거기에는 따뜻한 관심과 온정이 동반되어야 한다. 오만함이나 농담 또는 훈계조의 설교는 안 된다. 고통 가운데 있는 이들이 그런 자신을 공동체가 받아 주었고, 결과가 어찌됐든 자신들의 고통에 함께하고 있다는 확신을 갖게끔 해 주어야 한다. 그들을 도와주는 가장 중요한 방법은 공감하는 마음으로 들어주며, 같은 마음으로 기도하는 일이다. 그렇게 함으로써 때로 나사로가 무덤에서 걸어 나올 때와 같은 부활의 체험을 맛볼 수도 있는 것이다. 항상 그럴 수는 없을지라도 때로는 이런 일이 가능하다!

셋째, 결혼 생활에서 신의는 그리스도께 대한 경외심에서 비롯한 부부간의 상호 복종을 의미한다. 사도 바울은 상호 복종의 원리를 가정의 원리로 삼고 있다. "그리스도를 경외함으로 피차 복종하라"(엡 5:21). 또한 계속해서 그는 피차 복종하는 것이 그리스도인의 가정에서 어떻게 적용되는지를 자세하게 설명한다. 바울이 남자에게도 복종의 책임을 말했다는 사실은 굉장한 사건이다. 그때까지만 해도 가부장적 히브리 사회에서는 머리 위치를 차지하는 것이 남자였기 때문이다. 바울은 그리스도와 같은 희생의 사랑을 통한 복종을 요청하고 있다. 1세기의 결혼 풍습을 보면, 여성은 하나의 독립된 인격으로 대접받지 못했으며, 하물며 희생적인 사랑의 대상은 더욱 아니었다.

바울은 분명히 아내들에게 특별한 복종의 책임을 지우고 있다. "아내들이여 자기 남편에게 복종하기를 주께 하듯 하라"(엡 5:22). 그는 또한 남편에게도 특별한 역할이 있음을 말해 준다. "남편이 아내의 머리 됨이 그리스도께서 교회의 머리 됨과 같음이니"(엡 5:23).[6] 바울이 이런 식으로 말하지 않았으면 하고 바라는 자들이 있었다. 이 교훈이 종종 남성의 여성 지배를 정당화하는 도구로 왜곡되어 왔기 때문이다. 하지만 우리는 여기에서 바울이 성경을 통해 매우 일관된 맥락으로 이 구절을 사용하고 있음을 기억해야 할 것이다. 그는 사람들의 현재 상태와 그들이 앞으로 되어야 할 모습을 연결하는 것이다.[7]

이 구절에서 바울이 하려는 것은 매우 놀라운 일이다. 그는 과거의 권위주의와 계급 질서를 근본적으로 깨뜨리고 있는 것이다. 그는 복음이 전해짐으로써 그리스도의 본보기를 통해 나타난 자유란 "그리스도를 경외함으로 피차 복종하는 것"이라고 말한다. 하지만 곧바로 이어서 말하기를 "아내들은 머리 된 남편에게 복종할지니라"고 하여 과거 전통과의 맥락을 이어 주고 있다.

이 구절을 엘리자베스 악트마이어는 다음과 같이 해석했다. "재치 있는 구절이다. 남자가 가정의 머리라는 전통적인 이해를 보존하면서도, 그 '머리 됨'이란 단지 기능적 차이일 뿐, 지위나 우월성의 차원이 아님을 밝힌다. 남자의 머리 됨과 이에 따른 아내의 위치에 대한 이해는 근본적으로 바뀌어졌다. 여기에 상대방에게 군림하고자 하는 태도나 사악한 힘의 남용, 무관심이나 적개심 따위는 찾아볼 수 없다. 오히려 서로에게 쏟는 헌신적 사랑만 있을 뿐이며, 이는 그리스도께서 그의 교회를 위해 희생하고 애통해하시는 신실함을 닮고자 하는 교회의 응답이기도 한 것이다."[8]

솔직히 말해서, 나는 이 구절에서 바울이 섣불리 평등주의적 결혼 (egalitarian marriage)을 주장했다고 생각지는 않는다. 그렇다고 계급적이고 권위적인 결혼이라는 품에 안주한 것도 물론 아니다. 상호 복종과 부부간 상호 책임을 강하게 강조하는 그의 언어들은 분명 '가부장적 혹은 권위주의적 접근법'에서 '동반자적 접근법'으로 이어지는 연속선을 따라 우리를 이끌고 있다. 우리 모두의 결혼 생활은 이 연속선상의 중간 어디쯤에 위치해야 한다.

이 모든 것을 통해 바울이 지향하는 방향은 갈라디아서 3장 28절의 유명한 진술에서 가장 잘 나타난다. "유대인이나 헬라인이나 종이나 자유인이나 남자나 여자나 다 그리스도 예수 안에서 하나이니라." 사도행전 15장에 나오는 예루살렘 회의에서, 교회는 종교의 문화적 주제인 "유대인이나 헬라인이나"의 문제를 다루었다. 그리고 지난 수 세기의 고통스러운 세월 동안 교회는 결국 "종이나 자유인이나"라는 노예 문제를 다루어 왔다. 우리는 앞으로 교회가 하나님의 섭리 안에서 "남자나 여자나"라는 성차별 문제를 잘 다룰 수 있기를 소망하며 또한 기도한다.

그러면 이 모든 사실이 당신과 내게 실제로 무슨 의미인가? 바울의 말을 다시 빌리자면, 우리 각자는 모두 두렵고 떨림으로 자신의 결혼 방식을 이루어 나가야 한다(빌 2:12). 그리스도의 제자들은 상호성과 복종이라는 의미를 완전히 이해하고 실천한다는 점에서 복음 안에서 자유롭고 공평하다. 거기에는 일방적으로 지배하려 한다거나 고집스러운 반항이란 있을 수 없다. 무엇이든 따뜻한 배려와 사랑, 서로를 향한 존경 안에서 결정해야 한다. 언제든지 "내 살 중의 살이요 뼈 중의 뼈"라는 "한 몸" 인식이 인생의 모든 결정을 내리는 데 선결 조건임을 잊지 말라. 상호성은 신의의 수많은 얼굴 중 하나다.

넷째, 결혼 생활에서 신의는 결혼이라는 약속 바깥에서 이루어지는 성행위를 금하는 것을 의미한다. 내가 '성적 절제'를 말할 때는 두 가지 뜻을 담은 것이다. 첫째, 혼외의 육체적 성관계의 금지를 뜻한다. 둘째, '배우자의 안녕'과 '결혼의 유익'의 통제를 받는 동시에 육체적 성관계와는 상관없는 성의 표현을 뜻한다.

전자에 관해서는 자세한 설명이 필요치 않다. 예수 그리스도를 따르는 이들에게 간음이란 그 양태가 어떠하든 있을 수 없다. 그것은 결혼의 "한 몸"의 실재를 파괴하는 폭력이며, 결혼의 관계성에 심각한 손상을 입힌다.

후자에 관해서는 설명이 약간 더 필요할 것이다. 바울의 말대로, "모든 것이 내게 가하나 다 유익한 것이 아니"다(고전 6:12). 어떤 면에서 일단 결혼하면 우리는 이미 우리 자신만의 것이 아니다. 더 이상 하고 싶은 대로 결정해 행동할 수 있는 자유가 없다. 모든 결정과 행동이 이제는 배우자와 결혼 자체에 영향을 미치게 된다. 그렇다. 당연히 우리가 이 점을 좋아할 리 없지만 이는 엄연한 현실이며, 또한 이를 잘 조화시키는 편이 차라리 낫다. 우리 배우자나 결혼 생활에, 짧든 길든 간에 다른 무엇보다 거의 가장 근본적으로 영향을 미치는 것이 바로 우리의 성을 표현하는 방식이다.

이는 결혼이라는 울타리 바깥에서 우리의 성을 억누르라는 이야기가 '아니다.' 실제로 결혼 생활에 타격을 입히는 것 가운데 이보다 더 치명적인 것은 없으리라. 우리는 인간다워야 한다. 우리에게는 결혼이라는 울타리 밖에서도 얼마든지 친밀한 애정, 터치, 의미 있는 대화가 필요하고, 나아가 그보다 훨씬 많은 것들이 무척이나 필요하다.

그렇지 않을 경우, 우리는 가장 건전한 부부 관계에서조차 결혼에 대해(즉 배우자를 향해) 합리적 수준 이상의 것을 내놓으라고 요구하게 될 것이다.

그러므로 우리는 우리의 일거수일투족, 심지어는 우리가 하는 생각조차 우리 결혼 생활에 어떤 영향을 줄지를 민감하게 주시해야 한다. 예를 들어 내가 만일 밖에서의 상담이나 다른 바쁜 일들에 온 에너지를 쏟아붓느라 아내와 자식들에게는 아무런 정을 주지 못하게 되었다면, 나는 '정서적 간음'을 범하는 셈이다. 아내도 아이들도 모두 내 따뜻한 관심을 필요로 하며 또한 원하고 있기 때문이다. 만일 아내가 내게서 감정적으로 요구하는 것을 내가 적절히 제공해 주지 못하고 있다면, 나는 마땅히 신의 서약을 보다 잘 실천할 수 있는 적절한 변화를 시도해야 할 것이다.

요즘 캐롤린은 내가 별 관심이 없는 어떤 일에 열중하고 있다. 또 나는 아내가 지루해하는 어떤 문제를 놓고 친구들과 토론한다. 이 정도면 괜찮다. 우리 부부는 서로에게 충분한 자유를 주고, 융통성이 있기를 원한다. 하지만 동시에 내 행동과 활동이 상대방에게 얼마나 영향을 줄지에 민감해지기를 원한다. 부부는 서로 마음을 열고 자유롭게 계속 소통해야 한다. 이는 배우자의 말뿐만 아니라, 어조, 몸짓, 마음과 영혼을 경청해야 한다. 이렇게 배우자에게 귀를 기울일수록 결혼 생활에 상처를 줄 여러 가능성을 피해 가기 수월해진다. 프랜시스 몰로니는 이렇게 말했다. "사랑이 행하는 외적 규제는 종종 내적 한계로부터의 자유를 나타내는 표지가 된다."9

이 모든 것은 신의의 다섯째 의미로 자연스럽게 이어진다. 결혼 생활에서 신의는 혼인 서약에 내재하는 성적 자유를 의미한다. 이 부분에서 우리는 참된 자유의 종을 힘차게 울려야 한다! 성이란 결혼이라는 완전하고 자유로운 통로를 통하게 될 때에야 비로소 풍부하고 만족스러운 경이를 창출하게 되는 것이다. 때로 결혼이라는 통로는 마치 콜로라도강처럼 격랑이 심하게 일기도 하며, 미시시피강처럼 잔잔하고 평온하기도 하다. 어쩌면 콜롬비아 계곡처럼 깊고 세찬 적도 많다.

바울은 다음과 같이 주장함으로써 결혼 생활에서의 성적 자유에 관해 강도 높은 발언을 했다. "남편은 그 아내에 대한 의무를 다하고 아내도 그 남편에게 그렇게 할지라"(고전 7:3). 혹자는 이 말이 자유에 대한 언급이라기보다 의무에 대한 언급이 아니냐고 생각할 것이다. 확실히 말하건대, 바울 시대에 살던 사람들은 남자건 여자건 그들이 일단 그 말의 진의를 올바로 파악하기만 했다면, 이 말씀 한마디 한마디에 깃든 자유를 보았을 것이다.

여기에서 주어지는 요구는 부부에게 피차 제한 없이 자유롭게 배우자에게 자신을 성적으로 내주라는 것이다. 권리가 평등한 점에 주목하라. 즉 남편의 권리에 대한 아내의 의무가 아니다. 서로가 주고받는 것이다. 남편들이여, 그대의 아내는 성적 만족을 원하고 있다. 그대는 혼인 서약을 통해 즐거운 것, 하고자 하는 것, 만족을 주는 것이라면 무엇이든지 할 수 있는 자유가 있다. 동시에 그대의 아내도 그와 같은 자유가 있다.

성교에는 생식 이상의 중요한 목적이 있다. 당연히 자녀는 중요하지만, 그렇다고 성을 '자식 생산 작업'과 혼동해서는 곤란하다. 친밀한 애정이나, 자기를 드러내는 것, 상처받기 쉬운 감정, 즐거움이라는 요소, 이 밖에 모든 것이 성적 경험의 지평을 열어 준다.

성교에서 중요한 것 가운데 하나는 따뜻한 애정이다. 이것은 할 수 있는 한 상대를 가장 친밀하게 알 수 있는, 정의하기조차 어려운 어떤 감각이다. 성교를 가리키는 히브리어 단어 "야다"가 '알다'라는 뜻을 지닌 것은 결코 우연이 아니다. 성적 경험을 통해 우리는 서로의 존재의 깊은 내실로 들어가게 된다. 성교와 동시에 진행되는 '자기를 적나라하게 보여 주며, 상처받기 쉬운 감정을 표현하는' 경험이 서로를 '알아 가는' 신비한 지식에 크게 기여한다는 점은 의심할 나위가 없다. 벌거벗어도 부끄럽지 않다는 것, 자신을 통째로 내줌으로써 한 쌍의 남녀가 서로의 외적인 미묘한 차이라는 음속장벽을 돌파해 친밀한 내적 핵으로 파고들어 가게 허용한다는 것은 참으로 멋진 일이다. 그것은 마음과 생각, 영과 혼의 연합인 보다 깊은 내적 결합에 대한 표시로서의 육체적 결합이다. 그것은 경이롭고도 유익한 것이며, 동시에 무엇보다도 즐거운 것이다.

이 즐거운 오락적인 요소야말로 무엇보다 풍부한 경험임에 틀림없다. 성이란 가장 훌륭하고 고상하며 거룩한 유희다. 그것은 축제이기에 즐거운 것이다. C. S. 루이스는 이렇게 말했다. "사랑을 나누는 침실에서 웃음과 유희를 없애 버린다면 부정한 여신을 끌어들이는 결과가 될 것이다."[10]

심각하게 경직된 상태에서는 얻을 수 없는 서로에 대한 '앎'을 우리는 즐거운 오락적인 방식을 통해 이룰 수 있다. 성은 일종의 모험이며, 동시에 즐거운 게임이다. 우리는 서로의 육체를 가볍고 사랑스럽게 그리고 만족스러운 방식으로 탐닉한다. 함께 놀면서 웃고 즐기는 것이다. 이것은 우리의 복인 성의 향유에서 핵심적 요소다.

교회를 위한 신의 서약

지금까지 싱글들과 부부들에게 신의 서약이 어떤 의미인지를 알아보았다. 이번에는 기독교 공동체다. 교회에서 신의란 어떤 의미인가?

이 질문에 답하기 전에 짚고 넘어가야 할 게 있다. 신의에 대한 이해는 반드시 하나님의 백성과 맺은 언약의 모델에서 찾아야 한다. 특히 교회에 대한 그리스도의 신실함에서 찾아야 한다. 구약성경에 나타난 하나님의 백성을 향한 그분의 끈질긴 사랑, 신약성경에 나타난 교회를 향한 그리스도의 끈질긴 사랑에 신의 서약을 위한 내용이 담겨 있다. 우리는 결혼을 이해할 때 반드시 이 틀 안에서 반추하고 판단해야 한다. 바울은 결혼을 통한 부부의 연합을 이야기할 때 이 점을 매우 생생하게 표현했다. "이 비밀이 크도다 나는 그리스도와 교회에 대하여 말하노라"(엡 5:32).

우리가 결혼을 우리를 사랑하시는 하나님의 언약의 관점에서 이해하면 완전히 새롭고 긍정적인 지평 위에 서게 된다. 루이스 스미디즈는 다음과 같이 말했다. "신의에 대한 기독교적 개념은 '하나님과 그분의 백성 사이에 맺은 결혼' 모델에 기초한다. 우리가 만일 그 모델을 사용한다면 단순히 간음을 금지하는 식의 딱딱하고 수동적인 신의 서약을 피할 수 있게 될 것이다. 우리는 동반자 관계를 영구히 한다는 엄숙한 서약, '상대방에 대한 창조적 사랑'이라는 관점에서 측정될 수 있는 신의 서약의 그림을 가지게 될 것이다."[11] 하지만 이런 모델은 결코 이론만으로 남을 수 없다. 우리를 통해 구체적으로 실천되어야 한다.

자, 교회 생활에서 실제적인 의미를 지니는 쪽으로 방향을 돌려보자. 교회는 우선 기도와 영적 방향을 제시하는 사역으로 부름받았다. 이것이 교회가 할 일이다. 하나님께 대한 임무로서, 기독교 공동체인 교회는 이를 위한 환경을 조성해 줄 수 있을 것이다. 예를 들면 젊은 남녀나 부부들이 결혼과 관련한 문제를 가지고 와서 분별력을 얻고, 상담하며, 축복받을 수 있을 것이다.

얼마 전 나는 한 젊은 커플을 위한 '분별 집회'에 참석했다.[12] 그들은 사랑하고 있었고 주변에서 다들 결혼할 것을 독려했다. 하지만 아직 확실하지는 않은 상태였다. 그들은 영적으로 깨어 있는 사람들의 모임을 통해 지침을 얻고자 했으며, 따라서 우리 집에서 매일 오후마다 함께 모였다. 함께 웃고 기도하며 서로 나누는 매우 값진 시간이었다. 그 시간에 이른바 "목사님네 아이"로 불렸던 그 자매는 (적어도 일부였다 할지라도) 지금까지 평생 자기가 한 일은 다 타인이 원해서 한 것이었다고 고백했다. 그 자매는 항상 부모님이 기뻐하도록 행동했고 교회에 덕이 되도록 행동했다. 그 자매는 단지 주위 사람들 전부가 자신의 결혼을 '이상적 결합'으로 볼지 아닐지가 두려워서 결혼을 꺼렸다.

물론 여기에는 문제 해결의 열쇠가 있다. 일단 문제가 겉으로 드러나면 우리는 그것을 객관적으로 살펴보고 풀 수 있다. 마지막 축복기도 시간에 모임 가운데 여자 목사 한 분이 그 커플에게 깊은 감동을 주었다. 그 목사는 그 커플에게 손을 얹고 따뜻하고 유익한 말로 기도해 주었는데, 듣는 내가 마치 하늘에 있는 것처럼 생각될 정도였다. 결국 그 커플은 결혼했고, 잘 살고 있으며, 현재 우리 교회의 핵심 교인이다. 이 일은 결혼을 고민하던 젊은 커플이 겪은 하나의 작은 사건에 불과하지만, 사실 모든 교회에서 수만 번이라도 있음 직한 경험이다.

우리가 할 수 있는 일은 이외에도 많다. 수많은 단체에서 시행되고 있는 '매리지 엔카운터'(Marriage Encounter; ME) 운동을 통해 이루어지는 선한 결과를 그저 누리는 것만 해도 굉장하다. 이 운동이 확장되길 간절히 소망한다. 또한 이곳 대학교에서는, '핏 투 비 타이드'(Fit to Be Tied)라 불리는, '매리지 엔카운터'를 조금 변형한 약혼자용 프로그램을 개설했다. 열다섯 쌍이 넘는 연인들이 이번 주말 모임에 참여할 텐데, 내가 이 글을 쓰고 있는 지금 막 그들이 같이 식사를 하기 위해 내 방 창문을 지나갔다. 방 안에서 나는, 곧 이루어질 이들의 결혼을 위해 기도하고 있다. 얼마나 멋진 사역인가! 이곳에서는 또한 '리커버리 오브 호프'(Recovery of Hope)라고 불리는, 거의 파선하기 직전 부부들을 위한 프로그램도 열리고 있다. 호응이 너무나 좋아서 이제는 범국민적인 모임으로 추진 중이다. 하지만 아직 초기 단계에 불과하다. 추수할 것은 많은데 일꾼이 적다.

교회들이여, 생각나는 것이 있는가? 탁상공론에 그치고 마는 회의로 아까운 시간과 에너지를 낭비하지 말라. 교회에서 해야 할 일은 제쳐 놓고 엉뚱한 일에 몰두하는 회의는 이제 그만하라. 결혼과 같은 것들, 그런 귀중한 삶에 관한 일들이 바로 교회에 주어진 임무가 아닌가! 우리 함께 이 일을 추진하자!

이제 결혼식을 생각해 보자. 이 시대가 아무리 세속화 시대라고 할지언정 교회는 아직도 수많은 결혼식을 베푸는 가장 중요한 역할을 감당하고 있다. 그 기회를 가지고 정말 중요한 일을 해 보자. 결혼식이 신의로의 진정한 초대, 결혼이라는 평생의 부르심으로 초대가 되게 하자. 그렇게 함으로써 모인 회중은 결혼의 진실성에 대한 진정한 '증인들'이 되는 것이다.

몇 년 전에 나는 사랑스러운 한 커플의 결혼식에 참석했다. 그들은 분별 집회를 거쳤고, 교회에 결혼할 의사를 밝히고 정기 당회에서 허락도 받았다. 결혼식장에서는 통상적인 방명록 대신 서류를 준비해, 예식 중간에 시간을 내 300여 명의 하객에게 적법한 증인으로서의 서명을 받았다. 교회 앞으로 걸어 나가 말로 성혼을 선포할 뿐 아니라, 서면으로도 성혼을 선포한 일은 참으로 감동적인 경험이었다. 나는 이 결혼식이야말로 '주 안에서' 행해진 결혼식이었다고 믿는다.

교회가 한 부부의 결혼에 '증인이 되고' 그 결혼을 '축복하는' 것은 결혼의 성공을 책임진다는 지속적인 보증의 의미를 포함한다. 교회 안에 신혼부부가 건강하게 성장하고 성숙하도록 격려하는 부서가 하나쯤 있으면 어떨까? 가정 심방, 도서 추천, 교제 상담 등의 모임이 이부서의 안건이 될 수 있다. 또 이미 정착된 결혼 생활의 건강을 위해서도 지속적으로 관심을 갖는 또 다른 모임을 갖지 못할 이유가 있겠는가? 우리가 결혼을 시작하기 위해 특별한 예배를 드리는 마당에 결혼한 이들의 지속적인 건강을 위해 치유와 축복의 예배를 도외시할 이유가 없지 않은가? 부부는 함께 제단에 나올 것이며 목사는 그들에게 안수하고 더욱 강하고 견고한 결혼 생활을 위해 기도해 줄 수 있을 것이다.

C. S. 루이스는 우리 사회에는 두 종류의 결혼이 필요하다고 가르쳤다. 하나는 국가 정부의 다스림 아래 있는 시민으로서의 결혼이요, 다른 하나는 교회의 다스림 아래 있는 그리스도인으로서의 결혼이다.[13] 동감이다. 교회는 그리스도인의 결혼의 성공과 그 강건함을 관장할 책임이 있다. 결혼 생활, 이혼, 재혼, 그 밖의 문제들을 신앙 공동체가 사랑으로 다뤄야 할 것이다. 신앙 공동체는 사별한 사람, 이혼한 사람, 배우자에게 버림받은 사람들을 모두 돌봐야 한다. 간단히 말해, 그리스도인의 결혼을 돌보는 일은 교회의 임무다.

성적 권리를 박탈당한 이들

우리는 우리의 성과 관련해 하나님 앞에서 신실하다는 것이 무슨 의미인지를 살펴봤다. 모든 경우에서 우리는 우리가 성적 존재임을 당연한 사실로 받아들였다. 어느 시점에서도 이 사실을 우리 스스로 증명할 필요가 없었다. 하지만 성의 세계 바깥으로 떠밀려 살아온 사람들이 있다. 대체로 성적이지 않은 존재라고 여겨져 온 사람들이다. 신의 서약은 바로 이렇게 성적으로 소외된 사람들을 새롭게 인식하고 그들에 대한 책임을 지는 것을 의미한다.[14]

많은 이들이 신체장애자는 성적이지 않은 존재라고 생각한다. '신체장애자들은 어떤 형태의 성적 표현도 불가능하며, 따라서 자연히 성에 대해서는 관심조차 없다'는 헛된 신화는 그들을 한층 더 소외시키고 있다. 하지만 많은 연구 결과가 중추신경에 이상이 있는 사람의 경우에도 종종 "골반조직 전체의 신경이 완전히 마비되었음에도 오르가슴을 경험할 수 있다"라고 밝히고 있다.[15]

이런 신체장애자들의 필요에 우리는 어떻게 응답해야 할 것인가? 우리는 그들의 성적 능력에 대한 무시를 거부할 수 있으며, 그들의 성적 표현에 그토록 중요한 것이 될 수 있는 성적 공상의 건전한 가치를 인정할 수 있다. 또한 커플들이 얼굴을 쓰다듬는 데서 구강 성교에 이르기까지의 폭넓은 기교를 사용해 보도록 격려할 수도 있다. 신체장애자가 지닌 소중한 능력 가운데 하나는 배우자에게 성적 즐거움을 줄 수 있는 능력이다. 비록 자신은 오르가슴을 맛볼 수 없다고 할지라도, 배우자에게 오르가슴을 느끼게 해 줄 수 있다는 것은 참으로 보람 있고 힘이 나는 일이 아닐 수 없다.

또 중환자라고 해서 그들이 성적이지 않은 존재라고 생각해서는 안 된다. 죽음을 눈앞에 둔 환자라 할지라도 그에게 성에 대한 관심이나 성적 활동이 모두 없거나 사라지는 것은 아니다. "실로 그런 환자라 할지라도 종종 자기 배우자와의 성생활이 향상되기를 갈망하기도 한다. 이런 욕구야말로 생의 활력에 애착하는 방편이며, 죽음에 대한 불안에 대처하는 방편이다."[16]

말기 환자가 성생활을 영위하는 데는 온갖 어려움이 뒤따름에도 불구하고, 그것은 종종 엄청난 유익을 가져온다. "환자들과 그 배우자들은 서로의 고리가 더 단단해지고 자신들의 진정한 가치를 더 분명히 깨닫게 된다고 보고하고 있다. 또한 그들은 서로 '지금 이 순간이라는 가능성'에 더욱 강렬하게 방향성을 맞추게 되며, …… 그저 존재하고 있음에 감사하게 된다."[17]

교회가 할 수 있는 일은 무엇일까? 많다. 교회는 각 기관 목사들을 훈련시켜, 이런 삶을 사는 이들을 피하지 말고, 그들을 솔직함과 긍휼함으로 대하게 하자. 병원이나 의료 기관에 부부 환자를 위한 병실을 따로 마련하도록 독려하자. 교회에서 자원자들이 나서서 그런 병실을 꾸미기 위한 넓은 침대와 은은한 조명 시설, 편리한 기구를 장만할 수도 있을 것이다. 성도들에게 터치를 통한 치유, 이를테면 등을 어루만져 준다든가, 머리를 빗겨 준다든가, 손을 잡아 주는 등의 모든 친밀한 애정 표현을 가르치자.

제임스 넬슨은 한 동료 성직자 이야기를 들려주는데, 이는 심각한 환자들에게 친밀한 애정 표시가 필요함을 설명하는 예다. "'그의 어머니는 암으로 죽음에 임박해 있었다. 병으로 쇠약해져 버린 몸, 초췌하게 변한 자신의 모습에 그녀는 슬픔에 잠겼다. 자신의 꼴이 안된 나머지 사람들이 찾아오는 것마저 피해 버리는 부정적인 폐쇄성이 발동했으나, 다른 한편으로는 그만큼 개인적인 애정의 관심을 기대하고 육체적인 친밀함의 표현을 필요로 했다. 아들은 병원으로 찾아와 이야기를 나누면서 어머니의 고통을 조금이라도 덜어드리려 등을 어루만졌다. 얼마 지나, 더 가까이 있고 싶어 하는 어머니의 마음을 눈치챈 아들은 어머니 옆에 누워 어머니를 꼭 끌어안았다. 그날 오후 내내 어머니와 아들은 이야기를 나누었으며, 이전 그 어느 때보다도 정답게 여러 생각과 느낌을 공유했다. 그날 밤 어머니는 세상을 떠났다.' 내 친구의 고백대로 그것은 …… '신체적 친밀함'이 사랑의 결속을 깊게 하고 임박한 죽음의 고통을 덜어 준 분명한 체험이었다."[18]

노인 역시 우리가 성적이지 않은 존재로 보는 또 하나의 예다. 성의 정체성이 젊음과 육체적 매력만이 전부인 것처럼 보려는 이 시대의 광적이다시피 한 사고방식이 문제를 더욱 가속화시킨다. 하지만 노인도 끊임없는 성적 욕구가 있는 존재다. 65세가 지나면 성적 관심이 급격히 떨어져 완전히 사라져 버릴 거라는 생각은 잘못됐다. 연구 결과 80대 이후에도 여전히 성적으로 왕성할 수 있음이 속속 드러나고 있다.[19]

교회는 이에 어떻게 응답할 것인가? 요양원이나 은퇴자 복지시설 등에 노부부가 함께 생활할 수 있는 침실을 마련해 이들이 함께 부부 생활을 할 수 있도록 배려하라고 촉구할 수도 있다. 또한 사별한 사람에게는, 만일 그들이 재혼하기를 원할 경우 이를 격려할 수도 있다. 사회보장제도 개정에 힘써 노인들이 재결합할 경우 안게 될 경제적 부담을 덜어 줄 수도 있다. 자위행위 등도 필요한 개인 생활로 허용해 사회적으로 용인할 필요도 있다. 또 우리는 만져 주고, 손잡아 주고, 안아 주는 등의 표현을 장려할 수 있다.

마지막으로 지적장애인의 경우다. 우리는 흔히 이들을 선하지만 성적이지는 않은 존재로 생각한다. 그런데 조사 결과는 그와는 정반대다. 그들 가운데 절대다수가 자기의 성에 대해 예민하게 받아들이고 있으며, 생식에 대한 필요와 성욕을 매우 민감하게 인식하고 있다는 것이다. 하지만 불행하게도 제도적 여건은 대체로 이들이 건전하게 성적 발달을 이루어 가는 데 도움이 되지 못한다. 남성과 여성은 분리되기 일쑤며, 사생활이란 거의 찾아보기가 힘들다.

교회가 할 수 있는 일은 무엇일까? 지적장애인도 가능한 한 많은 성교육을 받게 해야 한다고 주장할 수 있다. 많은 연구 결과들은 지적장애인들이 자기의 성에 관해 배우는 데 강한 흥미를 보인다고 밝힌다. 지적장애인들은 삶의 많은 부분을 빼앗기고 있다. 우리가 만일 그들에게 성교육을 해 줄 수 있는데도 불구하고 제공하지 않는다면, 그것은 잘못이다.

지적장애인의 불임 시술 문제는 굉장히 신중하게 다루지 않으면 안 된다. 한편으로 인권 차원에서 보면 금지해야 하지만, 다른 한편으로는 유전적인 지적장애는 억제할 필요가 있다. 만약 이 원치 않는 임신 문제만 해결된다면 결혼의 가능성을 얼마든지 옹호해 줄 수 있을 것이다. 지적장애인도 당신과 나 이상으로 사랑의 관계를 맺을 수 있으며, 어쩌면 훨씬 나을 수도 있다. 그들에게서 이런 기회를 앗아

가서는 안 된다. 일단 그들이 결혼하게 될 경우, 비록 제도적인 수용 기관에 있다고 할지라도 부부가 함께 살아갈 수 있게 적절한 배려가 있어야 할 것이다.

참다운 연합을 위한 대모험

이제껏 우리는 긴 논의를 했다. 싱글 남녀를 위한 신의 서약, 결혼한 부부를 위한 신의 서약, 교회 공동체를 위한 신의 서약도 살펴보았다. 또한 성적으로 소외된 이들을 대하는 몇 가지 방안도 생각해 보았다. 신의란 고정된 일련의 규정이 아니다. 그것은 유동적이며, 생동하는 삶의 모험이라는 점을 항상 명심하기를 바란다.

신의는 단순히 육욕을 억제하는 길이라기보다 우리 삶을 '연합'이라는 목표로 향하게 하는 길이다. 신의는 연합과 집중을 위한 필수불가결의 조건이다.

Part 3
성경적 관점에서 배우는
권력

배후의 어둠의 "권세들"을 분별하고 멸하라

우리는 무엇엔가 사로잡힌 세상에 살고 있다.
그리고 우리는 그 사실을 알고 있다.
• 요한 하위징아

돈이 우리의 호주머니를 공격하고, 성이 우리의 침실을 공격한다면, 권력은 우리의 관계를 공격한다. 권력은 우리의 대인 관계와 사회적 관계, 하나님과의 관계에 깊은 영향을 준다. 선악 간에 권력보다 더 우리에게 깊이 개입하는 것도 없다.

권력은 파괴를 가져올 수도, 창조를 일으킬 수도 있다. 파괴적인 권력은 지배하고자 한다. 전적인 통치를 요구한다. 그것은 관계를 파괴하고, 신뢰를 파괴하며, 대화를 파괴하고, 성실함을 파괴한다. 이는 인류 역사 전체를 통틀어 봐도 그렇고, 개개인의 인생 여정을 들여다봐도 그렇다.

파괴적인 권력은 어떤 모습으로 나타나는가? 온갖 기쁨과 즐거움, 풍요로운 삶을 위한 모든 필요한 것이 주어진 에덴동산에서의 아담과 하와를 생각해 보자. 그럼에도 불구하고 그들은 더 많은 것을 원했다. 그들은 하나님과 같이 되어 선악을 알고 싶다는 앞뒤 가릴 것 없는 욕망으로 선악과를 탐했고 취했다. 에덴동산에서의 죄악은 바로 권력의 죄였다. 그들은 피조물 이상의 존재가 되고 싶어 했고, 그 이상을 갖고 싶어 했으며, 또 알려고 했다. 피조물로서 만족하지 않고 신이 되려 한 것이다.

이런 정신이 우리 안에서 곪아 터지고 있지 않은가? 우리를 보면, 선한 일을 즐기는 것으로는 만족하지 못한다. 최고의 것을 얻어야 하며, 반드시 소유해야 하고, 쌓아 두지 않으면 안 되며, 정복해야 직성이 풀린다. 권력이라는 죄는 우리가 지음받은 상태 이상의 존재가 되기를 열망하는 것이다. 우리는 신이 되고 싶어 한다.

철학 교수 아서 로버츠는 인쇄를 통해 우리 자신을 우상화시키는 작은 주석 우상들인 활자와, 왜곡된 거울인 텔레비전에 관한 말한다.[1] 우리는 잘 닦인 넓은 길을 따라 우리 자신이 반영된 이미지를 추구하며, 자신의 금속 새들을 세상에 내던진다. "우리를 찬양하라!"라고 외치고 있는 것이다. 하지만 이런 외침은 우리 귀를 상하게 하며, 그 광경은 우리 눈동자를 태워 그 재가 우리의 입안을 가득 채운다. 이 모든 것이 풍기는 악취가 하늘을 찌르고 하나님은 이를 보시며 눈물을 흘리신다.

아담과 하와에게 "권력에의 의지"는 하나님과 그들 사이의 관계를 단절시키는 것이었다. 하나님과의 동행과 대화가 끊어졌다. 그들은 하나님을 피해 숨었다. 우리도 하나님에게서 숨는다. 권력에의 의지는 하나님과 우리와의 관계를 결렬시킨다. 우리가 고집스럽게 우리 방식대로 행동하고자 결심할 때 하나님의 음성은 멀어진다. 더는 그분의 말씀이 들리지 않게 된다.

파괴적인 권력은 어떤 모습으로 나타나는가? 사울왕이 다윗을 미치도록 질투한 것을 생각해 보자. 사울은 왕이었다. 그래서 그는 권력을 마음대로 휘두를 수 있었다. 하지만 권력으로 자기를 사랑하라고 명령할 수는 없었다. 백성들은 다윗을 좋아했다. 사울은 백성들의 마음을 움직일 수 없었고, 결국 그는 닥치는 대로 다윗을 해하기 시작했다. 그는 권력이 자기 손가락 사이로 빠져나가는 것을 두고 보느니 차라리 살인을 택했다. 권력에 대한 사울의 욕망 때문에 그와 다윗의 관계가 얼마나 비극적인 국면으로 치달았는지 보라. 심지어 사울은 자기 아들인 요나단과의 관계도 깨지고 말았다.

권력은 관계를 망가뜨린다. 아무리 오랜 친구 사이라 할지라도, 회사의 부사장직이 걸린 순간 순식간에 원수로 돌변할 수 있다. 오르고, 밀치고, 제치는 것이 권력의 언어다. 권력만큼 우리 사이를 갈가리 찢어 놓는 것도 없다. 권력 때문에 평범한 인간의 대화도 망가진다. 폴 투르니에는 이렇게 말했다. "권력은 대화의 길을 가로막는 가장 큰 장애물이다. …… 우리는 우리의 권력에 커다란 값을 치르고 있다. 우리는 대사를 잃어버린 드라마 같은 삶을 산다."[2] 부부 사이, 부모와 자녀 사이, 고용인과 피고용인 사이 등 실제로 우리는 도처에서 이런 비극을 목격한다. 인간의 관계성을 파괴적인 권력의 악마성을 온 인류의 얼굴에서 읽을 수 있다.

파괴적인 권력은 어떤 모습으로 나타나는가? 하나님 나라에서 누가 최고의 자리에 앉게 될지를 다투고 있던 제자들을 보자. 이 다툼은 분명 맹렬했으리라. 사복음서에 모두 나오기 때문이다. 이토록 끊임없는 지위 다툼과 반목은 결국 제자들 사이를 저해하는 결과를 초래했다. 그때부터 그들은 서로 상대방의 동기를 의심하기 시작했던 것이다.

놀랍지 않은가! 다 자란 성인이 누가 무리 중의 높은 자리를 차지할 것인가로 심히 고민하며 안달하다니! 물론 우리가 가장 높은 지위에 앉을 사람을 결정할 때마다 누가 가장 낮은 지위의 사람일지도 결정하게 마련이다. 이것이 바로 우리의 문제가 아닌가? 가장 낮은 사람이 된다는 것은 바로 무력함을 의미한다. 회사에서 말단 지위에 있다면 아무런 권한도 힘도 없다는 것이다.

　제자들 사이에서 이런 다툼이 일어날 때 예수님은 한 어린아이를 그들 가운데 세우시고 크고자 하는 것에 관해 가르치셨다. 예수님은 어린아이들이 우월 의식 없이도 일하며 놀 수 있다는 사실을 일깨우셨다. 뒤뜰에서 소꿉장난을 하며 노는 아이들을 본 적 있는가? 아이들은 세상 모든 사람이 '으뜸'이 되고자 혈안이 되어 있는 동안에도 그저 소꿉장난만으로 충분해한다. 이는 J. R. R. 톨킨이 지구의 8대 수호신과 통치자 중 하나인 아울레에 관해 묘사한 부분을 떠올리게 한다. "하지만 아울레의 자랑과 즐거움이란, 만드는 행위 안에 있으며 또한 그 만들어진 사물 속에 있지 그것을 소유하거나 지배하는 데 있지 않다. 그렇기 때문에 그는 주기만 하고 쌓아 두지는 않으며 근심에서 자유롭고 언제나 뭔가 새로운 일을 찾아 떠나는 것이다."[3]

　하나님 나라에서는 으뜸이 되는 문제가 중요하지 않다. 다른 사람들이야 누가 제일 크냐 하는 문제로 싸울지 몰라도, 그리스도의 제자에게는 차라리 그것을 무시해 버리는 게 덕이다. 바울은 이렇게 말한다. "하지만 자족하는 마음이 있으면 경건은 큰 이익이 되느니라"(딤전 6:6).

　파괴적인 권력은 어떤 모습으로 나타나는가? 성령을 돈으로 사려 했던 시몬과 그의 욕망을 생각해 보라(행 8:9-25). 사람들이 그를 일컬어 "이 사람은 크다 일컫는 하나님의 능력이라"고 했던 것을 봐서(행 8:10), 시몬은 사마리아의 마술사로서 분명 상당한 권력을 행사하던 인물이었다. 하지만 시몬은 빌립의 설교를 듣고 감화를 받아 예수 그리스도를 믿게 되었다. 후에 베드로와 요한이 사마리아에 와서 사람들에게 안수하고 기도하자 성령이 임했다. 시몬은 안수를 통해 권능이 임하는 것을 보고, "돈을 드려 이르되 이 권능을 내게도 주어 누구든지 내가 안수하는 사람은 성령을 받게 하여 주소서"라고 했다(행 8:18-19). 물론 베드로는 그를 향해 '하나님의 선물을 돈으로 사려 한다'고 책망했고, 시몬이 자신의 악한 생각을 회개했을 거라는 힌트를 얻을 수 있다.

시몬의 죄는 하나님의 능력을 자신의 수단으로 이용하고자 했다는 것이다. 이는 모든 그릇된 종교들이 드러내는 표시다. 또한 이 시대 많은 그리스도인을 지배하고 있는 사고방식이기도 하다. 쉐릴 포브스의 말마따나 "'의'라는 성직복이 권력의 예복이 되는 것이다."[4]

권력이란 어떤 상황에서는 극단적인 파괴성을 지닐 수 있다. 그런데 이것이 종교의식 안에서 노골적으로 악마적인 변신을 한다. 종교적 권력은 어떤 면에서 다른 어떤 권력보다도 더욱 파괴적일 수 있다.

권력은 타락하게 마련이며, 절대 권력은 절대 타락한다. 이는 종교에서 특히나 그렇다. '경건'이라는 옷을 입은 채 자기가 율법인 양 마음대로 행세하는 자들은 특히 타락하기 쉽다. 내가 내 행하는 바가 하나님 나라와 꼭 같다고 확신하게 되면, 나를 반대하는 자는 누구든 틀림없이 그릇되었다고 착각하게 된다. 내가 언제든지 내 권력을 선한 목적에 사용한다고 확신할 때, 나는 결단코 그릇된 행동을 하지 않는다고 믿게 된다. 하지만 이런 사고방식이 우리를 지배할 때 우리는 하나님의 능력을 취해 우리 자신의 목적을 위해 이용하는 것이다.

특히 '아무에게도 책임이 없는 사람들'은 타락하게 만드는 권력의 영향력에 쉽게 노출된다. 그래서 성 베네딕토는 정착의 규칙(rule of stability)을 제정한 것이다. 6세기경에는 홀로 여기저기 다니면서 자기가 한 말이나 행동에 아무 책임도 지지 않아도 상관없던 수도자나 예언자가 많았다. 하지만 정착의 규칙에 따라 그들은 서로 격려하고 훈련시키는 공동체에 속하게 되었다. 오늘날도 대부분의 방송 설교자들과 순회 전도자들이 6세기경의 방랑하는 선지자들이 빠졌던 '책임성의 결여'라는 동일한 오류에 빠져 고통 중에 있다. 오늘날 요구되는 것 역시 현대 베네딕토회의 규칙처럼 강력한 지도자들을 책임 있는 교제권 안으로 끌어들여 훈련받게 해야 할 것이다.

자기만이 언제나 옳다고 생각하는 사람들의 잘못된 착각을 주의하라. 예수 그리스도만이 언제나 옳으시다. 모든 인간은 자기에게 허물과 연약함이 있음을 깨달아야 하며, 다른 이들에게서 배우려고 해야 한다. 그렇지 않을 때, 권력은 우리를 악마의 골짜기로 인도할 것이다.

오만과 권력

권력의 파괴적인 성격과 오만 사이에는 밀접한 연관이 있다. 삼손은 하나님이 특별한 능력을 부어 주신 대단한 사람이었다. 하지만 그의 마음은 자만심으로 가득 찼으며, 심지어 자만을 넘어 거만으로 가득 찼다. 삼손은 대적들 앞에서 "나귀의 턱뼈로 내가 천 명을 죽였도다"라고 외치며 자랑했다(삿 15:16). 자존심, 오만, 권력이라는 불경스러운 삼위일체가 삼손의 멸망을 초래했다.

권력이 오만과 짝을 이룰 때 위험하다. 미디어와 문화의 홍수 속에 흠뻑 빠진 위험한 인물 대부분은 바로 자신의 언론 홍보 능력을 맹신하는 지도자들이다. 나는 일전에 대형 콘퍼런스에 참석하게 되었다. 가족과의 선약이 있어 하루 동안만 머물렀을 뿐인데, 하루 내내 특별 오찬, 사인회, 미디어 인터뷰 등으로 정신이 없었다. 일정이 끝날 무렵, 나는 아내에게 말했다. "어서 여기서 나갑시다. 이 모든 난리 통이 마치 모두들 나에 대해 얘기하는 것으로 믿어지기 시작하니 말이에요." 사람이란 순식간에 온 시야가 막힐 수가 있다. 그러니 지도적인 위치에 있는 사람은 더더욱 스스로 평범한 일생 생활 가운데 깊이 뿌리박고 있지 않으면 안 된다.

물론 지도자만 아니라 우리 모두가 허영의 유혹으로 고통받고 있다. 미디어에 열광적으로 빠져 있는 이 시대는 유독 이 유혹에 약하다. 예를 들면, 우리가 텔레비전에 출연한다는 자체를 영예롭게 여기는 것이 이상하지 않은가? 하지만 어떻든 텔레비전 출연 여부로 그 사람의 지명도를 가늠한다. 그런 생각은 참으로 한심하기 짝이 없음에도 우리는 거기에 집착한다. 맬컴 머거리지는 *Christ and the Media*(그리스도와 미디어)에서 만일 예수님이 광야에서 받으셨던 시험을 오늘날 당하게 됐다면 사탄은 네 번째 시험, 즉 공중파 텔레비전 프로그램에 출연할 것을 제의했으리라고 시사했다.

지금까지 말한 모든 것이 오만을 이 시대의 대표적인 문제점 중 하나로 드러내고 있다. 즉 오늘날 수많은 사람이 필사적으로 자존심을 지키려고 애쓰는가 하면 지나치게 거품 낀 자아를 가진 많은 사람이 우리 가운데 있다는 사실은 시사하는 바가 많지 않은가? 오만이 권력을 만나게 되면 실로 위험하다. 오만은 우리에게 나만 옳다고 착각하게 만들고, 권력은 내가 옳다 여기는 환상을 다른 모든 사람의 목구멍에 강제로 쑤셔 넣을 수 있는 힘을 제공한다. 오만과 권력의 결합은 우리를 악마의 벼랑 끝에 서게 만든다.

"통치자들과 권세들"

악마의 역사는 파괴적인 권력이 극에 달하는 바로 그곳에서 일어난다. 성경은 우리가 사는 현실이라는 구조 속에서 활동하는 매우 실제적이며 우주적인 영적 세력에 관해 말하고 있다. 사도 바울은 이런 영적 실재를 "통치자들과 권세들"(KJV에서는 "principalities and powers"; 개역한글에서는 "정사와 권세"로 번역됐다)이라는 유명한 말로 표현한다. 다른 말로는 "권세들"(authorities), "주권들", "왕권들", "통치자들"(rulers), "이 세상의 초등 학문", "이 세대의 통치자들" 등 여러 가지 다른 표현으로 부르고 있다.

이 "권세들"이라는 말이 바로 우리 주위에서 볼 수 있는 권력의 파괴적인 성향을 가리킨다. 성경이 "통치자들과 권세들"이라고 부르는 것이 무엇인지를 이해하기 시작할 때 우리는 비로소 우리 삶 가운데 마주치는 권력 문제에 진정으로 맞설 수 있다. 우리는 이런 가르침을 미개한 시대의 유물이라고 무시해서는 안 된다. 성경은 빨간 망토를 걸친 뿔 달린 귀신이나 유령보다도 훨씬 구체적인 실재를 말하고 있다. 이런 권세들은 공중에 떠다니면서 정신 나간 사람들을 잡아먹는 유령이 아니라, 인간의 모든 일에 결정적인 역할을 맡고 있는 영적 실재다.

이 권세들은 창조된 실재다. 바울은 이렇게 말했다. "만물이 그에게서 창조되되 하늘과 땅에서 보이는 것들과 보이지 않는 것들과 혹은 왕권들이나 주권들이나 통치자들이나 권세들이나 만물이 다 그로 말미암고 그를 위하여 창조되었고"(골 1:16). 이 권세들은 본래 하나님의 창조 의지와 일맥상통했다. 하지만 더 이상 그런 역할은 찾아볼 수 없다. 그것들은 창조주 하나님께 반역하고 있다. 또 바울은 말했다. "우리의 씨름은 혈과 육을 상대하는 것이 아니요 통치자들과 권세들과 이 어둠의 세상 주관자들과 하늘에 있는 악의 영들을 상대함이라"(엡 6:12). 성경은 이 권세들을 일컬어 노예를 삼고 멸망시키려 하는 신들이라고 말한다(갈 4:8-10).

이 권세들은 구체적으로 활동한다. 이것들은 인간과 사회 구조 뒤에서 힘을 공급하는 세력이다. 바울이 "영광의 주를 십자가에 못 박"은 권세들을 말할 때 그리스도께서 십자가에 못 박히신 것은 단순한 인간의 일 훨씬 그 이상이었다는 점을 강조하는 것도 이 때문이다(고전 2:8).[5] 권세들은 단지 개개인만을 지배하지 않고 조직과 사회 구조 전반을 지배하고 있다. 제도는 종종 조직된 죄악에 지나지 않는 수가 있으며 또한 종종 그렇게 된다. 모든 정치·사회·경제적 조직 아래에 근본적인 영적 실재가 깔려 있다. 잔인무도한 독재자나 불의한 정책, 타락한 제도 등의 배후에는 영적 통치자들과 권세들이 도사리고 있다. 월터 윙크는 다음과 같이 말했다. "어떤 형태의 권력이든 간에 '통치자들과 권세들'에는 내적·외적 측면이 있다. 내적 측면으로서 '통치자들과 권세들'은 제도의 정신이다. 곧 그 조직과 체계의 '내부'이며, 외적 권력 조직의 내적 본질이다. 외적 측면으로서, '통치자들과 권세들'은 정치 체계, 임명된 관리, 조직에서의 '자리', 법률 등 간단히 말해서 권력이 취하는 모든 유형의 표현이다. 교회가 됐든, 국가가 됐든, 경제가 됐든 모든 권력은 외적 형태로서 눈에 보이는 기둥을 갖고자 하는 경향이 있다. 아울러 보이지 않는 기둥도 갖고자 하는데, 이것은 내적 정신 또는 세상에서 그것의 물리적 외형을 통제하고 정당화하며 활력을 주는 원동력이다."[6]

바울이 우리 싸움이 혈과 육에 관한 것이 아니요, 통치자들과 권세들에 대한 것이라고 말했을 때 그것은 혈과 육이 중요하지 않음을 의미하는 것이 아니다. 절대로 그런 것이 아니다. 바울은 우리의 싸움이 한 개인이나 조직의 배후에 있는 "권세들"에 초점이 맞춰져야 함을 말한 것이다.

조직이나 국가 전체는 흔히 특수한 개념들과 이데올로기로 규정되고 좌우된다. 즉 전체 사람들에게 통합의 방향을 제시해 주는 지배적인 분위기나 정신이 있다. 이런 분위기는 허공에서 만들어지는 것이 아니고, 매우 실제적인 영적 실재와 밀접하게 관련 있다. 그러므로 우리가 '어느 한 단체의 정신'을 말할 때, 이는 아마도 우리가 알고 있는 그 이상을 말하는 것일 것이다.

예를 들면, KKK(백인우월주의를 내세우는 미국의 극우비밀결사)가 함께 모이게 될 때는, 그 집단의 증오심이 부분의 총화를 훨씬 능가하게 된다. 편견과 무정함이 인화점에 다다르면 아무도 통제할 수 없는 '군중심리'가 폭발하게 되는 것이다. 영적 권세들이 이런 현실에 연루되어 있다.

이는 현대인들이 심히 이해하기 어려운 개념이다. 우리는 제도를 '메마르고 중립적인 구조로서, 영적 삶과는 무관한 것'으로 바라보는 관점에 익숙하다. 하지만 권세들에 대한 우리의 성경적 관심을 새로이 하는 데 도움이 되는 뚜렷한 역사적 사건이 있었다. 아돌프 히틀러가 독일에서 집권했을 때 그 국가와 민족의 권력은 끔찍한 새 국면을 맞이했다. 제3제국(1933-1945년의 나치의 지배체제)은 '우월한 아리안족'이라는 자기도취에 빠지고 말았다. 다하우 강제 수용소나 아우슈비츠 강제 수용소 화장터를 본 사람들은 거기에 악마의 권세들이 있었음을 어렵지 않게 발견하게 된다.

실제로 이것이 우리에게 무엇을 의미하는가? 으뜸이 되고자 하는 우리 자신의 광적인 성향을 바라볼 때, 우리는 우리 마음을 사로잡고 있는 오만과 편견의 권세들에 맞서야만 한다. 학교 이사회 결정이 학생들에게 해로운 결정이라면 그 결정의 배후에 도사리는 기득권과 자기 추구라는 영적 권세들과 맞서 싸워야 한다. 우리는 불의한 법이나 불의한 단체 조직에 동력을 공급하는 '영적 실재'를 찾아내야 하며, 그것을 그리스도의 능력으로 타파해야 한다.

"권세들"을 분별할 책임

놀랍게 들릴지 몰라도, 이런 영적 "권세들"을 분별하는 것이 교회에 주어진 두려운 책임이다. 성령이 하나님의 백성에게 주시는 은사 가운데 영 분별의 은사가 있다(고전 12:8-10). 우리에게는 무엇 때문에 그 권세들이 존재하는지 분별할 수 있는 능력을 받았으며, 그 권세들이 어떻게 그리스도의 뜻에 대적하는지도 알 수 있다.

이 권세들을 분별하기란 생각만큼 쉽지 않다. 예컨대 히틀러가 독일에서 힘을 갖기 시작할 때 그는 25개 강령을 내세워 선거운동을 했다. 그는 이를 통해 강력한 독일 민족주의를 표방했으며, 그의 선거공약 가운데는 "교육 기회의 향상", 국민 건강 수준의 향상에 대한 관심, "적극적 기독교"라는 신념도 포함되었다.[7] 오늘날의 우리는 제3제국을 회상하면서 쉽게 그 악마성을 파악할 수 있다. 하지만 당시의 고통스런 삶의 현장에서 제3제국 뒤에 숨어 있는 지옥의 권세들을 올바로 본 유일한 그리스도인들은 '고백교회'뿐이었다.[8] 마르틴 니묄러 목사는 그 권세들을 볼 수 있었지만, 제국 주교 뮐러는 보지 못했다.

이 권세들을 분별해 내는 사역에는 실망과 유혹의 함정이 따르게 마련이지만, 나와 당신이 해야 할 사역이기도 하다. 우리는 오늘 우리에게 일어나는 상황이 어떤지 바로 알아야 하며, 그것이 우리를 어디로 인도할 것인지 깨닫고 그에 대한 가치 평가를 내려 줘야 한다.

아시시의 프란체스코는 물질의 권세 아래에서 신음하던 당시 사람들의 상황을 바로 보았기 때문에 그들을 새로운 길로 인도할 수 있었다. 한번은 실베스테르라는 사람이 프란체스코와 베르나르가 거지에게 구제하는 것을 보았다. "탐욕에 눈이 먼" 그는 프란체스코에게 말했다. "당신은 성당을 수리할 때 사 갔던 석재 값을 다 안 갚았소." 프란체스코는 "그의 탐욕에 놀란 나머지" 우두커니 서서는 결국 돈 가방에 두 손을 모두 넣어, 양손 가득 돈이 잡히는 대로 그에게 건넸다. 그리고 "더 원하신다면 더 드리지요"라고 말했다. 실베스테르는 그 돈을 받아 집으로 돌아왔지만, 곧 "자신의 탐욕에 스스로 부끄러움을 느꼈다." 그는 3일 밤 내내 환상을 보았는데, 하나님이 프란체스코를 진정한 부를 소유한 자라고 말씀하시는 것이었다. 이 환상을 통해 깨닫게 된 실베스테르는 탐욕의 영에서 마침내 자유로워졌으며, 가난한 이들에게 넉넉히 줄 수 있게 되었다. 그제야 비로소 그는 "거룩하게 되고, 은혜로 충만하게 되었으며, 하나님과 마치 친구처럼 이야기를 나누는 사이가 되었다."[9]

실베스테르에게 무슨 일이 일어났는가? 프란체스코는 실베스테르를 사로잡고 있던 탐욕의 영적 권세를 파악했다. 그는 하나님의 능력을 힘입어 그를 그 권세에서 해방시켜 줄 수 있었다.

오늘날 우리는 이 탐욕에서의 자유가 얼마나 절실한가! 우리를 휘어잡고 있는 건 영적 권세들이다. 미국의 전반적인 사조는 탐욕이라는 영적 권세에 사로잡혀 있으며, 이것이 사회 구석구석에 자리 잡았다. 만약 그리스도인이 이런 국가적인 탐욕의 악령을 추방하는 일에 주도권을 장악할 수만 있다면, 우리는 마음을 열어, 굶주리는 이 세상에 다시금 구제의 손을 펼 수 있게 될 것이다.

남북전쟁이 나기 150여 년 전에 이미 존 울만은 우리에게 있는 인종차별주의와 압제라는 권세들의 사슬이 가져올 무시무시한 결과를 보았다. "나는 이 땅 위에 덮인 캄캄한 어둠을 보았노라"라고 그는 기록했다. 사람들이 "압제의 멍에를 깨부수려" 하지 않는다면 "그 결과가 후손들에게 엄청난 비극을 가져다줄 것"이라는 사실을 그는 알았다.[10] 우리의 조국은 그의 예언적인 통찰을 받아들이려 하지 않았고, 그것은 참으로 비극이었다. G. M. 트리벨리언은 이렇게 말했다. "한 세기 동안 존 울만의 충고에 귀를 막으라. 그러면 존 브라운을 만나게 될 것이며, 그랜트가 뒤를 이을 것이다."[11]

인종차별과 압제라고 하는 영적 권세들에서 자유를 되찾는 것이 우리에게 얼마나 절실한가! 이 마귀의 졸개들은 오늘도 늘고 있다. 우리는 민권운동 기간 동안 이루어진 진전들을 보고 기뻐할 수 있다. 하지만 요즘은 정반대 현상이 놀랍도록 나타나고 있다. 그리스도인이 사람들을 형제 사랑과 정의가 꽃피는 새날로 인도한다면 하나님이 얼마나 기뻐하실까! 이는 우리가 그 권세들을 분별할 수 있고, 어린양의 능력으로 그 권세들을 멸하고자 할 때 가능할 것이다.

"권세들"은 어떤 모습으로 드러나는가

사도 요한은 영들을 분별하라고 명령한다(요일 4:1). 이 명령에는 함정이 도사리지만, 그렇다고 피할 수 없는 과제다. 이 영들은 오늘날 어떤 모습으로 드러나고 있는가?

'재물'(맘몬)이 바로 이 "권세들" 가운데 하나다. 폴 투르니에는

"GNP가 현대의 금송아지"라고 진단했다.[12] 부는 중립적인 것이 아니다. 생명이 없고 열매를 못 맺는 것이 결코 아니다. 그것은 영적 힘을 지닌 채 살아 있고, 우리를 사로잡으려 한다. 1부에서 우리는 어린양의 능력으로 재물을 정복하고 마침내 하나님의 의도대로 재물이 쓰이도록 되돌릴 방법을 자세하게 배웠다.

'섹스'도 이 "권세들" 가운데 하나다. 이 세대에서 성은 단지 즐거운 분위기나 다정한 대화 수준의 필요 사항이 아니다. 그것은 탐욕, 관능, 억제할 수 없는 육체의 정욕으로 힘을 얻는 권세다. 수많은 사람에게서 성은 끝장을 보고야 마는 정욕인 것이다. 우리는 근친상간이나 간통죄를 볼 때마다 그것들이 영적 권세들로 인한 범죄임을 알게 된다. 성은 힘이 있다. 진짜 힘이 있다. 거기에 중립적이거나 수동적이란 말은 있을 수 없다. 성은 남자와 여자의 마음을 조금이라도 더 지배하려 움직이는 영적 에너지다. 앞서 2부에서 우리는 무절제한 성욕을 제어할 수 있는 방법을 다루었으며, 본래 하나님이 주셨던 대로 성이 인간의 관계성을 풍요롭게 하는 데 쓰이도록 되돌릴 방법을 다루었다.

'종교적 율법주의'도 이 "권세들" 가운데 하나다. 바울은 이렇게 선언한다. "너희가 세상의 초등 학문에서 그리스도와 함께 죽었거든 어찌하여 세상에 사는 것과 같이 규례에 순종하느냐 (곧 붙잡지도 말고 맛보지도 말고 만지지도 말라 하는 것이니 이 모든 것은 한때 쓰이고는 없어지리라) 사람의 명령과 가르침을 따르느냐"(골 2:20-22). 여기서 "초등 학문"(elemental spirits)이란 종교적이고 윤리적인 규칙들이다. 바울의 주장은 종교적 전통이나 규정의 배후에는 영적 권세들이 숨어 있으며, 이것들은 자치권을 주장하면서 최고선이 자기들에게 복종하게끔 해 왔다는 것이다.

여기에 비극이 존재한다. 곧 우리를 하나님께로 이끌게 되어 있는 것이 완전히 그 반대 방향으로 이끌고 있다는 사실이다. 도덕법의 신성한 기능은 우리를 순종으로 이끌지만, 그 자체가 목적이 되면 율법주의라 불리는 악마적인 왜곡 현상이 험상궂은 머리를 들이밀게 마련이다. 이런 법과 규칙들이 우리를 포로로 붙잡아 전적인 충성을 요구하는 경쟁 신이 되고 마는 것이다.

종교적 율법주의는 지금껏 인간이 겪어 본 멍에 중에서도 가장 고약하다. 예수님도 "무거운 짐을 묶어 사람의 어깨에 지우되 자기는 이것을 한 손가락으로도 움직이려 하지" 않는 사람들에 대해 경고하신다(마 23:4).

'기술 문명'도 이 "권세들" 가운데 하나다. 넓은 의미로 기술 문명은 효율성을 창출하기 위해 과정과 행위를 표준화한다. 실제로 효율성이란 기술 문명이 신성시하는 철칙이다. 물론 효율성이나 생산성은 그것이 궁극적 가치가 되지만 않는다면 그 자체가 잘못인 것은 아니다. 하지만 존 월킨슨은 "기술 문명은 갈수록 더 새로운 신이 되려는 경향이 있다"라고 지적했다.[13]

효율성이 새로운 신으로 등장하게 되면, 자연스러움 위에 표준화가 자리하게 된다. 효율성이 자연스러움을 제쳐 버렸다. 우리는 개체성을 상실한 표준화에 빠져 있다. 인간이 사물화가 되고 있으며, 우리의 인간성이 침해받고 있음을 마음 깊은 곳에서 느끼고 있다.

우리가 "효율적이라면, 틀림없이 그것은 좋은 것이다"라고 말할 때, 이는 기술 문명 자체가 그 궁극적 가치가 되었음을 뜻한다. 그리스도인은 '효율성'을 따지는 질문을 상쇄할 다른 질문을 준비해야 한다. '이 과정에서 인간성이 파괴될 것인가?' '그것은 개인의 자존감에 손상을 줄 것인가?' 이런 질문이나 그 밖의 다른 많은 질문을 던짐으로써, 우리는 기술 문명의 영적 힘을 분별해 내고 그에 적절히 대처해 나가야 한다.

'나르시시즘'(Narcissism)도 이 "권세들" 가운데 하나다. 나르시시즘이란 지나친 자기애이며, 이 세대에 편만한 현상이기도 하다. 쾌락의 추구나 자기만족이 우선순위 목록에서 꼭대기를 차지하고 있다. 광고는 "당신이 맛볼 수 있는 온갖 맛을 즐기라!"라고 외치며, "나는 내 길을 갔노라"라고 노래한다. 다른 사람이 잘되게 하기 위해 내가 희생한다는 식의 사고방식은 우스워 보인다.

이 시대의 나르시시즘을 물리쳐야 한다. 신앙인으로서 우리는 선한 삶이란 이기주의적 삶이 아닌 이타주의적 삶임을 알고 있다. 십자가에 달리신 그리스도를 따르는 우리는 자기를 잃는 것이 곧 자기를 구원하는 것이라는 진리를 알고 있다(눅 9:24-25).

'군국주의'도 이 "권세들" 가운데 하나다. 군대에 대한 하나님의 목적은 혼란을 막는 것이다. 하지만 오늘날의 군국주의는 전혀 반대 방향으로 가고 있다. 오늘날 그 목적은 혼란을 방지하지 않고 오히려 부추기는 것이다. 군사 전략가들은 저마다 '어떻게 하면 이 세계가 안정을 유지할 것인가'를 위한 전략이 아니라, 안정을 극소화하는 전략을 세우고 있다. 테러리즘과 스파이 네트워크가 이 세대의 질서가 되었다.

나는 지금 어느 특정 국가나 단체 혹은 조직을 비판하려는 게 아니다. 만연한 군국주의적 분위기가 지금 이 세대에 혼란을 초래하고 있다. 이런 악마적인 왜곡의 최종 목표는 궁극적으로 이 세상을 멸망시키는 데 힘을 발휘하는 것이다. 그리스도인들은 이 악한 경향에서 군군주의를 다시 불러내야 한다.

'절대적 회의주의'(Absolute skepticism)도 이 "권세들" 가운데 하나다. 절대적 회의주의는 오늘날 대학가에 하나의 신앙처럼 침투해 있으므로 정직하게 진리를 추구하는 삶에 적대적인 영적 권세로 간주해야 한다. 대학의 임무는 모든 종류의 진리를 탐구하는 것이다. 그런데 오늘날에는 많은 경우 그와는 정반대로 치닫는 현상이 벌어진다. 전에는 진정한 의미에서의 불가지론이라는 겸손한 입장이 이제는 절대적 회의주의라는 오만으로 둔갑했다. '알려 하지 않고, 확실히 하려하지 않는 것'이 결코 침해될 수 없는 궁극의 신조가 되어 있다.

C. S. 루이스는 소설 《그 가공할 힘》(That Hideous Strength)에서, 대학이 거짓에 놀아나고 진리를 모호하게 하는 욕망에 빠지게 될 때의 궁극적인 파괴성을 묘사한다. 우리는 대학을 그 본래의 겸손한 진리 탐구의 사명으로 다시 불러들여야 한다. 대학은 목적, 의미, 가치라는 커다란 물음들을 집요하게 추구하는 자리여야 하며, 그에 대한 답을 발견할 때 대학은 거부하지 않고 받아들여야 한다.

악마적인 영적 권세들은 우리가 살고 있는 이 세상에 강력한 영향을 주고 있다. 그들은 배후에서 영향력을 행사하며, 사악한 개인이나 단체의 동력이 되고 있다. 그들은 재물, 섹스, 종교적 율법주의, 기술 문명, 나르시시즘, 군국주의, 절대적 회의주의 등으로 자신의 모습을 드러낸다.

"권세들" 무너뜨리기

우리 스스로 어리석음에 빠져서는 결코 안 된다. 우리가 어린양의 전쟁을 할 때 그에 맞서는 권세들은 아주 힘이 센 적이다. 사탄은 "우는 사자"와 같이 삼킬 자를 찾고 있다(벧전 5:8). 이 싸움은 마이너 리그가 아닌 메이저 리그이며, 위험도도 크다. "통치자들과 권세들"은 힘을 소유하는 것만이 아니고 힘 자체다. 그것들은 힘으로서 존재하고 있으며, 힘이 곧 그들이 자신을 내보이는 방식이다. 지배하고, 통제하며, 삼키고, 가두는 것이 그들의 참된 본질이다. 그러면 어떻게 이 안팎에 있는 마귀들과 원수들을 몰아낼 수 있을까?

첫째, 우리는 그리스도께서 이미 권세들을 멸하셨음을 깨달아야 한다. 죽으심과 부활하심을 통해 예수님은 "통치자들과 권세들을 무력화하여 드러내어 구경거리로 삼으시고 십자가로 그들을 이기셨"다(골 2:15). 십자가 위에서 예수님은 일만 천사를 불러 도움을 청할 수도 있었지만, 깊은 곳의 권세들을 멸하시기 위해 권력의 메커니즘을 포기하셨다. 예수 그리스도의 죽으심과 부활하심을 통해 그 권세들은 우리의 시간-공간-에너지-질량 세계에서 추방되었다.

둘째, 우리는 영 분별의 은사를 계발해 이 권세들을 멸한다. 어떤 경우든 이 권세들과 연루되어 있다면 '영 분별의 은사'가 필요하다(고전 12:10). 우리는 가정이나, 회사, 정부 기관 등에서 일하고 있는 영적 권세들을 보는 눈이 열리기 전에는 그것들을 제대로 알고 있다고 할 수 없다. 그렇다면 영 분별의 은사는 어떻게 받는 걸까?

먼저, 영 분별의 은사는 구해야 주신다. 야고보는 "너희가 얻지 못함은 구하지 아니하기 때문"이라고 말한다(약 4:2). 우리는 찾는다. 하나님께 귀를 기울인다. 하나님께 귀를 기울일 뿐 아니라, 우리를 둘러싼 환경에도 귀를 기울인다. 우리가 사는 세계에 무슨 일이 일어나는지 주의 깊게 살핀다. 그리고 하나님이 그와 관련한 의미를 일깨워 주시도록 간구한다. 또한 우리는 서로의 통찰을 나누고 서로 듣기 위해, 신실한 그리스도인의 교제에 참여한다. 그 누구도 혼자서는 하나님의 뜻을 다 알 수 없기 때문이다. 우리는 이 모든 것을 넉넉한 유머와 겸손으로 실천한다. 유머는 지나치게 심각해지지 않기 위함이며, 겸손은 우리가 하나님의 말씀을 다른 사람을 통해 지극히 엄숙하게 받아야 하기 때문이다.

셋째, 우리는 마음속 귀신들과 정면 대적함으로써 이 권세들을 멸한다. 대적하기 시작하는 바로 그 순간부터 우리 모두의 발꿈치를 물고 있는 권세들을 보고 크게 소리쳐야 한다. 그렇지 않으면 우리가 대적하는 바로 그 권세들의 전략을 활용하게 될 테고, 결국에는 그들처럼 사악해질 것이다. 탐욕과 권력욕에 찌든 우리 자신의 얼굴을 있는 그대로 바라봐야 하며 그 같은 것들이 추구하는 것이 무엇인지 볼 수 있어야 한다. 우리 자신부터 영적으로 분별해야 한다.

영광은 우리가 이 일을 혼자 하지 않는다는 것이다. 복 주시는 성령이 우리와 함께하시며, 그분이 판결하시고 책망하심으로써 우리를 위로하고 용기를 북돋아 주신다. 그분은 우리를 마음속 깊은 고독의 자리로 이끄서서 거기에서 우리에게 말씀하시고 가르치신다. 때로는 기도와 묵상을 위해 혼자만의 장소로 들어갈 필요성도 있다. 하지만 보통은 삶의 많은 활동과 요구의 한복판에서 마음 깊은 곳으로 들어가면 된다. 이런 영혼의 침묵을 통해 우리는 '콜 야훼'(Kol Yahweh), 곧 '주님의 음성'을 듣게 된다. 이런 경청을 통해 우리의 악함과 탐욕, 두려움, 증오의 소리에서 그리스도의 사랑과 긍휼, 평화의 소리로 주파수를 바꾸게 된다. 우리는 모든 싸움에서 승리하신 어린양으로 말미암아 기뻐하며, 그분이 우리의 심령을 다스리시기에 매 순간마다 원수의 목전에서 승리의 잔을 드는 것이다.

넷째, 우리는 '모든 것에 대한 내적 포기'를 통해 이 권세들을 멸한다. 모든 것을 포기하겠다는 자세라면 더 이상 손해 볼 게 없다. 따라서 권세들이 우리를 지배하지 못한다. 그것이 우리의 재물과 소유를 앗아 간다고 하자. 뭐가 문제인가? 우리의 모든 소유는 하나님이 잠시 빌려주신 것일 뿐이다. 그것을 지키는 것은 우리 일이 아닌 그분의 소관일 따름이다. 이번에는 권세들이 우리의 명성을 실추시켜 영향력을 앗아 가려 한다고 가정해 보자. 역시 상관이 없다. 명성도 우리가 지킬 게 아니다. 설령 지키고 싶다고 할지라도 우리가 지킬 수는 없다. 권세들이 우리를 죽음의 공포로 몰아넣는다면? 그래도 마찬가지다. 우리는 죽음이라는 캄캄한 골짜기를 지나 보다 드넓은 세계로 인도하시는 분께 속해 있기 때문이다. 우리는 더 이상 아무것도 잃을 게 없다. 우리는 지위도, 가진 것도 없다. 이토록 완전한 연약함이 우리의 최대 강점이기도 한 것이다. 아무것도 없는 이에게는 뺏을 것이 없다.

다섯째, 우리는 이 세상의 권력의 무기들을 거부함으로써 이 권세들을 멸한다. 우리는 다른 사람을 통제하고 지배하려는 노력을 멈춰야 한다. 우리는 그러기를 거부해야 한다. 월터 윙크가 밝혔듯이, "하나의 권세를 상대로 힘을 직접적으로 사용하면 필연적으로 그 〔악의〕 권세들에게 유리하게 된다."[14]

"통치자들과 권세들"에 대항하는 싸움에서 이기는 길은 오직 성령의 능력과 생명 안에서 사는 길뿐이다. 하지만 이렇게 말함으로써 이런 모든 문제를 경건하고도 화려한 말의 성찬으로 때우려는 것은 아니다. 오히려 정반대다. 성령은 우리의 삶 가운데서 가장 실제적이며, 사회적인 구체성을 띠고 적극적인 행동가가 되고자 하신다.

만일 우리가 권력의 겉모습의 동력이 되는 정신이나 영적 실체를 물리치지 못하고 단순히 그 껍데기만을 상대한다면 아무런 소득이 없다. 예를 들어, 이 땅에서 일어난 대부분의 혁명이 처음에는 부패하고 독재에 빠져 버린 정권을 추방하고자 투쟁한 것이지만, 결국 그 자리에 또 다른 부패한 독재 정권을 낳지 않았는가? 그 실패는 진정한 싸움 상대는 정부 구조나 통치자 개인이 아니라 탐욕의 권세이며 기득권이고, 병적 자기중심주의임을 일깨운다. 우리는 모든 제도 자체뿐 아니라, 그 제도가 가진 영성에도 동일하게 주의를 기울여야 한다.

여섯째, 우리는 에베소서 6장에 나오는 전신갑주를 취함으로써 그 같은 권세들을 깨뜨릴 수 있다. 이 세상 무기들을 거부한다는 게 무방비 상태를 의미하는 것은 아니다. 오히려 그 반대다! 대포나 탱크, MX 미사일보다 훨씬 강력한 "진리, 의, 평안, 믿음, 구원, 하나님 말씀, 기도"(엡 6:10-18)라는 무기를 받았는데 누가 그런 세상 무기 따위를 필요로 하겠는가! 하나님이 주시는 무기는 생각보다 훨씬 강력하다. 바울은 이렇게 주장한다. "우리의 싸우는 무기는 육신에 속한 것이 아니요 오직 어떤 견고한 진도 무너뜨리는 하나님의 능력이라"(고후 10:4).

우리는 흔히 이 에베소서 구절이 지니는 사회적 맥락을 무시함으로써 이런 영적 무기들을 천진난만한 것으로 치부했다. 이 구절들을 세상의 재물과 군국주의와는 무관한 경건한 무기라고만 생각했다. 우리는 로마 병정의 방패와 투구에 관해서는 유창하게 떠들어 대면서도, '제도와 문화 속에 숨은 영적 권세들'이나 '사탄이 구체적으로 역사하는 모든 형태의 권세들'에 대항하는 '실질적인 싸움'을 위한 무장을 지시받았다고는 상상조차 하지 않는다.

우리가 이 영적 무기들을 무익한 것으로 만든 또 하나의 방식은 이것들이 '방어'만을 위한 무기라고 가르친 것이다. 하지만 전혀 그렇지 않다. 로마의 군대는 당대에 가장 강력하고도 잔인한 살인 기계였다. 바울이 언급했던 무장은 단지 그 자리에 버티고 서 있기 위한 것이 아니라, 적을 대항해 전진하기 위한 것이었다. 바울은 틀림없이

로마의 군진을 염두에 두었을 것이다. 그것은 V자형의 효과적인 전투 대형으로서, 병사들은 자기 몸의 3분의 2가량과 자기 왼쪽 사람의 3분의 1을 덮도록 특별히 고안된 기다란 방패를 이용했다. 이런 잘 고안된 배치 안에서 무장한 병사들은 상호 방어와 공격을 함께 강행할 수 있었다. 그것은 "그 당시에도, 수천 년이 지난 뒤까지도 가장 효과적이고 무서운 군사 대형이었다."[15]

바울이 사용한 군사적 은유는 그리스도의 이름으로 합력해서, 악의 권세들에 대항해 정복하고 전진하는 헌신적인 작업을 훌륭하게 묘사했다. 지옥의 문들은 이와 같이 연합되고 단호한 공격 앞에서는 버틸 수가 없다. 제임스 네일러는 다음과 같이 말했다. "그분(그리스도)은 그들의 가슴과 양손에 영적 무기를 쥐어 주시면서 …… 그분의 대적들과 싸우게 하시고 정복하라 하신다. 그런데 이런 정복은 이 세상의 군주가 하듯 …… 채찍질과 투옥, 피조물의 육신에 고문과 온갖 고통을 가함으로써 정복해 인간의 생명을 죽이고 망가뜨리는 것이 아니라, 진리의 말씀으로 …… 미움을 받으나 사랑으로 돌려주며, 하나님과 함께 증오에 대항해 씨름하며, 밤낮 눈물로 기도하고, 금식과 애통함으로, 인내로, 충성으로, 진리로, 꾸밈없는 사랑으로, 오래 참음으로, 성령의 모든 열매로 정복해 나가야 할 것은, 결국은 그분이 선으로 악을 이기실 것이기 때문이다."[16]

함께 싸우는 영적 전쟁

C. S. 루이스는 이렇게 지적했다. "마귀와의 싸움에서 인간이 범하는 오류 두 가지가 있다. 이 둘은 서로 상반되면서 심각하기는 매한가지다. 하나는 그들의 존재를 인정하지 않는 것이다. 다른 하나는 그들의 존재는 믿되 그들에게 건전하지 못한 관심을 지나치게 쏟는 것이다. 마귀들은 양쪽 오류를 다 기뻐하며 유물론자든 마술사든 가리지 않고 손뼉치며 환영한다."[17]

오늘날 우리가 범하는 일반적인 실책이라면 대체로 유물론적인 방향이기 쉽다. 우리 세대를 지배하는 분위기가 그렇기 때문이다. 평소에 나는 개인적인 경험을 불쑥 끼워 넣는 것을 그리 좋아하지 않지만, 이 경우에 한해서는 필요할 수도 있겠다.

이 책의 집필을 끝내고 나서까지도 나는 권력에 관한 3부가 영 만족스럽지 않았다. 그래서 편집자에게 앞부분 원고를 보내면서 3부를 다시 쓰기로 결심했다는 설명을 덧붙였다. 원고 수정을 시작한 첫 주 수요일, 무거우면서도 암담함이 엄습했다. 그 기분은 내가 이 일을 감당하느라 몸과 마음이 모두 지쳐 있었기 때문이기도 했다. 사실 나는 지난 아홉 달 동안 거의 쉬지도 못하고 집필에 몰두했으며, 그 이전부터도 이 주제들과 관련해 상당한 분량의 연구를 해 왔다(하지만 나름대로 체력 조절과 수면에 지장이 없도록 훈련했다).

금요일이 되자 암울함에 압도당할 지경이었다. 더는 그 어떤 집필도, 가르치는 일도 할 수 없겠다는 생각에 사로잡혔다. 어느 장 하나를 훑어보고는 아예 모든 걸 그만두고 싶다는 마음에 사로잡혔다.

나는 이 출간 계획 자체를 취소할 방안을 마련하려 애쓰기 시작했다. 지금까지도 나는 그때의 느낌을 어떤 말로도 충분하게 설명할 수 없다. 조지 폭스의 말을 빌리자면, 나는 마치 "칠흑 같은 바다"에 내던져진 심정이었다.[18]

심리학을 공부한 사람이라면 내가 지금 말하는 상황이 탈진의 초기 단계 징후임을 알아차렸으리라. 하지만 탈진의 초기 단계 징후라는 진단명으로 내가 느낀 바가 전부 설명되지는 았았다. 무언가 더 심란하면서도 훨씬 깊고 심상치 않은 어떤 징조인 것 같았다.

토요일에도 나는 원고 수정 작업을 위해 사무실에 나가긴 했지만, 읽을 가치가 있는 무언가를 쓸 거라는 희망은 전혀 보이지 않았다. 얼마간 묵상과 기도의 시간을 가지면서 나는 마르틴 루터가 악마에게 잉크병을 집어 던졌던 일이 떠올랐다. 나는 본능적으로 펜을 들어 벽에다 집어던졌고 펜은 부러졌다. 나는 속으로 중얼거렸다. '악마가 여기에 있다면 아무래도 내가 놈을 놓친 것 같군!' 나는 에베소서 6장의 전신갑주로 무장하려 했지만 사실상 아무 도움도 되지 않았다.

정오가 다 되어 다섯 명의 동료들이 나를 위해 기도해 주려고 찾아왔다. 잠깐 이야기를 나눈 뒤 그들은 조용히 기도를 시작했다. 물론 그들이 보인 노력에 나도 동참했지만 그게 뭔가 도움이 되리라고는 전혀 생각하지도 않았다. 아무런 느낌조차 없었다.

그런데 그들이 가고 난 뒤, 답답했던 느낌이 조금씩 사라지기 시작했다. 그리고 한나절이 지나자 상황은 한결 나아졌다. 그러다가 마침내 저녁이 되어서는 침울한 마음이 완전히 사라졌다. 그 후로는 아무런 강박관념도 없이 나는 원고 수정을 마칠 수가 있었다.

며칠이 지나서 그날 기도하러 왔던 사람들 가운데 한 자매가 내게 말했다. 기도하는 중에 그 자매는 방안 가득히 그리스도의 영광이 임하면서 악한 영들이 밖으로 쫓겨나는 것을 보았다고 했다. 물론 나는 아무것도 볼 수 없었지만, 그 자매의 말을 의심하지는 않는다. 그 자매는 영적으로 깨어 있는 사람이었고, 적어도 신비스러운 환상을 구분 못 할 사람은 아니었기 때문이었다. 내가 또한 그 자매를 믿는 것은 실제로 그 기도 시간 이후 '칠흑 같은 어둠의 바다'가 '참된 생명과 밝고 환한 빛의 바다'에 밀려났기 때문이다.

당신에게는 이상하게 들릴지 모르지만 실제로 있었던 사건이다. "통치자들과 권세들"이 실제로 존재하는 힘들이며 실제로 우리를 대적하고 있다는 증거가 될 수 있으리라고 본다. 아울러 우리를 도울 수 있는 사람들이 우리와 함께 어둠과 악의 권세들에 맞서 싸우는 전장에 나오도록 하는 것이 얼마나 중요한지에 대한 증거도 될 수 있을 것이다.

영적 어둠의 권세들은 매우 강력하다. 하지만 예수 그리스도의 능력이 비할 수 없을 만큼 더 강력하다. 따라서 그들의 패배는 명백한 사실이다! 우리는 세상을 이기는 그분의 생명 안에서 살고 있다. 우리는 어디를 가나 어둠의 나라가 전복되고 어린양의 의로운 통치가 시작되는 모습을 보리라 기대해야 한다.

위로부터 오는 능력, 모든 영혼을 자유하게

권력에 대한 사랑(love of power)의 유일한 치료책은
사랑의 힘(power of love)뿐이다. [1]
• 셰리 맥아담

파괴적인 권력이 있는 게 사실이지만 동시에 창조적인 권력도 존재한다. 창조적인 권력(능력)은 생명과 기쁨과 평화를 가져다준다. 그것은 속박이 아닌 자유며, 죽음이 아닌 생명이고, 강압이 아닌 변화다. 창조적인 권력은 관계를 소생시켜 주며, 모두에게 온전함을 선물해 준다. 창조적인 권력은 영적 능력이며, 하나님에게서 오는 능력이다.

창조적인 권력은 어떤 모습으로 나타나는가? 노예로 팔려 가서 아무 소망 없이 감옥에 갇혔던 요셉을 생각해 보라. 그는 후에 감옥에서 나와, 더 큰 지위에 올라 당대 가장 힘이 센 나라에서 막강한 권력과 영향력을 지닌 권좌에 앉게 되었다. 얼마나 극적인 인생길인가! 그 권좌에서 요셉은 참혹한 기근의 재난을 막기 위한 정치적 역량과 영적 분별력을 함께 발휘했다. 그러다 운명의 날이 왔다. 자신을 노예로 팔아넘겼던 형들이 구호를 받기 위해 찾아온 것이다. 요셉이 지닌 권력은 커다란 시험대 위에 올랐다. 그 권력으로 복수할 수 있는 완벽한 기회일 수 있었다.

하지만 요셉은 자신의 권력을 화해의 기회로 삼았다. 성경은 요셉이 형들을 향한 정과 연민을 억누르지 못했다고 기록한다. 요셉은 "그 정을 억제하지 못하여" 큰 소리로 울었다. 마침내는 "자기 아우 베냐민의 목을 안고 우니 베냐민도 요셉의 목을 안고" 울었고, "요셉이 또 형들과 입맞추며 안고" 울었다(창 45:1-15). 이 장면은 창조적인 권력이 깨진 관계를 회복시켜 주는 매우 아름다운 이야기다.

창조적인 권력은 깨진 관계를 회복시켜 주는 힘이다. 윌리엄 윌버포스는 대영제국의 노예매매 제도 폐지를 위해 자신의 지위에 따른 권력을 사용했던 기독교인 정치가였다. 그가 오래도록 노력해서 얻은 선한 열매는 인간이 계산할 수 있는 것 이상의 가치를 지닌다. 아프리카 전역에 수많은 가정이 존속하는 것은 가혹한 영국의 노예매매 제도가 금지되었기 때문이다. 덕분에 수많은 관계가 지켜졌다. 그리고 충성스러운 그리스도인들이 하나님이 주신 권력을 정치와 비즈니스의 영역에서 창의적으로 사용하면서 이런 이야기가 수없이 나타났다.

관계 회복을 위한 권력의 사용은 우리의 개인적이고 일상적인 세상사의 한 부분이기도 하다. 어린아이들 사이에서의 잘못을 바로잡아 주는 어머니는 아이들의 잘못된 관계를 회복시켜 주기 위해 자신의 권위를 행사하는 것이며, 학교 교장이 학교 제도 안에 있는 인격 파괴성 교칙들을 바로잡는 것은 학생들의 가슴에 생명을 불어넣어 주는 행위다. 목사가 서로 앙숙인 공동체 구성원 간 의견 차이를 해결해 주는 것도 신앙 공동체 내에서의 치유를 위해 목사가 지닌 힘을 사용하는 것이다. 또한 회사 사장이 기획 담당 간부가 책정한 초과 비용을 바로잡는 것 또한 비즈니스 세계에 정직성과 온전성을 회복시키기 위한 권력의 행사다. 우리 모두는 일상생활에서 권력이 화해하는 일에 힘을 발휘하도록 하는 수많은 기회를 마주한다.

창조적인 권력은 어떤 모습으로 나타나는가? 모세를 생각해 보라. 그는 애굽의 권력을 알고 있던 몇 안 되는 사람이었으며, 그 권력에서 도망칠 것을 강요받은 사람이었다. 광야에서 그는 새로운 힘, 곧 야훼(YHWH)의 능력을 체험했다. 모세가 애굽에 돌아와 애굽의 권력자에 대항해 명령하게 됐을 때 그는 완전히 다른 사람이었다. 옛날의 교만은 간데없고, 온유함과 확신만이 가득했다. "내 백성을 보내라"(출 8:1)라는 힘찬 명령을 전능하신 하나님의 역사가 뒷받침해 주고 있었으며, 천하의 바로조차 무릎을 꿇을 수밖에 없었다. 그리하여 마침내 인류 역사상 가장 극적인 포로 해방의 역사가 펼쳐진다.

창조적인 권력은 사람들을 자유롭게 한다. 마틴 루서 킹 목사가 미국의 인종차별 정책에 맞서 우뚝 섰을 때 수백만 명이 자유를 되찾았다. 교사가 학생들의 '지성을 발견하는 기쁨'이라는 자물쇠를 풀 때 그들은 자신이 지닌 해방의 능력을 사용하는 셈이다. 형이 자신의 우월한 지위를 사용해 동생의 자존감을 세워 줄 때 그는 자유를 주는 권력을 행사하는 것이다. 좌절과 공포를 주기만 하는 파괴적인 옛 관습의 틀이 하나님의 능력으로 바뀌게 되면 그에 따르는 열매는 해방이다.

창조적인 권력은 어떤 모습으로 나타나는가? 이번에는 예레미야를 보라. 그는 최악의 상황에서도 하나님의 말씀의 진리를 수호한 사람이었다. 우리가 그를 눈물의 선지자라 부르는 것은 그만한 이유가 있다. 당시 종교 지도자들의 메시지가 정치 지배자들의 시류에 영합하고 있을 때도 예레미야는 '다바르 야훼', 곧 주님의 말씀을 외쳤다. 그 말씀은 사실 실망을 주는 말씀이었다. 승리의 예언이 아니요, 패배의 예언이었다. 따라서 백성들은 예레미야가 외치는 경고의 말씀을 거부했고, 그를 박해했다. 한번은 물이 없는 구덩이에 빠져서 죽을 지경에 이르기도 했다. 성경은 그가 "진창 속에 빠졌"다고 기록하고 있다(렘 38:6). 여러모로 이 짧은 문장은 그의 사역 전체를 단적으로 표현한다. 그는 자기의 사랑하는 조국이 패망해 황폐하게 되고 백성들이 전쟁 포로로 사로잡혀 가는 것을 지켜봐야만 했다.

하지만 이스라엘 백성이 끝내 거부했던 예레미야의 그 가르침이야말로 유다가 긴 포로 기간에도 야훼에 대한 믿음을 견지할 수 있게 해 주었다.

이스라엘 백성은 자기들의 핵심적인 신앙 교리 속에 시온 불멸의 신앙을 확립시켜 왔다. 그러나 그 시온이 파괴되자 그들의 모든 신앙은 무너져 버렸다. '하나님이 예루살렘을 멸하지 않겠노라고 약속하시지 않았던가? 바벨론의 더러운 무리가 그들의 땅을 황폐하게 만들 때 하나님은 과연 어디에 계셨단 말인가?'

하지만 예레미야는 시온의 불멸은 이스라엘 백성이 모세의 율법을 청종할 때만 보장되며, 그들이 율법을 범했기 때문에 시온이 멸망한다고 거듭 주장했다. 하나님이 그들을 배신해 예루살렘이 멸망하는 것을 내버려 두신 것이 아니요, 그들이 하나님을 배반하고 율법을 청종하지 않았기 때문이었다.

예레미야는 마침내 소망과 회복의 말씀을 선포하고 새 언약을 가르쳐 주었다. 이는 돌판에 새긴 것이 아니요, 마음에 새긴 언약이었다. "그날 후에 내가 이스라엘 집과 맺을 언약은 이러하니 곧 내가 나의 법을 그들의 속에 두며 그들의 마음에 기록하여 나는 그들의 하나님이 되고 그들은 내 백성이 될 것이라 여호와의 말씀이니라"(렘 31:33). 모든 거짓 예언자의 자신에 찬 말들이 순 엉터리였음이 드러났을 때, 유다 백성이 하나님께 대한 신앙을 유지할 수 있도록 힘을 불어넣어 준 것은 바로 야훼의 진리의 말씀에 대한 예레미야의 굽히지 않은 견지였다.

예레미야는 우리에게 영적 능력이 간혹 약하게 보일 수 있다는 사실을 상기시킨다. 신실함이 성공보다 더욱 중요하다. 따라서 변함없이 신실한 힘이야말로 진실로 위대한 재산이다. 예레미야가 그의 종 바룩에게 한 말이야말로 오늘날 우리에게 해당되는 좋은 조언이 될 듯하다. "네가 너를 위하여 큰일을 찾느냐 그것을 찾지 말라"(렘 45:5).

디트리히 본회퍼는 하나님의 능력이 세상에서는 약하게 보인다는 점을 알았다. 그는 "하나님이 인간을 부르실 때는 와서 죽으라는 것이다"라고 말했다.[2] 본회퍼는 이때 죽음의 의미가 무엇인지 알고 있었다. 그는 자신에 대해 죽었으며, 자신의 모든 꿈과 소망에 대해도 죽었고, 실제로 나치의 손에 결국은 죽었다. 하지만 성경이 우리에게 깨우쳐 주는 대로, 한 알의 밀이 땅에 떨어져 죽으면 많은 열매를 맺게 된다(요 12:24). 본회퍼의 삶과 죽음이 가져다준 열매는 다 헤아릴 수 없을 정도로 엄청나다. 우리는 모두 그에게 빚을 지고 있다. G. 라이프홀츠가 말한 대로, "본회퍼의 생애와 그의 죽음은 우리 미래에 커다란 소망을 가져왔으며 …… 그가 쟁취한 승리는 우리 모두의 승리였고, 결단코 함락될 수 없는 정복이요, 사랑과 빛과 자유의 승리였다."[3]

창조적인 권력은 어떤 모습으로 나타나는가? 예루살렘 회의에 모였던 초대교회를 생각해 보라(행 15장). 그들은 중대한 문제에 대한 교회의 답변을 위해 함께 모였다. "이방인들이 유대의 종교적 문화에 순응하지 않고서도 참된 믿음을 가질 수 있는가?" 하는 문제였다. 이는 그리스도인의 교제를 쉽게 깨뜨릴 수 있는 사안이었다. 하지만 그들이 한데 모여 대화를 주고받을 때 하나님의 능력이 성령의 하나 되게 하시는 가운데 영혼 깊은 곳으로 뚫고 들어왔다. 그들은 이방인도 하나님 앞에서라면 이방인이 속한 문화적 맥락 속에서 얼마든지 믿음으로 살 수 있으며, 유대인도 마찬가지라는 사실을 기적적으로 깨닫게 되었다. 마침내 교회에 채워진 문화적 족쇄는 깨졌고, 신자들은 어디에서고 자신들의 문화로 전향할 것을 고집하지 않고도 서로를 받아들일 수 있게 되었다. 그들은 성령의 하나 되게 하시는 능력을 체험했다.

창조적인 권력은 하나가 되게 한다. 존 울만이 1758년에 퀘이커 교도 연례회의 석상에서 노예제도에 반대하는 탄원을 했을 때, 거기 모인 모든 회원은 반대를 주장하는 사람 없이 노예제도를 폐지하기로 합의했다. 마음과 생각의 연합은 그리 쉽게 얻어지는 게 아니다. 하지만 그것을 위해 노력할 가치가 있다. 만일 우리가 집에서, 교회에서, 일터에서 주님께 귀 기울이는 법을 배우려 한다면 우리는 성령의 하나 되게 하시는 사역을 좀 더 많이 접할 수 있게 될 것이다. 가정은 이 연합을 시작하기 가장 쉬운 곳이다. 아버지와 어머니는 이 문제들을 이끌어 가는 중요한 역할을 담당할 수 있다.

창조적인 권력은 어떤 모습으로 나타나는가? 예수님이 가르치시고 병 고치신 사역을 생각해 보라. 우리는 여기서 온전한 능력의 완벽한 모범을 발견하게 된다. 예수님이 가신 곳이면 어디든지 어둠의 세력이 물러갔으며, 병든 사람은 고침을 받았고, 깨진 관계는 회복되었다. 예수님의 생명을 주시는 사역을 통해 사람들은 하나님을 향해 살아났으며, 서로를 향해서도 살아나게 되었다.

창조적인 권력은 예수님의 십자가 사건에서 그 정점을 이루었다. 사탄은 십자가 위에서 그가 가진 온갖 힘을 전부 사용해 그리스도를 멸하고자 했으나, 하나님은 이를 오히려 창조적인 권력이 궁극적으로 나타나는 장소로 뒤바꾸셨다. 죄의 대가는 치러졌고, 하나님의 공의는 만족되었다. 그리스도의 십자가를 통해 우리는 죄를 용서받을 수 있으며 하나님과 우리와의 관계가 회복된다. 그리스도께서는 우리 죄를 위해 죽으셨으며, 이 죽음에서 우리는 창조적인 권력을 본다.

이 지고한 권력 행사에 우리가 할 수 있는 반응은 감사뿐이다. 그것은 "하나님의 사랑이고, 모든 것보다 뛰어난 사랑이다." 우리는 이런 권력의 행사를 그대로 흉내 낼 수도, 바랄 수도 없다. 우리는 그저 그분이 하신 일에 감사할 따름이다. 참된 용서에는 영광의 찬송(doxology)이 뒤따르게 마련이다. 하나님이 진정으로 우리를 용서하시고 그의 존전으로 우리를 영접하신다는 사실을 알게 되면 "말할 수 없는 기쁨과 영광으로 충만하게 된다." 찬송은 그 자체가 바로 능력이다. 우리가 하나님의 커다란 선물에 감사함으로 살게 될 때, 다른 사람들은 주님이 주시는 이 기쁨이 모든 것을 이기게 한다는 사실을 알게 된다.

영적 권능의 표지

창조적인 권력은 영적 권능이다. 인간적인 능력과는 현저하게 대조된다. 사도 바울은 "육체"에 관해 말했는데, 이 육체의 능력이란 하나님의 은혜의 도우심이 빠진 인간 주도의 행위를 의미했다. 사람은 육체의 능력으로 많은 것을 할 수 있지만 성령의 일을 할 수는 없다. 육체의 능력은 혈통, 사회적 지위, 권력 구조 안에 있는 사람들과의 관계에 의존한다. 하지만 우리가 아는 대로 바울은 육체에 대해 죽었다. 그는 육체적인 것들을 배설물로 여긴다고 했다. 그의 관심은 더 큰 권능에 있었기 때문이다. "내가 그리스도와 그 부활의 권능과 그 고난에 참여함을 알고자 하여 그의 죽으심을 본받아 어떻게 해서든지 죽은 자 가운데서 부활에 이르려 하노"라(빌 3:10-11).

따라서 우리는 사람들이 인간의 능력인 소위 '배설물' 속에서 있는 힘껏 몸부림치는 것을 볼 때 그들이 "주님의 부활의 권능"에 대해서는 거의 모르고 있음을 알 수 있다. 그렇다면 하나님에게서 오는 이 권능의 표지는 과연 무엇일까?

'사랑'이야말로 영적 권능의 첫 번째 표지다. 사랑은 힘이 다른 사람의 선을 위해 쓰이기를 요구한다. 예수님이 권능을 사용하신 경우를 생각해 보라. 예수님은 눈이 안 보이는 사람, 귀가 안 들리는 사람, 신체장애자, 나병 환자 등 다양한 병자를 고쳐 주셨다. 의사인 누가는 "온 무리가 예수를 만지려고 힘쓰니 이는 능력이 예수께로부터 나와서 모든 사람을 낫게 함이러라"고 보고하고 있다(눅 6:19). 각각의 경우에 다른 사람의 선을 위한 그분의 배려와 사랑의 동기를 주목하라.

그리스도 안에서 권력은 악을 멸하는 데 쓰이며, 사랑은 선을 구속할 수 있다.

자기를 드러내고 명성을 얻기 위해 쓰는 능력은 사랑에서 말미암은 것일 수 없다. 하나님이 바울과 바나바를 통해 루스드라에서 "나면서 걷지 못하게 되어 걸어 본 적이 없는 자"를 고치셨을 때, 이를 보고 놀란 사람들이 그들을 헬라의 신들로 섬기려 했다. 하지만 바울과 바나바는 옷을 찢으며 "우리도 여러분과 같은 성정을 가진 사람이라"고 소리쳤다(행 14:15).

하지만 혹자는 인간에게 신적 지위를 부여한다는 개념이 이렇게나 비난받을 만한 일인지 의아할 수도 있다. 다른 사람을 지배할 수 있을 만한 능력을 우리가 지니게 되며, 그래서 마침내는 그 능력을 선한 목적에 사용하게 된다고 생각해 보라. 그런데 훌륭한 명성을 얻는 데 사용된 그 능력이 우리를 멸망으로 몰아갈 수 있다. 그 명성으로 우리는 신이 되고자 하는 야망을 품게 될 테니 말이다.

이 점에서 우리는 영적 권능의 두 번째 표지인 '겸손'으로 향한다. 겸손이란 통제를 받는 능력이다. 인간의 오만을 섬기는 능력보다 더 위험한 것은 없다. 하지만 겸손의 훈련 아래에 있는 능력은 가르침을 잘 받게 된다. 아볼로는 능력 있는 설교가였지만 다른 사람에게서 기꺼이 배우고자 했다(행 18:24-26). 베드로는 그의 능력 있는 목회 사역 중에서 몇 번의 심각한 실수를 저질렀으나 그는 이런 실수들에 직면했을 때 이를 바꿀 수 있는 겸손함을 지녔다(행 10:1-35; 갈 2:11-21).

이는 결코 작은 사안이 아니다. 많은 사람이 자기에게 주어진 힘을 사용할 때 겸손으로 통제하지 않았기 때문에 하나님과 함께 동행하는 그들의 행보에서 멸망을 자초했던 것이다. 겸손 없는 능력은 결코 복일 수 없다.

제임스 네일러는 초기 퀘이커교 설교가 중에서도 손꼽히는 위대한 인물이었다. 그런데 그는 자신의 위대한 능력의 역사에 도취된 나머지, 1656년 종려주일에 그의 열광적인 지지자들의 설득에 따라 브리스톨에서, 예수님이 나귀를 타고 예루살렘에 입성하신 장면을 재현했다. 이는 결국 그가 파멸하는 원인이 되고 말았다. 그는 재판을 받고 신성 모독죄로 유죄 판결을 받았다. 네일러는 자신의 주제넘은 행동을 회개했고 해당 사건은 잘 마무리됐지만, 그는 그리스도를 섬기는 사역에서 영향력을 상실했다. 겸손의 영이 함께하지 않은 능력은 파괴적이 되고 만다.

참으로 하나님의 권능을 깨닫는 것은 은사를 받은 것 말고는 우리가 한 일이란 아무것도 없음을 분명하게 인식하는 것이다. 자만이 아닌 '감사'만이 우리의 적절한 반응이다. 우리가 비록 자유롭게 그 능력을 사용할 수 있다 하더라도 그게 우리 자신의 것은 아니다. 우리가 진실로 하나님과 동행할 때, 우리의 유일한 갈망은 그리스도와 하나님 나라를 위해 우리에게 주어진 능력을 쓰는 것이 된다.

이는 영적 권능의 세 번째 표지인 '자기 제한'으로 이끈다. 창조적인 권력은 어떤 일을 할 때, 비록 그것이 좋은 일이라 할지라도 개인의 존엄성을 해칠 때는 그 일을 하지 못하도록 막는다. 당신은 예수님이 능력을 행하기를 몇 번이나 거절하셨는지 찾아 본 적이 있는가?

예수님은 성전 꼭대기에서 뛰어내림으로써 사람들을 놀라게 하는 일을 거절하셨다(마 4:5). 예수님은 자신의 사역을 확실히 인정받으려고 더 많은 '기적의 양식'을 베풀어 보라는 유혹을 물리치셨다(요 6:26). 예수님은 가족들의 불신 때문에 고향에서는 많은 이적을 행하지 않으셨다(눅 4:16-27). 예수님은 자신의 메시아 됨을 보이려면 표적을 달라는 바리새인들의 요청을 거절하셨다(마 12:38). 잡히실 때도 예수님은 자신의 구출을 위해 온 천군 천사를 불러낼 수 있지만 그렇게 하지 않노라고 베드로에게 말씀하셨다(마 26:53).

성령으로부터 오는 권능을 경솔하게 행사해서는 안 된다. 바울은 "아무에게나 경솔히 안수하지 말"라고 했다(딤전 5:22). 사람들이 미처 준비되기도 전에 하나님의 능력 안으로 그들을 몰아넣으면 우리는 그들에게 오히려 해를 주는 꼴이 된다. 하나님 안에서 살고 행하는 사람은 그 능력을 사용할 때가 있는 것과 마찬가지로 능력의 손을 거둬야 할 때도 있다는 사실을 안다.

영적 권능의 네 번째 표지는 '기쁨'이다. 기쁨은 엄숙한 얼굴, 시무룩한 수고가 아니다. 이와는 거리가 멀다! 그리스도의 나라가 암흑과 절망의 심장부를 침노하는 것을 보는 건 신나고 경이로운 일이다. 스캇 펙은 "영적 능력을 체험하는 것은 근본적으로 즐거운 일이다"라고 말한다.[4]

나면서 못 걷게 된 한 사람이 고침받았을 때, 그는 "걷기도 하고 뛰기도 하며 하나님을 찬송"했다(행 3:8). 이 구절은 우리가 하나님의 권능을 체험했을 때 취하게 되는 자발적인 반응을 잘 표현하고 있다.

한번은 아들의 비극적인 죽음으로 마음에 깊은 상처를 입은, 은퇴한 선교사 한 분과 함께 기도하게 되었다. 기도하는 동안 하나님이 임재하시는 매우 특별한 감동을 느낄 수 있었고, 그가 두려움과 죄책감의 세력에서 해방되었다는 확신을 갖게 되었다. 하나님의 임재는 매우 실제적이었고, 확신은 아주 분명했으며, 우리는 모두 놀라움과 경외감으로 충만했다. 그 후 얼마간 시간이 흘렀고, 그 기도 중의 체험은 갈수록 더욱 확실하게 입증되었다. 수개월이 지나, 그 선교사에게서 편지가 왔다. "저는 아주 평안합니다. 풍성하고 아름다운, 거룩한 기쁨이 제 안에 있으며 밖으로 넘쳐흐릅니다. 마침내 저는 예수님이 우리 안에서 그리고 우리를 통해 생수의 강이 흘러나오리라고 하신 말씀의 의미를 알게 되었습니다. 이것이 바로 제가 일생 동안 원했던 삶입니다."

내가 지금 말하는 것은 표면상의 넘쳐흐르는 기쁨보다 더 심오한 무언가라는 사실을 깨닫기를 바란다. 영적 권능이라는 풍성한 내적 기쁨은 슬픔을 안다. 이는 비통과도 친한 사이다. 기쁨과 고통은 종종 공생 관계에 있기도 하다.

'연약함'은 영적 권능의 다섯 번째 표지다. 위로부터 오는 능력은 허세와 허풍으로 가득하지 않다. 그 능력에서는 인간적인 권위를 상징하는 것들이라고는 찾아볼 수 없다. 영적 권능의 상징은 오히려 말구유와 십자가에서 나타난다. 능력으로 인정되지 않는 바로 그것이 능력이다. 인간의 눈으로 볼 때는 한없이 무력해 보이는 연약함의 자리를 택하는 것이다. 헨리 나우웬이 말한 대로, "상처 입은 치유자"의 능력이다.

위로부터 오는 능력은 연약함에서 나오는 능력이다. 이는 강한 자들과 힘 있는 자들의 세상과는 반대다. 한번은 사도 바울이 자신의 연약함과 싸울 때 하나님의 말씀이 그에게 임했다. 그는 "내 능력이 약한 데서 온전"해진다고 고백하게 되었고, "내가 약한 그때에 강함이라"라는 사실을 오롯이 깨닫게 되었다(고후 12:9-10).

보통 탕자의 비유라고 불리는 이야기는 "무력하고 전능한 아버지의 비유"라고 부르는 편이 더욱 적절할지도 모르겠다.[5] 이 비유에 등장하는 아버지에게서 찾아볼 수 있는 건 지배하는 능력이 아니라, 참고 기다리는 능력이다. 이 비유는 물론 하나님에 관한 비유이나 예수님의 삶에서 체현된 내용이기도 하다. 고집스럽게 반항만 일삼았는가? 오래 참고 역사하시는 그분을 바라보라. 빌라도의 법정에서 한마디 변명도 하지 않으셨던 그분을 바라보라. 전적 무력함 안에서 나무 보좌인 십자가에 달리신 그분을 보라. 이런 예수님의 삶이 최고 수준의 영적 권능의 행위다.

알렉산드르 솔제니친은 감옥에서 다음 사실을 알게 되었다. 그가 자신에게 주어진 음식과 의복을 취해 단순한 생존 이상의 권력을 유지하려 들면 자기를 가둔 이들에게 휘둘리게 마련이다. 하지만 자신의 취약성을 받아들이면 간수들은 자기를 지배할 힘이 없다는 것이다. 어떤 의미에서, 그는 강해지고 그들은 무력해지는 것이다.[6]

무방비 상태의 능력을 이해한다면, 우리는 오히려 진정으로 유리할지도 모른다. 우리가 사는 세상이 복잡해져 감에 따라 자신이 무력하다는 느낌이 이 시대의 질서가 됐다. 우리가 알지도 못하는 사람들이 우리에게 심대한 영향을 끼치는 결정을 내리고 있다. 즉, 우리는 상황을 장악하고 있지 않으며, 우리 역시 이를 잘 알고 있다. 하지만 분노하거나 체념할 필요는 없다. 우리는 위르겐 몰트만이 말한 "무력한 자들의 능력"을 알기 때문이다.[7]

영적 권능의 여섯 번째 표지는 '복종'이다. 예수님은 하나님의 방법에 따르는 것이 무엇을 의미하는지를 알고 계셨다. "그러므로 예수께서 그들에게 이르시되 내가 진실로 진실로 너희에게 이르노니 아들이 아버지께서 하시는 일을 보지 않고는 아무것도 스스로 할 수 없나니 아버지께서 행하시는 그것을 아들도 그와 같이 행하느니라"(요 5:19). 이와 같이 우리는 개개인의 수준에 따라, 아버지와의 친밀한 협력을 배워 가면서 참된 능력의 의미를 더욱 깊이 알게 될 것이다.

영적 은사를 통해 오는 능력이 있고, 영적 지위에 따라 오는 능력이 있다. 이 둘은 서로 조화를 이룬다. 우리는 복종함으로써 영적 지위를 부여받는다. 우리의 지위는 그리스도의 통치와 다른 사람들의 권위 아래 있다. 우리는 그리스도인과의 교제 안에서 우리를 하나님의 세계 안에서 발전시켜 줄 수 있는 타인을 발견한다. 성경에 순복함으로써 우리는 인간과 함께하시는 하나님의 뜻을 더욱 온전하게 배운다. 성령에 순복함으로써 우리는 순종의 의미를 배운다. 믿음의 삶에 순복함으로써 우리는 하나님의 능력과 인간의 능력이 어떻게 다른지를 이해한다.

바울은 "그리스도를 경외함으로 피차 복종하라"(엡 5:21)라고 권면한다. 바울 역시 예루살렘에서 열린 교회 회의에 복종했다(행 15장). 베드로와 바나바도 이방인에게 교제의 악수를 하지 못했을 때 바울의 책망에 순종했다(갈 2:11-21). 아볼로는 아굴라와 브리스길라가 그리스도의 도에 관해 더 많이 알고 있음이 확실해지자 그들에게 복종했다(행 18:24-26).

복종은 우리가 다른 사람들에게 무언가를 받을 수 있는 자리에 있게 한다는 점에서 능력이 된다. 우리의 세계가 우리 자신만으로 편협해진다면 우리는 실로 빈곤한 사람이 되고 만다. 하지만 우리가 겸손한 마음으로 다른 사람에게 복종한다면 거대한 새로운 자원들이 우리에게 열린다. 그들의 지혜와 조언, 책망, 격려 등을 받아들여 엄청나게 부유해질 수 있는 것이다.

영적 권능의 마지막 표지는 '자유'다. 예수님이나 사도들이 능력을 행할 때 사람들은 자유를 맛보았다. 나면서 걷지 못하게 된 사람이 걸었고, 앞을 못 보는 사람이 보게 되었으며, 죄인이 용서를 받았고, 그중에서 가장 놀라운 것은 귀신 들린 자들이 해방을 맛보았다는 사실이다. 저 어둠의 사악한 세대를 지배하던 권세들이 물러갔으며, 포로 된 자들이 자유를 얻었다.

하지만 자유의 문제에는 더욱 중요한 것이 있다. 예수님이 사람들을 어떻게 대하셨는지를 주의해서 보라. 이사야는 "상한 갈대를 꺾지 아니하며 꺼져 가는 심지를 *끄지 아니*"한다고 예언했다(마 12:20). 그리고 그 예언은 적중했다. 예수님은 약한 자를 함부로 대하신 적이 없었다. 그분은 아무리 미미한 한 가닥의 희망일지라도 완전히 꺼 버리시지 않았다. 그분은 자기 능력을 사용해 다른 사람을 이용하거나 지배하시지 않았다.

예수님으로서는 이와 다르게 행하시는 것이 더 쉬운 일이었을 것이다. 그분의 말씀에 기쁨으로 귀를 기울인 가난한 사람들은 자신에게 누군가가 관심을 가져 주었다는 것만으로도 너무나 감사해서 그분을 위해 어떤 일이든 행했을 것이다. 하지만 예수님은 자신의 능력을 이용해 그들을 지배하려 하지 않으셨다. 오히려 예수님은 그들을 온전하고 독특하게 그 자신 그대로 있도록 자유롭게 하셨다.

한번은 자유롭게 하는 이 능력을 아주 생생하게 체험했다. 나는 막 어떤 콘퍼런스를 마치고 돌아온 참이었는데, 그 콘퍼런스에서 나는 아주 중대한 결정을 내렸고, 돌아와서 그 문제와 관련해 내 영적 멘토였던 한 친구에게 그 이야기를 했다. 그러다 어느 순간 나는 소리쳤다. "아, 그러고 보니 오늘 나는 자네가 그렇게도 오랫동안 내게 고대했던 그 결정을 한 거였네!"

그가 말을 가로챘다. "잠깐, 잠깐만 기다리게! 한 가지만 분명히 짚고 넘어가지. 내 일, 내 유일한 사명은 하나님의 진리를 내가 보는 그대로 전하는 걸세. 그러고 난 뒤에는 자네가 무엇을 하든 안 하든 상관하지 않고 그저 자네를 사랑하는 거지. 자네를 바로잡아 준다거나 옳은 일을 하게끔 간섭하는 것은 내 일이 아니네."

그 후 나는 그가 한 말을 곰곰이 생각해 보았다. 그의 돌봄과 긍휼은 언제나 분명히 드러났다. 하지만 그의 말속에 새로운 차원의 자유가 있었다. 그것은 어느 한쪽의 비위를 비굴하게 맞추지 않으면서 서로에게 기쁨을 주는 친밀한 교제가 가능한 자유였다. 내 인생 가운데 역사하시는 그분의 능력은 실제적이다. 또한 속박하지 않는 자유를 주는 능력이다. 인간의 권력은 누군가를 지배하는 힘이지만, 하나님의 권능은 그런 식의 통제가 필요하지 않은 힘이다. "사람의 힘이 아닌, 오직 말씀으로"(sine vi humana sed verbo).[8]

삶의 현장에서의 영적 권능

이처럼 우리에게 생명을 주는 영적 권능은 그것이 우리의 일상생활에서 생생하게 드러날 때 가치가 있다. 이 능력이 가정, 일터, 학교에서의 현실 생활에 뿌리내리지 못한 채로 사랑이니, 기쁨이니, 겸손 따위의 거룩한 말을 늘어놔 봤자 소용이 없다. 삶의 현장에서 이런 영적 권능을 어떻게 사용해야 할까?

개인 // '방종'이 아닌 '자제력'을 기르는 데 사용하라. 자제력은 자존감과 자기 부인, 이 두 가지와 함께 있을 때 제 모습을 갖추게 된다. 로버트 슐러는 자존감을 다음과 같이 묘사했다. "하나님의 형상대로 창조된 어린아이처럼, 하나님이 우리에게 타고난 정서적 권리로서 주고자 하신 '신적 존엄성'에 대한 인간의 갈망이다."[9] 자기 부인은 자존감에 대한 이런 갈망이 충족되는 방법이며, 자제력은 이 두 가지를 다 받아들인다.

훈련은 자제력의 언어다. 훈련된 사람은 무언가가 행해져야 할 때 그것을 행할 수 있는 사람이다. 그는 또한 가장 적절한 형태의 삶을 영위할 수 있는 사람이기도 하다. 이런 사람은 웃어야 할 때 웃을 수 있으며, 울음이 필요할 때 울 줄 알고, 일할 때 일하고, 놀 때는 놀며, 말하는 것이 필요하면 말하고, 기도가 필요하면 기도하며, 침묵하는 것이 좋다고 여겨지면 조용히 할 줄 아는 사람이다. 장 피에르 드 코사드는 자제력이 있는 삶을 아름답게 묘사했다. "깃털처럼 가볍고, 물처럼 유연하며, 어린아이처럼 천진난만한 영혼은 마치 하늘에 떠다니는 풍선과 같이 모든 은혜의 순간에 반응한다."[10]

우리는 하나님의 능력을 힘입어 방종을 통제하는 체험을 하게 된다. 성 프란체스코는 우리의 육체를 "당나귀 형제"라고 불렀다. 이는 우리가 당나귀를 타도록 되어 있지 당나귀가 우리를 타고 다니지 않는다는 이유에서다. 이 "당나귀 형제"를 지배하는 권위가 바로 자제력이다. 자제력에서 자유가 나온다. 우리는 자제력을 통해 우리의 창조된 본래 모습으로 되어 가기 때문이다.

가정 // '비굴'이 아닌 '확신'을 키우는 데 사용하라. 부모들이 자녀들을 향해 권위를 사용할 때, 그들을 무너뜨리지 않고 세워 주며, 좌절시키지 않고 용기를 북돋아 주는 일이 얼마나 중요한가! 어느 현명한 부모가 내게 이렇게 말한 적이 있다. "'안 된다, 안 된다' 하는 한마디 한마디에는 '좋아, 잘했다' 하는 칭찬 열 마디가 뒤따라야 합니다." 적절한 훈육은 꼭 필요하지만 절대 파괴적인 것이어서는 안 된다. 제임스 돕슨은 우리는 "자녀의 의지를 형성시켜 주되, 그 과정에서 아이의 영을 파괴시켜서는 안 된다"라고 분명히 짚어 준다.[11] 가정에서의 힘의 사용은 그것이 돌봄의 정신으로 둘러싸여 있을 때야 복이다.

결혼 생활 // '고립'이 아닌 '커뮤니케이션'을 강화하는 데 사용하라. 남편과 아내는 서로에게 힘을 행사하고 있으며, 서로가 이를 안다. 누구에게나 자신을 완전히 비이성적으로 반응하게 만드는 요인들이 있다. 상대방이 거의 그런 지경에 이르게 된다면 그때는 배우자가 마치 고압 전류 레버를 잘못 건드린 셈이다. 아는 것이 힘이다. 가까운 부부 사이라면, 서로 이런 고압 전류 레버 종류를 아주 세밀한 부분까지 파악하고 있다. 특별한 주제 이야기나 특정한 행동 양식, 특수한 어조, 심지어는 눈썹을 치켜올리는 것이나 한쪽 어깨를 으쓱거리는 따위의 아주 사소한 것에서도 그런 레버가 잡아당겨질 수 있으며 '제3차 세계대전'이 촉발될 수 있는 것이다.

이런 촉발 요인들은 실제로 폭발적인 힘을 지니고 있다. 많은 경우에 이것들은 결혼 생활을 하는 동안 입은 오랜 상처들과 관련이 있고 모든 참된 사랑과 소통을 단절시킬 수 있는 힘이 있다. 하지만 우리는 하나님의 능력을 힘입어, 서로에게 이토록 파괴적인 것들을 사랑으로 피해 갈 수 있다. 우리는 또한 하나님께 이런 상처들이 이제는 더 이상 우리를 좌지우지할 수 없게끔 둔감하게 해 주시고, 우리 내부 회로의 배선을 바꿔 달라고 간구할 수 있다.

우리가 서로를 친밀하게 안다는 것은 또한 무엇이 서로의 관계를 더욱 가깝게 만들며, 소통이 더 잘 이뤄질 수 있게 돕는지를 안다는 것을 의미한다. 따라서 이런 지식을 활용해 사랑과 긍휼의 통로를 넓게 열어 갈 수 있다.

교회 // '순응주의'가 아닌 '믿음'을 불어넣는 데 사용하라. 주교나, 목사, 장로, 집사 그 밖의 많은 사람들은 모두 성도들을 다스리는 실제적인 힘을 갖고 있다. 하지만 이 힘을 사용하되 사람을 살리는 데 써야지 죽이는 데 써서는 안 된다. 우리는 영적 성장에 필수적인 문제들에서 사람들을 깨우는 일이라면 무엇이든지 하고 싶어 한다. 하지만 우리는 솔직하게 인정해야 한다. 우리 교회 안에서 이뤄지는 많은 일이 성령 안에서의 의와 평강과 기쁨과는 거리가 멀다는 사실 말이다. '하나님과 이웃에 대한 사랑의 표현에서 꼭 필요한 것은 아닌' 우리의 종교적 문화에 사람들을 강제로 끼워 맞추려고 해서는 안 된다. 이런 경우에는, 문화적 순응을 강요하지 말고 그들이 복음 안에서 그냥 그대로 있도록 자유롭게 해 주는 것이 좋다.

나는 지금도 '우리 목사님'을 잘 기억하고 있다. 당시 나는 실제 나이로도 신앙적으로도 아주 어렸다. 부끄러움을 많이 탄 나는 보상심리로 종종 지나치게 으쓱거리기도 하고 거칠게 행동하기도 했다. 하지만 우리 목사님은 내가 그렇게 자라는 동안 나를 잘도 참아 주셨다. 그분은 단 한 번도 옷 입는 것이나 말투 같은 사소한 문제로 내게 종교적 문화에 순응하라고 지적하신 적이 없었다. 오히려 내가 신학적 문제들과 씨름하도록 많은 기회를 주셨고, 그러는 동시에 신앙의 근본 교리를 명확하게 제시해 주셨다. 목사님은 순응주의가 아닌 신앙을 내게 불어넣어 주셨으며, 나는 언제나 내가 받은 이 믿음의 유산을 감사하게 여길 것이다.

학교 // '열등감'이 아닌 '성장'을 북돋는 데 사용하라. 자신을 속이지 말자. 교사와 학생 간에는 힘의 역학관계가 있다. 하지만 이 힘은 교사가 그 본래 목적을 인식하고 있다면 학생들을 망가뜨리는 게 아닌 학생들을 향상시키는 데 사용될 수 있다. 교사가 자신의 권위를 사용해 아이들이 학습하고, 생각하며, 새로운 것을 발견해 내는 모험을 계속하도록 자극하는 데 기여하고 있다면, 그들은 바로 생명을 주는 사역을 수행하는 것이다. 하지만 교사가 학생을 너무나 심하게 몰아붙이거나 너무 호되게 비판하게 되기가 매우 쉽다. 이런 경우에는 아이가 자신이 무가치하다고 느끼게 된다. 교사는 학생들의 품위를 손상시키지 않으면서 학생들에게 건강한 자극을 줘야 하며, 탁월한 학생을 격려하되 그에 못 미치는 아이들을 경시하지 않아야 한다.

지금도 잊지 못하는 스승이 있다. 철학 교수였던 그는 내 단점을 깎아내리지 않으면서도 내가 탁월한 수준에 이르도록 충분한 자극을 주었다. 그가 가르쳐 준 플라톤과 키에르케고어는 지금 다 기억나지는 않지만, 그가 건넨 사랑스런 위로의 말은 평생 잊을 수 없다. 그가 사용한 어법은 내게는 아주 새로웠다. 이를테면 단어들을 '조종하기 위한 선전 문구'가 아니라, '사랑스럽게 간직해야 할 보배'로 다뤘다. 그는 말이 지닌 힘과 신비로움에 각별한 관심이 있었다. 실제로, 그가 쓰는 말들이 그를 새로운 세계로 이끄는 듯했다. 그 세계에서 나는 외국인이었다. 내 말솜씨가 워낙 서툴렀기 때문에 그의 화술은 나를 혹하게 할 정도로 놀라운 것이었다. 그는 내 말솜씨를 한 번도 나무란 적이 없었지만 언제나 다시 해 보도록 격려했다. 덕분에 나는 계속해서 시도했고, 그 노력은 이런 언어의 세계가 집처럼 편안히 느껴질 때까지 이어졌다. 우정 안에서 열정과 통찰이 만나는 세계요,

진리와 아름다움이 서로 입맞춤을 나누는 세계였다. 그는 내가 열등감을 극복하고 성장할 수 있도록 용기를 준 스승이었다.

일터 // '무능하다는 느낌'이 아닌 '역량'을 키우는 데 사용하라. 비즈니스 세계는 그리스도인이 절실하게 '창조적인 권력'을 증언해야 하는 삶의 터전이다. 부하 직원들은 종종 무력감에 시달리고 이용당한다고 느낀다. 하지만 그럴 필요가 없다. 우리 모두는 업무를 잘 해내고 싶어 한다. 우리는 우리 자신이 무언가 진정한 기여를 하고 있음을 알고 싶어 하며, 우리가 종사하는 영역에서 유능하기를 원한다. 고용인은 피고용인에게 숙련된 훈련을 위한 기회를 부여하고, 조심스럽게 책임을 늘리며, 피고용인의 잠재력을 최대한 실현시킬 수 있도록 지원함으로써 그들의 내면 깊은 욕구를 실현하도록 도울 수 있는 힘이 있다. 사실 이는 경영의 다음 정의(定義)에서도 잘 나타난다. "사람들이 자기의 직무를 완수하기 위해 일할 때 그들의 필요가 충족되게 하는 것."[12]

피고용인에게도 권력이 있다. 격려라는 힘이다. 믿기 어려울지 모르지만 정상이란 고독한 자리다. 기업 임원의 세계에서는 진정한 우정을 찾아보기가 대단히 어렵다. 사람들이 그들의 권력을 두려워하기 때문이다. 그리고 그 두려움을 모르는 사람들이 종종 권력을 이용하려 하기 때문이다.

그리스도의 길을 따르는 근로자는 고용주에게 다가갈 것이다. 그들은 자신을 부리는 사람들의 고통과 외로움을 분별해 아무런 조건 없이 우정을 베풀며, 상사들을 위해 기도하고 가능한 한 모든 방법을 통해 격려해 줄 수 있다. 이것 또한 능력 사역이다.

자유롭게 하는 권력

우리 모두는 다른 사람들에게 힘을 행사하고 있다. 또한 우리 모두는 다른 사람들이 우리에게 행사하는 힘의 영향을 받고 있다. 우리는 지배하고 착취하는 '파괴적인 권력'을 택할 것인가, 이끌고 해방시키는 '창조적인 권력'을 택할 것인가 하는 선택의 기로에 있다. 우리가 권력처럼 위험천만한 것을 취해 창조적이고 생명을 주는 일에 사용할 수 있는 것은 오로지 하나님의 은혜로만 가능하다.

영적 능력을 묵혀 두지 말 것

하나님의 전능하신 능력 안에서 전진하라!

• 조지 폭스

힘은 우리 모두에게 미치고 있다. 설령 빠져나가고 싶다 해도 빠져나갈 수 없다. 모든 인간관계는 힘의 사용에 연루되어 있다. 그러므로 힘에서 벗어나고자 한다거나 우리가 이를 사용한다는 것을 부인하기보다, 힘에 대한 기독교적 의미를 발견하고 이를 다른 사람들의 유익을 위해 사용하는 법을 배우는 편이 더 나을 것이다. 그리스도를 따르는 모든 사람은 이 '능력 사역'으로 부름받았다.

우리에게 맡기신 능력 사역

예수님은 어둠의 왕국을 타파하고 하나님 나라가 도래했다는 메시지를 확증하실 때마다 일관성 있게 권능을 사용하셨다. 사복음서는 예수님이 귀신을 내쫓고, 병자를 고치며, 자연을 통제하신 사역들로 가득하다. 이런 천국 권세의 증거들은 무리에게 효과가 있었다. "무리가 보고 두려워하며 이런 권능을 사람에게 주신 하나님께 영광을 돌리니라"(마 9:8).

예수님의 사역에는 권위가 드러났다. 영적 능력과 영적 권위는 떼려야 뗄 수 없는 것이다. 마가는 그의 복음서에서 예수님이 귀신에 사로잡힌 자를 고치신 이적을 기록하면서, "다 놀라 서로 물어 이르되 이는 어찜이냐 권위 있는 새 교훈이로다 더러운 귀신들에게 명한즉 순종하는도다"라고 덧붙인다(막 1:27). 하지만 예수님은 새 교훈을 가르치신 것이 아니라, 새로운 능력을 보이신 것이다. 그분은 하나님 나라의 현존을 선포만 한 것이 아니요, 그 나라가 권능으로 임하는 것을 보여 주셨다.

만일 이 능력 사역을 예수님만 유일하게 감당하셨다면, 많은 사람들이 이 사역이 메시아에게만 국한된 특수 영역이라고 일축했을 것이다. 하지만 예수님은 이런 일들을 다른 사람들에게 위임하셨다. "예수께서 열두 제자를 불러 모으사 모든 귀신을 제어하며 병을 고치는 능력과 권위를 주시고 하나님의 나라를 전파하며 앓는 자를 고치게 하려고 내보내시며"(눅 9:1-2). 이 일들이야말로 바로 그분의 제자들이 그대로 행한 일들이다. "제자들이 나가 각 마을에 두루 다니며 곳곳에 복음을 전하며 병을 고치더라"(눅 9:6).

속으로 '그래도 결국 그분의 직속 열두 사도였으니 그렇게 했지. 이런 능력 사역은 사도로 부름받은 이들의 일일 뿐, 우리에게 해당되는 임무는 분명 아니야'라고 생각할지도 모르겠다. 하지만 예수님은 이런 임무를 70명의 제자에게도 위임하셨다. "거기 있는 병자들을 고치고 또 말하기를 하나님의 나라가 너희에게 가까이 왔다 하라"(눅 10:9). 역시 이 70명도 주님께 명령받은 대로 행했고, 돌아와서 흥분에 겨워 보고했다. "주여 주의 이름이면 귀신들도 우리에게 항복하더이다"(눅 10:17). 이들은 지극히 보통 사람이었다. 하지만 보통이 아닌 영적 능력을 위임받았다.

마침내 우리는 주님이 다락방에서 하신 놀라운 말씀을 듣게 된다. "내가 진실로 진실로 너희에게 이르노니 나를 믿는 자는 내가 하는 일을 그도 할 것이요 또한 그보다 큰일도 하리니 이는 내가 아버지께로 감이라"(요 14:12). 더는 머뭇거릴 것 없다. 능력 사역은 하나님의 백성에게 공통으로 맡겨진 몫이다.

공적 권위와는 무관한 능력

사도행전이 이를 잘 보여 준다. 제자들이 이 힘의 문제를 어떻게 오해하고 있었는지는 부활하신 예수님을 만났을 때 제자들이 처음으로 던진 질문에 잘 나타나 있다. "주께서 이스라엘 나라를 회복하심이 이때니이까"(행 1:6). 그들은 회복된 나라에서 얼마간의 권력을 휘두를 수 있는 그런 나라를 원했다. "우리가 왕국을 회복해 권위와 지위를 가지고 로마 사람들에게 권력이 무엇인지 본때를 보여 줄 수 있는 때가 지금입니까?" 하지만 예수님은 그 나라가 올 시기에 관한 것은 그들의 알 바가 아님을 분명히 알려 주셨다. 그 대신 예수님은 제자들에게 능력을 주셨고, 그것은 영적 권능이었다. "오직 성령이 너희에게 임하시면 너희가 권능을 받고 예루살렘과 온 유대와 사마리아와 땅끝까지 이르러 내 증인이 되리라"(행 1:8). 예수님은 제자들에게 나라 없는 권세, 지위 없는 권력을 주셨다.

우리 역시 종종 제자들과 동일한 우를 범한다. 우리는 자리가 능력을 보장해 준다고 생각한다. '박사 학위나 교수직을 주라. 누구든 사람을 가르칠 수 있다!' 하지만 박사 학위나 교수직이 있는데도 불구하고 수박 겉 핥기식으로도 가르치지 못하는 사람을 얼마든지 볼 수 있다. 자리가 그에 걸맞은 능력을 보장하는 건 아니기 때문이다. 이 세상은 무슨 짓을 해서든 권력을 차지해 다른 사람들을 지배하고 싶어 하는 사람들로 가득 차 있다. 이것이 이 세상 질서에 속해 있는 권력의 모습이다. 세상 제도는 인간의 공인(公認)에 의존하고 있으며, 그 제도 권력은 다른 사람들을 지배하는 권력이다.

하지만 믿음의 눈으로 보면 인간의 질서 안에 있는 지위 자체는 참으로 무력한 것이며, 하나님의 길과 영적 권능의 삶에 무지한 것이다. 사도행전 전체를 통해, 우리는 '무능한 공적 권세'와 '공적 지위 없는 위로부터 온 영적 권능'과의 충돌을 거듭해서 보게 된다.

베드로, 요한, 또 다른 사도들이 지닌 권위는 그들의 권위를 인정하는 인간의 신임장이 없었다. 그래서 모든 이들이 놀란 것이다. 그들에게는 학위도, 저명한 사회적 직함도 없었고, 인간적인 권세라고는 찾아볼 수가 없었다. 하지만 그들의 능력은 하나님에게서 온 것이었기에 인간적인 권위에 신경 쓸 이유가 없었다. 그들의 권위는 권력을 가진 사람들의 기득권에 정면으로 도전하게 되었다. 제자들은 따로 이 권위를 인정받을 필요가 없었기에 통제받을 이유 또한 없었다.

여기에서 우리는 배움이 짧은 보통 사람들이 외치는 '강력한' 선언을 보게 된다. "하나님 앞에서 너희의 말을 듣는 것이 하나님의 말씀을 듣는 것보다 옳은가 판단하라 우리는 보고 들은 것을 말하지 아니할 수 없다"(행 4:19-20). 여기서 우리는 아픈 사람을 고치거나 복음을 전하는 능력이 없는 '관료 집단'을 보게 된다. 거듭 말하건대 공적으로 받은 권위가 없는 제자들이 보인 능력이 당대의 영적 권능 없는 종교 지도자들, 시민들이 세운 관리들과 대결해 거듭 이겼다. 그들이 이긴 것은 위로부터 오는 능력이 역사했기 때문이다.

바울의 사역 현장에서 '인간적인 권력 구조'와 '영적 권능'과의 흥미로운 대비를 보여 주는 사건이 일어났다. 바울은 많은 귀신을 내어 쫓았으며, 능력 사역을 행했다. 마술하는 유대인 몇몇이 바울의 사역을 보고는 그 '기술'을 이용해 보기로 마음먹었다. 그래서 다음번 기회가 왔을 때 그들은 악귀 들린 자들에게 "바울이 전파하는 예수를 의지하여 너희에게 명하노라"라고 말했다(행 19:13). 하지만 악귀는 그 말에 순종하기는커녕 이렇게 대답했다. "내가 예수도 알고 바울도 알거니와 너희는 누구냐." 성경은 그 뒤로 악귀 들린 사람이 "그들에게 뛰어올라 눌러 이기니 그들이 상하여 벗은 몸으로 그 집에서 도망하는지라"라고 보고한다(행 19:15-16). '공적 지위 없는 영적 권능'과 '무능한 공적 권세'가 얼마나 대조되는가!

숨은 준비의 시간

능력 사역에 참여하고 싶다면 하나님이 그분의 사역자들에게 허락하시는 '숨은 준비'를 깨달아야 한다. 모세는 애굽 사람을 죽였을 때 인간적인 힘으로 세상의 잘못을 바로잡으리라 생각했다. 모세가 '창조적인 권력'이라고 생각했던 건 결국 '파괴적인 권력'이었다. 모세가 능력 사역을 위해 준비되기 위해서는 숨은 준비가 반드시 필요했다. 그는 '인간의 교묘한 잔꾀'와 '하나님의 권능'의 다름을 구별하기 위해 40년간 광야 생활을 해야만 했다.

드디어 모세가 불타는 떨기나무 앞에서 하나님 앞에 섰을 때 그는 완전히 다른 사람이었다. 되는 대로 거친 권력을 휘두르던 자기 과신의 오만한 모습은 사라지고, 이제는 하나님의 권능만을 확실히 신뢰하는 법을 배워, 모든 사람 중에서도 가장 "온유"한 사람이 되었다.

사도 바울도 사역을 시작하기에 앞서 숨은 준비 기간이 있었다. 바울은 다메섹으로 가던 도중 극적으로 회심했고, 후에 광주리에 담긴 채 성벽을 내려와 그를 암살하려던 자들에게서 탈출했다. 3년 동안 아라비아 사막으로 몸을 숨겼으며, 짧은 기간 예루살렘을 방문한 뒤 옛 고향인 다소로 도망해 여러 해 동안 그곳에 머물렀다(갈 1:15-18; 행 9:30; 11:25-26). 그가 회심한 이후 첫 사역을 시작했던 안디옥에 이르기까지 대략 13년이 걸린 셈이었다. 우리가 사도행전을 통해 바울의 위대한 여정을 살펴볼 때 그에게 사역에 앞서 숨은 준비 기간이 있었다는 사실을 잊어서는 안 된다.

오늘날 우리는 이 같은 하나님의 숨은 준비의 중요성을 잊어버렸다. 그 결과 우리는 직접 사람들을 이름이 날리는 자리로 떠밀고 믿기 힘든 힘을 부여해 놓고는, 훗날 왜 그들이 타락했는지를 의아해한다. 이에 대비하지 않는다면 권력은 우리를 파멸로 이끌 것이다. 오늘날 교회에서 이는 보통 큰 문제가 아니다. 우리 모두가 이 숨은 준비를 소홀히 해 왔기 때문에 수많은 일꾼이 미처 준비되기도 전에 세상의 이목을 받도록 내몰렸다.

우리 모두 숨은 준비의 시간을 보내야 한다. 하나님께 교육받는 세월은 허비되는 시간이 아니다. 숨겨짐 안에서 우리는 삶을 영적으로 보는 법을 배우게 된다. 무엇이 중요하고 무엇이 사소한지를 알게 되는 것이다. 종종 하나님은 우리 삶의 우선순위를 완전히 뒤집으신다. 한때 우리에게 아주 훌륭하고 중요하다 여겨졌던 것이 갑자기 사소하고 중요하지 않은 것으로 전락하기도 한다. 인정, 성공, 부, 자율성 등이 더 이상 우리를 매혹시키지 못한다. 권력을 얻기 위해 기울인 모든 인간적인 시도들을 내려놓는 법을 배운다. 이전에는 중요하지 않다고 생각해 부수적으로 취급하던 것을 진정으로 중요한 문제로 여기게 된다. 친절과 이웃 사랑이라는 단순한 행동들을 가치 있게 여기기 시작한다. 작고 평범한 일들이 우리에게 진정으로 의미 있고 중요한 일이 되는 것이다.

작은 일 사역

숨은 준비의 시간을 통해 우리는 '작은 일 사역'이 능력 사역에 필요한 전제 조건임을 배운다. 다비다는 "선행과 구제하는 일이" 많은 여인이었다. 그녀는 평생 과부들을 위해 "속옷과 겉옷"을 지어 입혔다(행 9:36-42). 그녀는 작은 일 사역을 실천했다. 바나바는 자기의 재산을 어려움에 빠진 공동체에 나누어 주었으며, 다른 사람들이 모두 바울에게 냉담한 반응을 보일 때도 그에게 호의를 베풀었고, 바울이 신뢰할 수 없다고 단정해 버린 마가 요한을 끝까지 돌봐 주었다(행 4:36-37; 9:27; 15:36-41). 즉 바나바도 작은 일 사역을 잘 감당한 사람이었다.

사람들이 세례 요한에게 참된 회개를 나타내기 위해서는 무엇을 해야 하는지 물었을 때, 그는 사람들에게 "옷 두 벌 있는 자는 옷 없는 자에게 나눠 줄 것이요 먹을 것이 있는 자도 그렇게 할 것이니라"라고 답했다. 또한 세리에게는 "부과된 것 외에는 거두지 말라", 군인에게는 "사람에게서 강탈하지 말며 거짓으로 고발하지 말고 받는 급료를 족한 줄로 알라"고 했다(눅 3:11-14). 요점은 이것들이 사소하고 보잘것없는 단순한 일상의 일들이라는 것이다. 세례 요한은 작고 보잘것없는 일에 대한 사역으로 우리를 초대한다.

작은 일 사역은 우리에게 주어진 가장 중요한 사역에 속한다. 어떤 면에서는 능력 사역보다도 중요하다. 능력의 역사는 이따금씩 일어난다. 하지만 작은 일들을 통한 역사는 우리의 일상 전반에 걸쳐 끊임없이 반복적으로 벌어진다. 우리의 매일 일과가 우리에게 이런 작은 일 사역에 참여하도록 끊임없이 기회를 주고, 이런 사역을 통해 우리는 하나님과 가까워진다. 그렇기에 스가랴 선지자도 "작은 일의 날이라고 멸시하"지 말라고 권면한 것이다(슥 4:10).

하나님 나라에서는 작은 일이 참으로 큰일이 된다. 이 지점에서 바로 우리는 순종과 제자도의 문제에 직면하게 된다. 카메라 세례를 받고 언론의 주목을 받는 그 한복판에서 모범적인 제자가 되기란 그리 어렵지 않다. 하지만 삶의 후미진 구석에서, 뉴스거리도 되지 못하며 아무런 명성도 얻지 못할 섬김의 자리에서 우리는 순종의 참된 의미를 찾아내야 한다. 세상에 널리 알려지지 않은 가족, 친구, 이웃, 동료 가운데서 우리는 하나님을 발견한다.

이렇듯 하나님을 발견하고, 하나님과 친밀해지는 시간은 바로 영적 능력을 발휘하는 데 필수다. 작은 일 사역은 능력 사역에 우선하며, 여기에 더 중요한 가치를 두어야 한다. 이런 시각을 상실하면 우리는 능력 사역을 '큰일'로 취급하게 된다. 정말이다. '큰일'을 추구하는 종교는 그리스도의 길과는 정면으로 반대되는 자리다. 이런 정신이 가장 잔인한 난폭으로 이끈다. 이는 또한 오늘날 능력 사역을 자유롭게 수행하는 데 가장 커다란 장애 요소 중 하나다.

능력이 '큰일'로 인식될 때 우리는 자신의 수고를 주목받고 싶어 한다. 사인을 해 주고, 우리가 중요한 존재임을 알리기 위해 미친 듯이 선전 광고를 해 댄다. 이 위대하신 하나님(과 나 자신)의 역사가 알려지지 않은 채 있는 것을 도저히 참을 수가 없다.

성경은 하나님이 베드로를 쓰셔서 죽은 다비다를 살리신 뒤, 베드로가 "욥바에 여러 날 있어 시몬이라 하는 무두장이의 집에서 머무니라"라고 기록하고 있다(행 9:43). 자, 만약에 하나님이 우리를 쓰셔서 죽은 사람을 살리셨다면 우리는 어떻게 할까? 대부분의 사람이 어떻게 할지 짐작이 간다. 우선 간증 집회를 다닐 것이며, 그 사건에 관한 책을 펴낼 것이다! 하지만 베드로는 아무것도 하지 않아도 아무 상관이 없었다. 다른 사람들에게 알릴 필요가 없었기 때문이었다. 그에게 영적 능력은 결코 '큰일'이 아니었다.

작은 일 사역은 '큰일'이라고 하는 왜곡에서 우리를 건져 줄 수 있다. 하나님의 권위 아래에서 능력은 우리가 수행하도록 우리에게 주어진 단순히 또 다른 일상적인 일의 측면으로서 그 적절한 위치를 차지한다. 영적 능력은 하나님의 사람에게서 보리라고 예상되는 어떤 자연스러움을 지닌다. 그리고 그것은 단정함과 겸손함 가운데서 경험되고 알려진다. 만일 이 작은 일들이 아주 기분 좋게 자주 행해지는 사역이 된다면, 우리는 하나님이 우리와 가까이 계시다는 것을 알게 된다. 그렇게 되면 능력의 발휘는 저주가 아닌 복이 될 것이다. 장 피에르 드 코사드는 이렇게 말했다. "굉장한 것 가운데서만 아니라 가장 작고 일상적인 것 가운데서 하나님을 발견하는 것은 희귀하고도 숭고한 믿음을 소유하는 일이다."[1]

홀로 있음

영적 능력을 행사하는 사람들은 반드시 '홀로 있음'(aloneness)에 대비해야 한다. '외로움'(loneliness)을 말하는 게 아니다. 외로운 사람들은 관심을 달라고 수없이 아우성친다. 내가 말하는 '홀로 있음'이란 혼자서 결정하고 행동한다는 의미다. 아무도 짐을 나누어 져 줄 사람이 없으며, 이해할 수도 없기 때문이다.

현명한 카운슬러나 친구, 믿음의 공동체 등이 도움이 되긴 하지만 어느 정도까지다. 그들 대부분은 선의가 있지만 영적 능력에 대한 이해가 없다. 그러니 그들이 이해와 평가를 할 수 없는 문제를 결단하는 일에 도움을 청한다는 것은 현명하지 않은 처사다. 우리는 혼자 걸어가야 한다. 사실 하나님이 우리와 동행하시니 오롯이 혼자인 것은 아니지만, 인간의 지혜와 관련해서는 여전히 혼자다.

복음서에 등장하는 가장 감동적인 주제 가운데 하나는 '홀로 계신 예수님'이다. 많은 무리는 물론이요, 제자들조차 머리와 마음이 둔

했다. 예수님은 베드로, 야고보, 요한을 늘 데리고 다니시면서 그분과 함께 내적 능력의 성소를 체험하게 하시려 애쓰셨다. 하지만 그들은 미처 그분의 의도를 따라가지 못했다. 그들은 변화산에서의 체험의 핵심을 놓쳤고, 겨우 생각해 낸 것이 어떻게 하면 적절한 기념물을 남길 수 있을까 하는 정도였다. 그중에서도 가장 가슴 아픈 장면은, 예수님이 그 세 명의 제자를 따로 뽑아 자지 말고 깨어 자기와 함께 기도하라고 하셨던 겟세마네 동산에서의 모습이다. 그 거룩한 날 밤에 그들은 잠을 택했으며, 예수님은 홀로 권세들과 싸우실 수밖에 없었다.

우리 또한 홀로 싸워야만 한다. 자신의 내적 성소에서 벌어지는 일을 이해하는 데는 배우자조차 의지할 수 없다. 300년도 더 전에 제임스 네일러는 하나님과의 친밀함과 그분의 능력에 따르는 외로움에 관해 이렇게 썼다. "나는 혼자였다. 버려졌다. 나는 동굴과 황량한 땅에 살면서 죽음을 통해 이 부활과 거룩한 영생을 얻은 사람들 중 한 명이다."[2] '홀로 있음'은 영적 능력을 위해 치러야 할 대가(代價)다.

능력 사역의 실제

'생명을 주는 참된 권능의 역사를 찬양하며, 우리를 깜짝 놀라게 하는 권능의 성경적 모델을 보는 것'과 '실제 우리 삶에서 영적 권능을 체험하는 것'은 다르다. 진짜 중요한 건 '고상한 말'에서 '일상적 실천'으로 어떻게 옮겨 가느냐다. 능력 사역이 펼쳐져야 할 장(arena)은 어디인가?

첫 번째 장은 간단하다. 우리는 마귀, 바알세불, 아볼루온, "공중의 권세 잡은 자"(엡 2:2)와 싸우는 것이다. 그러니 예수님처럼 우리도 마귀들을 만나러 광야로 가야 한다. 물리적인 광야로 가지 않는다면 마음의 광야로 떠나야 한다. 그런데 우리가 지금까지 이 싸움을 싸울 수 있던 이유가 단순히 우리가 예수 그리스도에 대한 신앙을 체험했다거나, 그리스도인이 된 지 여러 해가 됐다거나, 지금 현재 교회 리더십 자리 있어서라고 추정해서는 안 된다.

우리는 어두컴컴한 신앙의 밤이라는 전장에 감히 임하기 전에 하나님의 보호하심을 구해야 한다. 우리는 우리 주변을 비출 그리스도의 밝은 빛, 우리를 덮을 그리스도의 보혈, 우리를 보증하는 그리스도의 십자가를 구해야 한다. 마음의 광야로 들어가기에 앞서 우리는 하나님이 우리와 함께하시고 우리를 보호해 주신다는 확신을 가져야 한다.

하지만 우리가 광야에 가서 마주치는 것은 하나님이 아닌 마귀다. 광야에서는 우리를 돕는 모든 도움에서 내던져진다. 벌거벗은 모습 그대로 연약한 상태에 놓인다. 안팎으로 마귀들과 마주칠 뿐이다. 광야에서 우리는 철저히 혼자다. 그리고 사방에서 탐욕과 명성으로 호리는 권세들과 마주하게 된다. 사탄은 지위와 영향력이라는 대단히 매력적인 환상으로 우리를 넘어뜨리려 한다. 우리는 영혼 깊은 곳에서 이런 환상이 우리를 끌어당기는 것을 느낀다. 실제로 우리의 영혼 깊은 곳에 가장 중요한 사람, 가장 존경받는 인물, 가장 큰 영광을 차지하는 사람이 되고 싶은 욕망이 있기 때문이다. 우리는 심사위원의 자리, 정상의 지위에서 카메라 세례를 받는 것을 마음에 꿈꾼다. 그러다 이런 생각에 잠긴다. '결국 이런 것들은 뛰어나고 싶어 하는 욕망 외에 아무것도 아니지 않은가?'

이윽고 우리는 그 속임수를 간파한다. 자신에게 경배하기만 하면 온 세상을 주겠노라고 약속하는 자에게 우리는 위로부터 오는 능력을 힘입어 "싫다!"라고 소리친다. 우리는 권력의 오랜 메커니즘, 곧 밀고, 당기고, 기어오르며, 움켜잡고, 넘어뜨리는 모든 구습을 십자가에 못 박는다. 그 대신 새로운 능력의 삶인 사랑, 기쁨, 평화, 오래 참음 등 모든 성령의 열매를 체험하게 되는 것이다.

능력 사역이 펼쳐져야 할 또 하나의 장은 바로 우리 신체다. 많은 사람이 우리의 영만 영성과 관련되어 있다고 여겨 왔다. 그래서 우리 몸이 우리 신앙생활에 필수적인 역할을 담당하고 있다는 사실을 알게 되면 크게 놀란다. 우리는 능력의 말씀을 통해 우리의 몸에 대한 권위를 가진다. 우리가 몸의 훈련을 하면, 그것이 영과 함께 조화로운 사역을 이룬다. 우리는 우리의 몸을 하나님이 주신 생명의 리듬인 먹고, 자고, 일하고, 노는 데 맞춰야 한다.

지나친 정욕은 마치 버릇없는 어린아이 같아서 훈련이 필요하며 제멋대로 두어서는 안 된다. 하나님이 계시해 주신 뜻을 넘어서는 성적 갈망은 성령의 능력으로 통제해야 한다. 나태한 기질은 부드러우면서도 단호하게 고쳐야 한다. 일에 대한 한도 끝도 없는 열심 역시 마찬가지다. 기도와 믿음을 통해, 우리는 음식이 우리를 지배하는 주인이 아닌 우리를 섬기는 종이 되게 해야 한다. 우리는 불굴의 체력을 지닌 듯 허세로 밤늦게까지 잠을 자지 않는 버릇도 하나님의 능력을 힘입어 단호히 거부해야 한다. 또한 건강과 영적 긴장감을 유지하기 위해 부단히 운동해야만 한다.

치유 사역은 우리 몸에 행사하도록 주어진 권위의 일부다. 예수님도 병을 고치셨고, 우리에게도 이 임무를 위탁하셨다(막 16:15-18).[3] "병 고치는 은사"는 성령의 은사이며, 오늘날에도 유효한 사역임이 곳곳에 나타나 있다(고전 12:28). 하지만 이 훌륭한 사역이 이 시대에 이 크게 남용되고 있다.

예를 들면, 어떤 이들은 '의료 행위를 통한 치료'와 '기도를 통한 치료'를 엄밀하게 구별하는 이원론에 빠져 있다. 이는 불필요하고 불행한 일이다! 하나님은 그분의 친구들인 의사 역시 쓰시고, 의사는 하나님이 주신 지식과 기술로 환자에게 건강과 온전함을 가져다준다. 또한 하나님은 아픈 사람들을 위해 '생명을 주시는 하나님의 능력'으로 기도할 줄 아는 그분의 친구들을 쓰시기도 한다. 의사나 간호사, 그 밖에 치료 행위에 종사하는 전문가들이 그들이 가진 의료 기술에 기도를 더한다면 굉장한 유익이 따를 것이다.

치유 사역의 또 다른 비극적인 적용은 병이 낫지 않았을 때 비난하는 경향이 있다는 것이다. 치유 사역을 했는데도 병이 낫지 않을 때 하나님을 비난하고, 사역을 한 자신을 비난하고, 아픈 사람을 비난한다. 사람들은 흔히 아픈 사람이 병이 낫지 않으면 그 사람의 삶에 죄가 있기 때문이라고 말하고 싶어 한다. 이는 그야말로 최악의 조언이요, 병 낫기만을 고대하는 환자에게 치명적인 타격을 주는 말이다.

제자들이 나면서부터 앞을 보지 못하는 사람을 놓고 이것이 누구의 죄 때문이냐고 따지는 게임을 하고 있을 때, 예수님은 이를 즉시 멈추게 하셨다(요 9:1-3). 대부분의 경우 누가 죄인이냐 하는 문제를 따지는 것은 초점에서 한참 빗나간 접근이다. 핵심은 아픈 사람에 대한 사랑의 관심이어야 한다. 주여, 긍휼한 마음과 건전한 상식으로 치유 사역을 행하는 수많은 이들을 높여 주소서!

이 시점에서 체질이 약한 사람이나, 살다가 몸에 장애를 입은 사람들에게 이 말을 꼭 해 주고 싶다. 자신에게 다정하라. 나무라기는 더디 하고, 격려하기는 속히 하라. 영적 능력은 매우 극적인 만큼 온화하기도 하다는 사실을 기억하라.

당신의 몸이 지닌 능력이 아무리 사소하다 할지라도 그것이 무엇이건 그에 대해 감사하고, 신체적 결점을 한탄하는 대신 당신이 지닌 다른 능력들을 강화시키는 일에 집중하라.

온전함과 안녕을 위해 기도하라. 그리고 그 과정에서 주어지는 어떤 선이든지 즐거워하라. 병 낫기를 기도했는데도 불구하고 낫지 않는다고 해서 자기 연민에 빠지거나 자책에 빠지지 말라. 할 수 있는 한 계속 기도하면서, 치료는 다양한 방법으로 올 수 있음을 기억하라. 당신의 몸을 적으로 생각하지 말고, 친구처럼 대하며 최선을 다하라. 그렇게 하면 부활의 때에는(설령 그 전까지는 아닐지라도) 분명 진정한 친구로서의 회복된 몸을 지니게 될 것이다.

능력 사역이 펼쳐져야 할 세 번째 장은 교회다. 최근 수십 년 동안 교회의 진정한 능력이 사라져 왔는데, 이는 교회의 목회 훈련 구조와 경직된 관료주의에 기인한다. 결국 교회는 예언자 대신 서기관을 양산해 냈다. 좀 더 많은 자유를 누리기 위해, 수많은 파라처치(para-church) 조직이 우후죽순 생겨났지만 이들에게 책임에 관한 장치가 마련되어 있지 못하다 보니, 결국은 한 사람의 지배로 귀결되고 말았다. 결과적으로 우리는 대체로 기성 교회의 소심성과 파라처치 운동의 자기중심성에 머물러 있다.

따라서 교회 안 리더십의 갱신이 필요하다. 사역을 위해 교회 안에서 가장 능력 있는 남녀 성도를 부르는 교회들이 필요하다. 하나님과 동행하는 교역자를 훈련하는 신학교가 필요하다. 자리에 연연하지 않고 하나님의 권능을 구하며 하나님을 갈망하는 목사들이 필요하다.

하나님을 아는 목회 지도자가 절실하다. 그들의 리더십은 열정과 강력함이 있어야 한다. 그들은 강력한 설교 사역으로 우리를 이끌어야 한다. 그들은 또한 열정적인 영적 방향을 갖고 우리를 이끌어야 한다. 그들의 리더십이 기쁨을 주시는 성령의 능력으로 충만할 때 참으로 복이 된다.

능력 사역이 시급한 또 다른 장이 여럿 있다. 하지만 여기에서는 하나만 더 언급하겠다. 바로 정치의 장인 국가다. 여기에도 생명을 주는 능력 사역이 절실하다. 모든 그리스도인, 특히 민주국가의 그리스도인은 '하나님께 부여받은 정의'라는 기능을 국가가 모든 국민에게 똑같이 수행하도록 요구해야 한다. 우리는 국가가 그 소명을 완수할 때 이를 칭찬하고, 그렇지 못할 때는 맞서야 한다.

국가라고 할 때 단지 나라의 정부만을 말하는 게 아니다. 물론 분명히 이런 것도 포함하지만, 내가 말하는 국가란 사람들에게 전체를 대표하고 섬기도록 권한을 부여받는 인간의 모든 조직 체계를 의미한다. 학교 이사회, 관리 기관, 주 의회, 공중 보건 기구, 시 의회, 법정 등등의 모든 조직이 국가를 이루는 것들이다.

우리는 묵상기도를 통해 국가의 배후에 있는 '영적 존재'를 구별할 줄 알아야 한다. 깊은 묵상과 영혼의 기도는 참된 사회 양심의 각성과 밀접하게 관련되어 있다. 오래전 퀘이커 교도들이 말한 대로, 우리는 받은 통찰에 따라 "권력 앞에서 진실을 말한다."

국가가 참으로 차별 없이 모두에게 정의를 실천할 때 우리는 이를 기꺼이 칭찬하면서 아낌없는 지원을 해야 한다. 하지만 국가가 이를 행하지 못할 경우에는 우리는 에베소서 6장에 나오는 전신갑주를 취하고 힘차게 맞서야 한다. 기도와 금식과 부르짖음과 애통이 바로 정의를 위한 싸움터에서 무장해야 할 영적 무기다.

힘찬 저항과 비폭력 투쟁, 시민불복종운동 등도 사용할 수 있는 무기다. 우리는 국가의 악마적인 타락에 굴복하기를 거부함으로써 국가를 섬긴다. 19세기 언더그라운드 레일로드(underground railroad), 20세기 생츄어리 무브먼트(sanctuary movement)가 바로 시민불복종운동이었다. 이 두 운동의 경우 그리스도인들은 베드로와 요한이 선언했던 대로 "사람보다 하나님께 순종하는 것이 마땅하니라"라고 외친 것이다(행 5:29).

하지만 시민불복종운동은 반드시 영적 능력 안에서 행해져야 한다. 증오심이 아닌 사랑에서 시작된 운동이므로 그 속에 강제나 보복 정신이 깃들어서는 안 된다. 이 정신은 인간적인 폭력의 무기를 사용하지 않는 대신, 압제와 불의에 대한 단호한 비타협적 정신인 "사랑의 폭력"에 호소한다.[4] "사랑의 폭력"의 목적은 의지를 가시화하고 사람들의 사회적 양심을 자극하는 것이다.

믿음의 싸움을 싸우는 하나의 수단은 바로 국가를 공적으로 섬기는 종(공무원)이 되어 그 안에서부터 그리스도인의 영향력을 행사하는 것임을 나는 잊은 적이 없다. 이 길은 영예로운 좁은 길이며, 또한 많은 사람이 이 방법을 택했다. 부디 이에 동참하는 사람이 점점 늘어나기를 기도한다.

하지만 이 공적으로 섬기는 종으로서 걸어야 하는 길에는 수많은 위험이 도사리고 있다. 이는 경제적 혹은 성적 유혹 같은 평범한 도덕적 타협에서 그치지 않는다. 국가는 그 정의대로 '강압적 권력'을 부여받아 왔는데(국가는 복종을 '요구'할 수 있다), 강압적 권력은 영적 능력과는 근본적으로 그 의도가 서로 어긋난다. 그렇다고 그것이 신자는 국가에 충성할 수 없다고 말하는 게 아니다. 하지만 국가의 요구가 '사랑의 증인인 신자'로서의 삶에 반할 경우가 분명 있을 수 있다는 것이며, 그럴 경우 신자는 가이사에게 충성할지 하나님께 충성할지를 결단해야 할 것이다.

진리를 위해 담대하라

영적인 사람들은 능력이 지닌 위험을 알고 있다. 영적 능력을 남용할 수 있는 유혹이 도처에 도사린다. 그렇다고 해서 뒤로 물러설 순 없다. 그리스도께서는 우리를 능력 사역으로 부르신다. 그분은 우리가 그 사역을 감당할 수 있도록 긍휼함과 겸손한 마음을 허락하실 것이다. 조지 폭스는 다음과 같이 말했다. "모든 나라들이 소리와 글로 말씀을 듣게 하라. 빈 공간을 놀리지 말며, 입술도 펜도 아끼지 말라. 주 하나님께 순종하라. 임무를 완수하라. 세상에서 진리를 위해 담대하라."[5]

우리를 부르시는 분은 그리스도시며, 그분이 우리에게 권능을 내려 주실 것이다.

"모든 사람의 종이 되는 복을 즐길 것이다"

그리스도인은 아무에게도 속하지 않은,
완전히 자유로운 만물의 주인이다.
그리스도인은 모두에게 속한, 완전한 의무를 지닌 모두의 종이다.
• 마르틴 루터

권력은 그리스도인에게 진실로 역설이다. 우리는 권력을 좋아하면서도 싫어한다. 권력의 악마성을 경멸하는 동시에 그 선하고 유용한 면에 찬사를 보낸다. 우리는 권력 없이 살고 싶어 하지만 여전히 인간 생활의 일부분임을 인정하고 있다.

권력에 대한 우리의 이런 상반된 감정은 섬김 서약을 통해 해결된다. 예수님은 대야와 수건을 준비해 제자들의 발을 닦아 주심으로써, 권력의 기능과 의미의 정의를 새롭게 해 주셨다. "내가 주와 또는 선생이 되어 너희 발을 씻었으니 너희도 서로 발을 씻어 주는 것이 옳으니라 내가 너희에게 행한 것같이 너희도 행하게 하려 하여 본을 보였노라"(요 13:14-15). 영원한 그리스도의 나라에서는 낮은 것이 높은 것이고, 아래가 위고, 약한 것이 강한 것이며, 섬김이 곧 권력이다. 당신은 진정으로 이 능력 사역에 동참하고 싶은가? 사람들에게 복이 되는 리더가 되고 싶은가? 진실로 하나님께 쓰임받아 사람들이 입은 상처를 치료해 주고 싶은가? 그렇다면 모든 사람에게 종이 되는 법을 배우라. "누구든지 첫째가 되고자 하면 뭇 사람의 끝이 되"어야 한다(막 9:35). 능력 사역은 수건을 두르는 섬김을 통해 이루어진다.

섬김의 의미

현대사회의 권력 다툼에 "노"(No)**라고 선언하는 것.** 우리 그리스도인은 다음과 같은 주장을 거부한다. "탐욕스러워져도 좋고, 일등만 추구해도 좋고, 권모술수에 능한 것도 상관없다. …… 부자가 되는 일이라면 언제든 찬성이다."[1] 우리는 지배하고 조종하기 위해 권력을 이용하는 것을 거부한다. 우리는 다른 사람들을 협박하는 데 이용되곤 하는 권력과 특권의 상징들을 버린다.

모두의 선을 위해 이용되는 참된 권력에 "예스"(Yes)라고 선언하는 것. 그리스도인은 자유와 해방을 주는 권력을 인정한다. 권력이 진리를 섬기기 위해 쓰일 때 우리는 기뻐한다. 그리스도의 방법과 목적에 순종하는 권력은 우리의 기쁨이다.

영적 권세들을 분별하고, 그들에 맞서 싸우며, 그들을 멸하는 것. 우리가 사탄의 무장을 해제시키고 포로 된 자들을 자유하게 할 때 우리는 사람들을 섬기는 것이다. 금식하고 애통하며 눈물로 기도함으로써, 우리는 하나님과 그분 뜻에 반대하는 모든 세력에 맞서, '하나님의 어린 양'의 비폭력 전쟁을 벌인다.

순종. 하나님의 방법대로 순종함으로써 우리는 하나님의 마음을 헤아릴 수 있게 된다. 또한 하나님의 심정을 알게 됨으로써 다른 사람들을 도울 수 있다. 전체를 위한 조화가 우리 안에서 역사하며, 이는 다른 사람들을 효과적으로 섬기는 것을 의미한다.

긍휼. 긍휼은 우리로 하여금 모든 사람에게 관심을 갖게 한다. "긍휼은 약한 자와 함께 약해지고, 상처받기 쉬운 자와 함께 상처를 받고, 무력한 자와 함께 무력해지는 것을 요구한다."[2] 긍휼은 우리에게 다른 사람을 섬기는 마음을 갖게 한다.

서번트 리더십.[3] 그리스도인의 경영 방식은 일을 시키는 것만큼이나 사람들의 필요를 충족시키는 데 관심을 두는 것이다. 우리는 다른 사람들 역시 개별적인 인격으로 존중하기에 그들에게서 최선의 것을 드러낼 수 있다. 우리의 리더십은 '종이 되는 것'(servanthood)에서 흘러 나오는 것이다. 우리의 제일가는 중요한 관심은 섬기는 것이며, 섬기 려는 갈망이 우리를 이끄는 동기가 된다.

개인의 섬김 서약

개인의 섬김 서약은 하나님의 방법에 순종하는 데서 시작되고 거 기서 끝난다. 이 순종의 문제가 해결되기까지는 우리는 다른 사람들 에게 도움이 될 수 없다. 우리는 끊임없이 자신의 안건, 자신의 의견, 자신의 인간적인 조종하는 술수들을 인간관계에 끌어들이기 때문이 다. 순종하는 삶만이, 섬김이 인간의 재주에서 나오는 것이라기보다 하나님의 뜻에서 흘러나오는 것이라는 사실을 확실하게 보여 준다. "순종은 종이 된다는 것의 가장 깊은 차원으로 이끈다."[4]

사무엘이 사울에게 한 말이 우리에게 예언적 힘으로 들려온다. "순종이 제사보다 낫"다(삼상 15:22). 하나님의 명령은 영웅적 행위를 하라는 것도, 거창한 희생 제사를 드리라는 것도 아니다. 순종하라는 것이다.

겟세마네의 기도는 성경 전체를 통틀어 우리에게 가장 친근하고 도 고통스러운 순종의 모델을 보여 준다. 예수님이 인간이 알고 있는 가장 심오한 순종의 기도를 드리는 동안 그분의 이마에는 굵은 땀이 핏방울이 되어 땅에 떨어졌다. "아버지여 만일 아버지의 뜻이거든 이

잔을 내게서 옮기시옵소서 하지만 내 원대로 마시옵고 아버지의 원대로 되기를 원하나이다"(눅 22:42).

예수님은 단순히 그 "잔"(그분의 십자가)을 마시지 않으려 애쓰신 게 아니었다. 그 잔이 하나님의 뜻임을 확인하시려던 것이다. 잔이 아니라, '하나님의 뜻'이 절대적인 것이었다. 만일 그 잔이 하나님의 계획 가운데 들어 있지 않았다면, 그 잔을 마시는 것은 불순종의 행위였을 것이다. 이것이 바로 예수님이 그 잔을 마시는 것이 순종의 길임을 굳이 확인하고서야 비로소 "일어나라 함께 가자"(마 26:46)라고 말씀하신 이유다. 모든 순간, 모든 일에서 예수님은 순종하는 종이셨으며, 그분은 하나님의 뜻에 응답하는 것 말고는 절대로 아무 일도 하지 않으셨다.

'아버지와의 친밀한 교제에서 흘러나온' 예수님의 순종을 깨닫기를 바란다. 순종이라는 개념은 흔히 우리 마음속에 '어리석은 명령이나 남발하는 비인격적인 상관들로 득실거리는 계층 구조적 세계'를 떠올리게 한다. 그 명령들은 대부분 우리가 비록 아무 까닭이나 근거를 찾지 못한다 할지라도 복종해야만 하는 것들이다. 하지만 예수님의 순종, 그 결과인 우리의 순종은 질적으로 전혀 다른 것이다. 이는 하나님을 "아빠 아버지!"라고 부를 수 있는 친밀함에서 흘러나오는 순종이다(막 14:36). 거기에는 하나님의 방법이 단지 옳은 것뿐 아니라 선한 것이기도 하다는 내적 지식이 있다. 옳은 것의 선함을 경험을 통해 알 때 우리는 하나님의 뜻에 의견을 같이하게 된다. 그것은 복종해야 할 명령이 아니라, 저절로 따르게 되는 거룩한 "예스"(Yes)다.

"obedience"(순종)라는 영어 단어의 라틴어 어원에는 '듣다'라는 뜻이 있다. 무한하신 우주의 창조주와 이토록 친밀하게 교제하며 살아갈 수 있고, 우리가 그분의 음성을 듣고 그분의 말씀에 순종할 수 있다니 이 얼마나 복된 소식인가! 우리가 그분의 음성을 듣고 그분의 말씀에 순종할 수 있게 하는 것은 바로 '참된 목자와의 친밀함'이다.

이것이 섬김 서약과 무슨 관계가 있는가? 순종에서 떨어져 나간 섬김은 영적 스타의 반열로 타락하고 만다. 순종이 빠져 버린 섬김은 이렇게 자랑하게 된다. "내가 얼마나 훌륭한지 한번 보라고. 이 모든 친절과 희생! 내가 해 놓은 일이 얼마나 멋진 일인지 보란 말이야!" 참으로 순교의 정신이라 할지라도 거기에 하나님께 대한 순종이 빠진 섬김만으로 가득 차 있다면 그것은 종종 교묘하게 위장된 술책으로 이용되고 만다. 이럴 때 우리는 다른 사람을 섬김으로써 교묘히 그들을 지배하게 된다. 이런 경우에는 섬김이 사탄의 권세로 바뀌게 된다. 사실상 불순종의 행위다.

하지만 순종에서 흘러나오는 섬김은 질적으로 완전히 다르다. "우리의 순종하는 경청이 우리를 주위의 고통받는 이웃에게로 이끈다는 사실을 깨닫게 되면, 우리는 사랑이 우리를 그곳으로 데려간다는 기쁨 넘치는 지식 안에서 그들에게 다가갈 수 있다."[5] 허영, 교묘한 잔꾀, 강압은 모두 사라진다. 우리가 섬긴 결과에 대해 갖는 쓸데없는 집착도 없애 버릴 수 있다. 하나님이 인정해 주셨다는 것만으로도 온전히 만족하기 때문이다. 우리가 순종하는 삶을 살고 있음을 우리 자신이 알기 때문에, 사람들에게 온전히 내줄 수 있다.

가정에서의 섬김 서약

섬김 서약이 어디서든 제 기능을 발휘하려면 가정에서도 이 서약이 유효해야 한다. 가족 단위 안에서 수건을 두르는 사역은 반드시 서로 주고받는 것이어야 한다. 기독교 가정에서 권위와 복종의 행동 전반에 존경과 긍휼이 스며들어야 한다.

부모로서 우리는 자녀를 어떻게 섬기는가? 우리는 자녀에게 목적 있는 지도를 함으로써 섬긴다. 아이에게는 현명한 상담과 구체적인 지침이 필요하다. 아이에게는 사랑으로 바로잡아 주는 손길이 필요하다. 잘 이끌어 주는 것이 곧 섬기는 것이다.

부모로서 우리는 자녀를 어떻게 섬기는가? 우리는 자비심 깊은 마음으로 자녀를 훈육함으로써 섬긴다. 아이의 행동에 합리적이고도 허용 가능한 분명한 한계를 정해 주지 않으면 아이는 심각한 해를 입게 된다. 수면은 중요한 것이므로, 아이를 일찍 잠자리에 들게 하는 것은 매우 중요한 일이다. 몸은 중요한 것이므로, 균형 잡힌 영양을 섭취하게 하는 것은 매우 중요한 일이다. 가족의 행복에 기여한다는 느낌과 자존감 또한 중요한 것이므로, 집안일이라는 의무도 매우 중요한 일이다. 가정에서 하는 훈육은 결코 작은 일이 아니요, 자녀를 섬기는 중요한 방법이다.

부모로서 우리는 자녀를 어떻게 섬기는가? 우리는 자녀에게 자기 관리 능력을 키워 줌으로써 섬긴다.[6] 부모는 자녀가 독립심을 키우도록 훈련시켜야 한다. 자녀를 엄격한 규율 속에 가둬 놓다 열여덟 살이 돼서야 세상으로 나가도록 밀어낸다면 우리는 자녀를 섬긴다고 할 수 없다. 자녀가 선과 악을 스스로 구별하도록 일찌감치 교육한다. 자녀가 삶의 결단을 내리는 과정 가운데 함께해 주되, 점차 아이가 자신의 실수를 통해 스스로 배울 수 있는 기회를 마련한다. 그들의 자기 관리 능력이 자라나는 가운데 어느 시점이 되면(틀림없이 스물한 살쯤에) 우리는 부모로서의 모든 권위를 내려놓는 것이 좋다. 상담과 조언은 해 주되, 그것조차 자녀가 원할 때만 한다. 이와 같이 자녀가 독립심을 키우도록 환경을 조성해 주는 것이 바로 자녀를 섬기는 길이다.

부모로서 우리는 자녀를 어떻게 섬기는가? 우리는 언제라도 만날 수 있고 약점이 있는 존재가 됨으로써 자녀를 섬긴다. 중요한 건 시간의 양이 아니라 질이라는 틀에 박힌 말은 분명 잘못됐다. 질이란 다분히 양에 의존하는 법이다. 우리는 자녀에게 충분히 시간을 내며, 자녀와 함께 있을 때는 솔직하게 대한다. 자녀에게 "내가 잘못했구나. 미안하다"라고 말하는 것은 약함이 아니라 강함을 보여 주는 것이다.

부모로서 우리는 자녀를 어떻게 섬기는가? 우리는 자녀를 존중해 줌으로써 섬긴다. 많은 사람이 모인 곳을 자세히 살펴보면 어린아이들은 전반적으로 무시당한다. 아이의 의견은 그 가치를 인정해 주지도 않을뿐더러 귀담아 들으려고도 않는다. 실제로 대부분의 어른이 그 자리에 있던 아이의 이름조차 기억 못 하기가 일쑤다. 하지만 우리 그리스도인은 아이들에 대해 알게 되는 일을 놓치지 않는다. 아이가 하는 말에 귀 기울이며, 아이가 건네는 도움을 귀히 여긴다. 아이의 고민을 가볍게 취급하지 않는다. 아이에게 강아지의 죽음이나 10대 청소년에게 첫사랑이 깨지는 아픔은 실로 중요한 문제이며, 또한 마땅히 그렇게 취급되어야만 한다.

부모로서 우리는 자녀를 어떻게 섬기는가? 우리는 자녀에게 영적 삶을 소개해 줌으로써 자녀를 섬긴다. 우리가 지나온 신앙의 순례 여정을 자녀에게 나누는 것은 자녀의 영적 생활을 현실에 뿌리내리게 하는 데 큰 도움이 된다. 자녀에게 성경적 신앙을 가르치는 것은 부모의 할 일이며, 반드시 갚아야 할 섬김의 빚이다. 우리는 우리에게 주어진 '가르치는 사명'을 교회에만 미뤄서는 안 된다.

섬김이라는 의무는 서로 주고받는 것이다. 그렇다면 자녀는 부모인 우리를 어떻게 섬기는가? 자녀는 순종함으로써 부모를 섬긴다. 단지 성경이 순종하라고 명했기 때문만이 아니라, 순종하는 편이 좋으니까 순종한다. 부모가 왜 순종을 요구하는지 자녀가 항상 이해하기란 어렵다. 하지만 자녀는 부모가 요구하는 것 이면에 항상 '자녀를 위한 최선의 유익'이 있음을 확신할 수 있다. 그래서 순종이 괴로울 때도 부모에게 순종한다. 하지만 곧 보게 되겠지만, 순종의 결과가 명백히 파괴적일 때는 부모의 요구에 순종할 수 없다.

자녀는 부모인 우리를 어떻게 섬기는가? 자녀는 존경함으로써 부모를 섬긴다. 때때로 부모가 자녀에게 부모로서 커다란 실망을 안긴다 할지라도 부모에 대한 존경은 부모의 존재 자체에 기인하는 것이다. 물론 존경받을 만한 모범적인 삶을 보여 주지 못하는 부모는 자녀에게 가혹한 짐을 지우기 마련이며, 이는 종종 자녀를 실족시키는 원인이 되기도 한다(마 18:6).

　자녀는 부모인 우리를 어떻게 섬기는가? 자녀는 부모가 명백히 파괴적인 요구를 할 때 온유하게 거절함으로써 부모를 섬긴다. 부모도 받을 수 있는 도움은 받아야 한다. 또한 부모가 자녀에게 무언가 가르칠 수 있다면, 마찬가지로 부모도 자녀에게서 배울 수 있어야 한다. 아이들이 이런 식의 섬김을 감당하는 데는 사실 굉장한 위험 부담이 따른다. 자녀는 부모가 화를 낼지도 모른다는 부담뿐 아니라, 더욱 중요하게는 부모의 사랑과 지원을 잃어버릴지도 모른다는 부담감이 있다. 따라서 설령 일시적인 다툼이 있었다 해도, 부모는 자녀에 대한 사랑이 더욱 크고 깊어질 것임을 말과 행동으로 확인시켜 줘야 한다. 무조건적인 사랑은 아이가 무엇을 하고, 무엇을 하지 않은 것에 달려 있지 않다. 부모에 대한 순종보다 훨씬 중요한 것은 바로 위로부터 오는 '그분의 음성'에 대한 순종이기 때문이다.

　자녀는 부모인 우리를 어떻게 섬기는가? 부모와 자녀 사이에 의존하는 역할이 뒤바뀔 때 자녀는 부모를 보살펴 줌으로써 부모를 섬긴다. 모든 사람에게 '엄마, 아빠'도 도움이 필요하게 되는 시기가 오게 마련이다. 연로한 부모는 자식의 경제적인 도움뿐 아니라, 정서적 도움을 필요로 한다. 자녀가 부모를 요양원에 모시는 것이 잘못이라는 게 아니다. 하지만 그렇게 함으로써 모든 책임이 끝났다고 생각해서는 안 된다. 부모 역시 자녀가 같이 있어 주는 시간이 필요하고, 자녀의 관심이 필요하며, 무엇보다도 자녀의 사랑이 절실히 필요한 존재다. 자식이라면 누구나 이렇게 부모를 모셔야 할 책임이 있다. 예수님 당시에도 종교를 구실 삼아 부모 봉양의 책임을 회피하고자 한 이들이 있었다(막 7:9-13). 하지만 그때에도 책임을 피할 수 없었고, 지금도 안 된다.

지금까지 말한 부모와 자녀 사이의 섬김 서약은 부부 사이, 자녀들 사이에서도 모두 적용되는 것이다. 우리는 기독교 가정 안에서 서로 종이 되어 섬긴다. 우리는 종의 형체를 입으신 예수님을 따르는 사람들이기 때문이다(빌 2:7). 현대사회에서 하나님의 은혜에 대한 한 사람의 증언이 절실히 요청되는 곳은 바로 가정이다. 섬김 서약은 이 증언을 실현하도록 도울 수 있다.

교회에서의 섬김 서약

기독교 공동체 안에서 어떤 이는 이끌어 줌으로써 섬기고, 어떤 이는 따라감으로써 섬긴다. 그리고 결국은 모두가 서로를 불쌍히 여기는 마음으로 관심을 가져 줌으로써 서로를 섬긴다. 신앙 공동체에는 권위 있는 리더십이 필수적이다. 하지만 리더십이 잘못 사용되는 것을 보노라면, 앞서 말한 사실을 잊기 쉽다. 사람들이 자리다툼을 하거나, 더 나은 지위를 얻고자 힘으로 다른 사람을 누르려는 광경을 볼 때면, 우리는 손을 들고 모든 리더를 없애 버리고 싶다는 유혹을 받는다. 하지만 교회 안에서 어설픈 리더십 공백 상태는 압제적인 독재보다 조금도 나을 게 없다.

예수님은 리더십의 필요성을 인식하셨지만 동시에 리더십에 대한 잘못된 곡해도 지적하셨다. "이방인의 집권자들이 그들을 임의로 주관하고 그 고관들이 그들에게 권세를 부리는 줄을 너희가 알거니와 너희 중에는 그렇지 않아야 하나니 너희 중에 누구든지 크고자 하는 자는 너희를 섬기는 자가 되고 너희 중에 누구든지 으뜸이 되고자 하는 자는 너희의 종이 되어야 하리라 인자가 온 것은 섬김을 받으려 함이 아니라 도리어 섬기려 하고 자기 목숨을 많은 사람의 대속물로 주려 함이니라"(마 20:25-28).

리더십은 곧 종이 되는 직책이다. 리더 자리에 앉은 사람은 자신이 아닌 다른 사람을 위해 리더십을 사용하는 것이다. 리더는 어떻게 하면 자신의 명성을 날릴지가 아니라, 사람들의 필요가 무엇인지에 관심을 가져야 한다. 끌레르보의 베르나르는 다음과 같이 고백했다. "당신이 만약 선지자의 일을 하고 싶다면, 당신에게 필요한 것은 왕의 홀이 아니라, 한 자루의 괭이임을 배워야 한다."[7]

우리에게는 종의 마음을 품은 리더가 필요하다. 우리의 간절한 소원은 영적 은사를 주시는 성령이 겸손한 사람들을 양육하시사 사도로, 선지자로, 복음 전하는 자로, 목사로, 교사로 세워 주시는 것이다 (엡 4:11). 우리에게는 그런 한 사람 한 사람이 필요하다. 그들의 권위는 하나님께로부터 오며 신앙 공동체에서 인정받고 확고해진다. 그들은 우리의 영적 지도자가 되며, 우리는 그리스도의 종으로서 그들을 존경하는 것이다.

영적 리더는 사람들을 어떻게 섬기는가? 리더는 기도의 길을 배움으로써 사람들을 섬긴다. 사람들은 기도 사역을 절실히 필요로 한다. 수많은 결혼 생활이 깨지고 있으며, 자녀 세대는 점점 망가지고 있다. 사람들은 어두운 절망과 슬픔에 젖어 있다. 하지만 우리가 기도할 줄만 알게 된다면 돌파구를 마련할 수 있다. 사람들을 진정으로 사랑하게 되면, 내 능력의 한계 안에서 사람들에게 줄 수 있는 것보다 훨씬 많은 것을 열망하게 된다. 그러면 자연스럽게 기도의 자리로 가게 되기 마련이다.

영적 리더십 자리에 앉은 교역자나 사역자들에게 솔직하게 해 줄 말이 있다. 사람들은 당신이 치유 기도의 사역을 감당하길 바란다. 당신이 한 성도의 집을 심방해 인생의 슬픈 질곡에 빠져 누워 있는 사람을 보았을 때, 그에게 손을 얹어 영육 간의 강건함을 위해 기도하는 것은 당연한 일이다. 자신에게 있는 모든 확신과 겸손함으로, 온유함과 담대함으로 그렇게 하라. 만일 당신이 밤낮으로 성령을 깊이 의지함으로써 그렇게 한다면 놀라운 결과를 마주하게 될 것이다. 많은 경우에 눈에 띄게 병세가 호전될 것이며, 때로는 그 충격이 하도 극적이어서 마치 부활을 체험한 듯 느껴지기도 할 것이다. 그리고 어떤 측면에서는 실제로 그러하다. 하지만 전혀 차도가 보이지 않는 경우도 있을 텐데, 그런 경우에도 실망할 필요는 없다. 훨씬 좋아지게 되는 경우가 더 많기 때문이다.[8]

주의 사항이 있다. 사람들을 위해 기도할 때는 지극히 단순한 마음과 기쁨으로 해야 한다. 기도해 주는 대상의 정신을 분석하려 한다든지, 모든 것을 이해하려 들지 말라. 그들의 신학을 교정하려 하지 말라. 단순히 기도 대상자의 마음과 심령에 주님이 임하시도록 초청

하며, 주님이 고치시고 하나님이 본래 의도하신 인격을 다시 회복시켜 주실 것을 구해야 한다.

수년 동안 나를 위해 기도해 준 이들이 많지만, 그중에서도 특별히 한 사람을 잊을 수가 없다. 한번은 그가 3일간 금식하며 나를 위해 기도해 주었기에, 나는 그에게 직접 기도를 받았으면 해서 와 주십사 요청했다. 그런데 그는 오더니 기도는 하지 않고 자신의 결점을 털어놓으며 죄를 고백하는 게 아닌가. 나는 속으로 생각했다. '도대체 어쩌자는 거지? 나야말로 도움이 필요한데. 이 사람은 영적 거인 아니던가?' 하지만 나는 아무 말도 하지 않았다. 그는 고백을 마치고는 나를 쳐다보며 물었다. "자, 이래도 당신은 여전히 내가 당신을 위해 기도해 주기를 원하시나요?"

그렇다. 그는 내 마음을 읽고 있었다. 그는 내가 자기를 내 생각 속에서 영적 도사로 만들어 버렸음을 간파한 것이다. 그가 마침내 내 머리에 손을 얹고 나를 위해 기도했을 때 나는 내 평생에 손꼽을 놀라운 체험을 했다! 그 순간부터 깊은 확고함과 집중력과 인생의 방향에 대한 견고함이 내게 생겼으며, 이후로 다시는 떠나지 않았다. 내 기억에, 그는 내 은밀한 소망이나 꿈에 대해서는 모른 채 그저 "작가의 손"을 위해 기도했다. 영적 리더는 사람들을 위해 기도함으로써 그들을 섬긴다.

영적 리더는 사람들을 어떻게 섬기는가? 리더는 사람들의 내면세계에 이정표를 새겨 줌으로써 그들을 섬긴다.[9] 오늘날 사람들은 영적 삶의 본질에 관심이 지대하다. 하지만 그것이 무엇을 의미하며, 성경적 믿음과는 어떤 관련이 있는지 몰라 혼란스러워한다. 헨리 나우웬은 이 시대 영적 리더들은 "내면의 일들을 들려주는 조음 기관"이 돼야 한다고 말했다.[10]

영적 리더는 사람들을 위해 영들을 분별할 수 있어야 한다. 사도 요한은 "영들이 하나님께 속하였나 분별하라"고 권면한다(요일 4:1). 초자연적 경험이라고 해서 다 아브라함과 이삭과 야곱의 하나님과의 만남의 사건이 아니다. 따라서 그 차이를 분별하는 것이 좋다. 오늘날은 수많은 어리석은 일이 빈번하게 일어나며, 거룩한 헛소리를 수도 없이 들을 수 있다. 영적 리더라면 사람들이 악한 자의 음성과 참된 목자의 음성을 구별할 수 있게 도와야 한다.

영적 리더는 사람들보다 앞서서 영적으로 깊은 곳에 뛰어들어 그 같은 경험을 그들에게 해석해 줌으로써 그들을 섬긴다. 우리가 그리스도 안에 감추인 하나님과의 내적 삶 속에 있는 위험과 상급을 이해할 수 있도록 리더가 먼저 위험에 자신을 노출시켜 모험을 감행해 주면, 우리 같은 소심한 이들도 과감히 나설 수 있게 된다. 나이 지긋한 권사 한 분이 내게 그런 체험을 하게 해 주었다. 그녀는 내가 목회하던 작은 교회 권사 가운데 리더 급이었고, 큰 병원에 있는 육아실의 책임자였다. 야간 근무가 끝난 아침에 교회에 들르곤 했는데, 책을 굉장히 많이 읽는 그녀는 그 시간에 영적 생활에 관해 수없이 많은 질문을 내게 퍼붓곤 했다. 그중에는 내가 대답하기 곤란한 질문도 많았다. 아, 나는 그녀에게 교과서적인 답변을 해 줄 수 있었지만, 삶으로 보여 줄 수는 없었다.

더 중요한 것은, 그녀가 기도라는 모험을 자신이 일하던 병원과 교회 모임에서 수없이 감행했고, 이에 관해 우리는 장시간 토론하곤 했다. "그리스도 안에 있다는 것은 진실로 무엇을 의미하는가? 기도는 어떻게 역사하는가? 침묵하는 기도란 무엇인가? 믿음의 기도란 무엇인가? 기도는 다른 사람을 어떻게 변화시키는가? 기도는 우리를 어떻게 변화시키는가?" 이런 식의 수많은 질문이 우리 신앙에 도전해 왔다.

그녀는 병원에서 아주 비관적 상태에 있던 아기들을 위해 기도하곤 했다. 장갑 낀 손을 인큐베이터 안에 집어넣고 아기를 붙든 채 때로는 무려 한 시간 이상을 기도했다. 그러면 십중팔구 아기가 소생했다.

그녀가 한 일은 무엇인가? 그녀는 내 앞에 영적 생활의 이정표를 세워 주고 있었으며, 그곳으로 한 걸음 더 나아가도록 용기를 북돋아 주었다. 나는 그렇게 한 걸음씩 내딛었다. 물론 나는 많은 실수를 범했다. 때로는 너무 기고만장해서는 스스로 내 통제의 한계를 벗어나 앞서 가곤 했다. 그보다 더 자주 앞으로 나아가기에는 너무 소심한 적이 많았고, 누군가의 격려가 필요한 경우가 더 많았다. 그런 순간마다 우리는 일어나는 일에 대해 서로 명료하게 평가해 줌으로써 '창조적인 권력'과 '파괴적인 권력'을 분별할 수 있었다. 그녀는 나의 내면생활에 방향을 잡아 줌으로써 나를 섬긴 것이다.

영적 리더는 사람들을 어떻게 섬기는가? 리더는 다른 사람을 불쌍히 여기는 마음을 지닌 리더십으로써 사람들을 섬긴다. 사람들은 자기 위에 군림하는 사람이나, 삶의 의미에 대해 권위적인 목소리로 거들먹거리며 훈계하는 사람을 원하지 않는다. 그들이 필요로 하는 리더는 자신과 같은 입장에 서서 자신의 통쾌함을 같이 나누고, 자신의 혼란도 아픔도 같이 나누는 사람이다. 사람들이 바라는 리더는 그들을 사랑하는 사람이다.

내게 '다른 사람을 불쌍히 여기는 마음을 지닌 리더십'을 구체화해 준 한 심리학자를 위해 일한 적이 있다. 그는 의심할 여지없이 리더였다. 그는 때가 왔다 싶을 때는 굉장한 힘을 행사했다. 하지만 그의 리더십 역량은 그의 긍휼에서 나온 것이었다. 우리 상담 팀 모두가 그의 사랑을 느꼈다. 그의 내담자 역시 이런 그의 친절과 돌봄을 느꼈다.

거리감이 있는 동정심이라든지, 좁은 의미에서의 연민이 아닌, 모든 것을 포괄하는 긍휼이다. 스태프 회의를 할 때면 그는 가끔 고린도전서 13장의 사랑의 송가를 읊조리다가 마치 그 말씀에 사로잡힌 듯 암송을 그치고 머리를 흔들곤 했다. 그는 우리에게 사랑에 관해 말해 주는 것을 좋아했으며, "사랑을 통한 변화라는 초자연적 능력"에 관해 덧붙이곤 했다. 우리 모든 스태프는 그 사랑의 능력을 보았다. 그의 리더십에 따르는 것이 짐스럽지 않고 기쁠 따름이었던 것도 그가 우리를 사랑함을 알았기 때문이다.

영적 리더는 사람들을 어떻게 섬기는가? 리더는 헨리 나우웬의 표현대로 "관조적 비평가"가 됨으로써 사람들을 섬긴다.[11] 우리는 지금 깨지고, 갈 바를 모르는 세대에 살고 있다. 교회의 한복판에서부터 우리가 세상을 이해하도록 도울 통찰력을 갖춘 예언자들이 나와야 한다(이는 뉴스거리가 되는 사건마다 혀를 나불거리며, 이거야말로 최후 심판의 징조요 적그리스도의 출현을 예고하는 일이라고 확신하는 소견 좁은 '예언자들'을 의미하는 것이 아니다).

헨리 나우웬은 다음과 같이 말했다. "관조적 비평가는 교묘하게 조종하는, 환상에 불과한 세상의 가면을 벗겨 내고, 진짜 상황이 어떤지를 용기 있게 보여 주는 사람이다."[12] 이런 리더들이 오늘날의 악한 세대에 대한 통찰을 지니려면 내적 침묵이 필요하다. 그래서 이들을 "관조적"이라고 표현한 것이다. 또한 악은 그 실체가 밝혀져야 하고, 선으로부터 확연히 구별되어야 하므로 "비평가"라고 표현했다.

내가 알고 있는 한 관조적 비평가는 굉장히 바쁜 사람이며, 매우 훌륭한 교사다. 그가 제시해 주는 것은 단지 지식만이 아니다. 물론 지식도 상당하지만 말이다. 그의 가르침에 깃들어 있는 것은 지혜나 통찰만이 아니다. 물론 대단히 유용하지만 말이다. 그의 가르침에는 긍휼과 겸손함으로 이 모든 것이 함께 어우러져 다가온다.

우리는 곧잘 벽마다 책들이 줄지어 꽂혀 있고 한쪽 구석에는 그랜드 피아노가 놓인 그의 서재에 앉아서 세상사를 이야기하곤 했다. 굉장한 사건만이 아니라 단순하고도 일상적인 그런 세상 이야기. 한번은 그가 내게 이렇게 물어본 적이 있었다. "집 난방이 어떻게 이루어지는지 들여다본 적이 있나요?" 그러고는 내 대답은 기다리지도 않고, 계속해서 말했다. "과거에는 우리가 진짜 중앙난방, 즉 난로를 피우던 시절이 있었지요. 그런데 지금은 저녁 내내 식구들이 모두 한집에 있으면서도 서로의 얼굴을 볼 수 없습니다. 집 난방 구조가 가정

생활에 미치는 영향이 얼마나 큰지 아십니까?" 이와 같은 사소한 이야기 가운데서 내 머리에 때때로 수만 가지 착상이 떠오르곤 했는데, 이것들을 분류하는 데만도 여러 해가 걸릴 정도다. 그는 거듭거듭 내게 이 세상을 바라보는 새로운 시각을 선사했다. 그는 한 사람의 관조적 비평가였으며, 지금도 그렇다.

영적 리더는 사람들을 어떻게 섬기는가? 리더 자신도 권위 아래 살아감으로써 사람들을 섬긴다. 리더가 아무에게도 아무런 책임이 없게 된다면 그것처럼 위험한 일은 없다. 우리는 모두 우리 자신의 건방진 모습을 비웃어 줄 수 있고 우리를 자극해 새로운 형태의 순종으로 이끌어 줄 누군가가 필요하다. 권력이란 누구라도 홀로 직면하기에는 위험하기 그지없는 것이다. 오늘날 교회 안에서 권력이 남용되는 것을 보면, 어김없이 그 배후에는 하나님과 직통한다는 사람이 있고 자기는 공동체의 조언이나 교정은 필요치 않다고 한다는 것이다.

권력 문제에 대한 수도원의 대응이 복종 서약이었다는 사실은 우연한 일이 아니었다(이것이 수도원의 서약 중에서도 첫 번째 서약이었다는 증거도 있다). 지금의 우리로서는 이런 수도원의 복종 서약이 익숙하지 않을지 모르나, 우리는 여전히 권위에 순종하며 사는 방법을 찾아낼 필요가 있다. 권위에 순종하는 삶에 반드시 상하 관계가 있어야 하는 것은 아니다. 그보다는 상호 책임성이 더욱 요구된다. 목회자들은 영적 경험을 서로 나눌 수 있는 신뢰하는 동료들의 작은 모임을 만들 수 있을 것이다. 옛 감리교도들의 모임은 상호 지원과 책임을 나누는 한 수단이었으며, 그것은 오늘날의 우리에게도 좋은 본보기가 될 수 있을 것이다.

내게는 한 친구 목사가 있는데 그는 내가 말로 다 할 수 없을 만큼 여러 방면으로 나를 도와주었다. 내가 그에게 기도하는 것을 가르쳐 달라고 부탁해서 우리는 모임을 시작했다. 우리는 대화와 웃음을 나누면서 기도도 하는 아주 멋진 시간을 함께 누렸다. "너희 죄를 서로 고백하며 병이 낫기를 위하여 서로 기도하라"는 야고보의 권면의 말씀에 따르는 다정한 분위기였다(약 5:16). 비록 그 시절에는 나는 한 번도 영적 지도자(spiritual directors)라는 용어를 들어 본 적이 없었지만, 어떤 면에서 우리는 서로에게 영적 지도자였다. 우리는 권위에 순종하는 삶을 살았다.

가정에서와 마찬가지로 교회 안에서도 섬김의 의무는 양쪽 모두에게 있다. 우리는 영적 리더를 어떻게 섬기는가? 우리는 기쁨으로 순종함으로써 리더를 섬긴다. 목회자와 다른 사역자들은 양 떼를 치는 목자다. 우리를 신실한 믿음 생활로 인도하는 것은 그들의 책임이다. 그러므로 그들의 상담이나 교정, 구체적인 가이드는 신중하게 여겨야 한다. 물론 리더도 틀릴 수 있다. 그들 역시 우리와 같은 사람이기 때문이다. 그렇지만 현명한 리더라면 듣기는 속히 하고 말하기는 더디 할 것이다. 우리는 그들의 권위 아래 복종해야 한다.

우리는 영적 리더를 어떻게 섬기는가? 우리는 건설적으로 비판함으로써 리더를 섬긴다. 기쁨으로 하는 순종은 맹종과 다르다. 영적 리더도 우리의 사려 깊은 사랑의 교정을 필요로 할 때가 종종 있다.

이 또한 일종의 섬김이다.

과거에 내가 이곳저곳을 다니면서 설교를 할 때는 때때로 나는 나를 거짓에서 지키기 위해 한 친구를 데리고 다녔다. 그는 나를 잘 알았기 때문에 혹 내 이야기가 지나치게 과장된다 싶으면 바로잡아 주는 것이 그의 임무였다. 예수님은 선지자가 고향에서 높임을 받기 어렵다고 하셨지만, 우리는 사실상 낯선 곳에서 지나치게 많은 영광을 얻고 있었다. 그 친구는 선의의 군중이 보내 주는 지나치게 열광적인 칭송에서 나를 보호해 균형 잡힌 시각을 잃지 않도록 도와주었다.

일상의 상식이 '건설적 비판을 통한 섬김'의 길잡이어야 한다. 그런 비판은 사적으로 재치 있게 행해야 한다. 또한 사랑의 지원을 동반해야 한다. 이는 언제나 몸을 세우는 것이 목적이어야지 무너뜨리는 것이어서는 안 된다.

우리는 영적 리더를 어떻게 섬기는가? 우리는 기도 사역을 함으로써 리더를 섬긴다. 충만한 사랑과 기쁨으로 드려질 때 리더를 위한 기도는 역사하는 힘이 많다. 내가 목회할 때는 성도들에게 언제나 우리 집에 와서 기도의 '2차 예방 접종'을 해 달라고 요청했다. 학교에서 가르치는 지금도 역시 동일한 주문을 학생들에게 한다. 나는 사람들이 자기의 어려운 문제나 분노를 가득 담고서야 내 사무실을 찾아오는 것을 원치 않는다. 오히려 아주 잘되고 있을 때 찾아와서 내 삶을 보살펴 줄 수 있기를 바란다. 이것은 그들이 할 수 있는 굉장한 사역이다. 사람들은 이런 식으로 누군가에게서 사랑의 지원을 두루 받고 있다고 생각할 때는 외롭다거나 소외감을 느끼지 않는다. 앞서 말한 예들은 기도 사역을 통해 리더들을 섬기는 수많은 방법 가운데 몇 가지 예에 불과하다.

세상 속에서의 섬김 서약

가정이나 신앙 공동체의 따뜻한 울타리 안에서의 섬김에 관해 말하는 것은 매우 쉽고 즐거운 일이지만, 비즈니스나 정치라는 거칠고 혼란한 세계 속에서는 어떨까? 경쟁에 기초를 둔 문화 속에서 종이 된다는 것은 물론 쉽지 않을 것이다. 그렇지만 예수님은 제자도가 손쉬운 일이라고 암시하신 적이 단 한 번도 없다.

우리는 이 세상에서 다른 사람들을 어떻게 섬기는가? 우리는 그들의 의견을 가치 있게 여김으로써 그들을 섬긴다. 우리는 일반적인 예의범절로 그들을 대함으로써 그들을 섬긴다. 우리는 그들의 명성을 지켜 줌으로써 그들을 섬긴다. 우리는 단순한 친절의 행위로 그들을 섬긴다. 우리는 온전한 삶을 통해 그들을 섬긴다. 솔직함과 진실함, 신뢰성으로 그들을 섬기는 것이다.

이런 식으로 단순히 말하다 보면 이런 것을 대수롭지 않게 생각하고자 하는 유혹에 빠질 수 있다. 이런 속성은 단순하긴 하지만 결코 대수롭지 않은 게 아니다. 우리 삶에 중요한 영향을 끼쳐 온 몇 안 되는 사람들을 잘 생각해 보면, 그들은 우리를 위해 단순한 선을 베풀어 준 사람들이라는 점을 알게 될 것이다. 시간을 내서 내 말에 귀를 기울여 주는 친구, 나를 격려해 주는 선생님, 내 잠재력을 알아 주는 직장 상사, 나를 있는 그대로 사랑하는 가족, 이들 모두가 우리를 섬기는 이들이다.

　우리는 이 세상에서 다른 사람들을 어떻게 섬기는가? 우리는 그들을 이끌기 위한 준비를 하고, 기회가 올 때는 기꺼이 자신을 던져 그들을 이끎으로써 섬긴다. 우리가 사는 세상은 긍휼로 가득한 서번트 리더십을 갈망한다. 실제 현장에 관해 이야기해 보자. 세상에 나타나는 변화는 주로, 거대한 제도 내에 속해 그 기관이 공공의 유익을 위해 더 나은 성과를 내도록 이끄는 사람들이 주도할 것이다. 예를 들어, 나는 이 도시에서 제도적 구조 바깥에 서서 비판을 가하기도 하며, 가능한 부문에서 영향을 줄 수 있는 압력을 넣기도 하는 등 지역 사회에 자그마한 기여를 할 수도 있겠지만, 결정적인 영향력을 행사할 사람은 다름 아닌 이 도시의 시장이다. 회사나 대학교, 정부 부처들은 모두 그곳에 속한 개인의 가치를 보증해 줄 수 있는 숙련된 리더가 절실하다.

　하지만 리더십은 반드시 '서번트 리더십'이어야 한다. 서번트 리더십이란 바로 리더이기 전에 종이 되는 사람이요, 자신의 리더로서의 기한이 다하게 되면 다시 종이 될 사람이다. 《영적 훈련과 성장》(*Celebration of Discipline*)에서 나는 이 '종 됨'에 관해 자세히 논의했다. 여기서는 그저 종이 되는 것이 우리의 인간 됨의 핵심이라는 점만 짚고자 한다. 이 섬김 서약이 우리 본성의 커다란 부분을 차지하게 되어, 섬기는 것은 쉽지만 섬기지 않으려는 것은 쉽지 않게 되었다. 모든 행동이 여기에 기초하여 촉발하는데, 그 자체를 이끌고자 하는 열정

역시 그렇다.

우리는 이 세상에서 다른 사람들을 어떻게 섬기는가? 우리는 피고용인에게는 '의미 있는 일거리'를 제공하고, 고용인에게는 '정직한 노동'을 제공함으로써 그들을 섬긴다. 평생의 일터로서 AT&T사를 경영해 온 사람이자, *Servant Leadership*(서번트 리더십)이란 책을 쓴 로버트 그린리프는 지금이야말로 새로운 기업 윤리가 나와야 할 때라고 제창한다. 그는 이렇게 말한다. "단순하지만 매우 완벽하게 진술된, 새로운 [기업] 윤리란 다음과 같아야 할 것이다. '사람이 일을 위해 존재하는 만큼 일이 사람을 위해 존재한다.' 다르게 말하면, 기업은 고객에게 재화나 용역을 제공하기 위해 존재하는 그만큼 사람에게 의미 있는 일을 제공하기 위해 존재한다는 것이다."[13]

의미 있는 일이란 그 일을 함으로써 사람이 성취감을 느끼게 되는 일을 말한다. 그것은 또한 근로자가 그 일을 함으로써 사회의 유익을 위해 진정한 공헌을 하고 있다고 생각하게 하는 일이기도 하다. 기업 경영자나 재단 이사진들은 이런 의미 있는 일에 대한 자부심을 키워 줌으로써 근로자를 섬길 수 있다. 근로자는 또한 성실한 노동을 제공함으로써 이에 보답할 것이며, 그런 노동은 그들이 할 수 있는 최선이어야 하고, 가장 생산적인 노동이어야 한다.

우리는 이 세상에서 다른 사람들을 어떻게 섬기는가? 우리는 그들이 우리를 오용 또는 악용하는 것을 단호히 거절함으로써 섬긴다. 사람들이 우리를 현관의 신발 흙 털개같이 깔아뭉개도록 놔두는 것은 섬김이 아닌 굴종이다. 이는 우리에게도 그들에게도 모두 유익한

일이 못 된다. 섬김을 거짓된 겸양이나 겁쟁이 인간성과 혼동해서는
안 된다. 오히려 섬김이란 솔직함과 용기 있는 행동과 잘 어울린다.

그러므로 다른 사람들이 우리 위에 군림해 우리의 섬김의 정신을
이용하려 들 때는 이에 맞서야 한다. 하지만 우리의 관심은 '자신의
권리'를 수호하려는 데 있지 않다. 우리는 이미 우리의 권리를 하나
님께 드렸기 때문이다. 단지 다른 사람들이 우리를 포함한 모든 사
람을 온전한 인간으로 존중하도록 준엄하게 압력을 가하는 것이다.
저임금, 과중한 노동, 진급 기회의 박탈 등 이 문제는 다양하고도 복
잡한 양상을 띤다. 해결책은 언제나 동일하다. "물화"(物化)되지 않는
것이다.

"저 고독한 개인"의 눈을 들여다볼 때

지금까지 오랜 논의를 거쳐 정당한 권력과 위대함의 본질을 탐구
해 왔다. 때로는 그리스도를 섬기는 자리에 가져오기에는 권력이 너
무나 위험하고 부패로 가득 찬 것이 아닌지를 염려했다. 하지만 결국
우리는 섬김을 위해 사용하는 권력은 인류 사회에 막대한 유익을 줄
수 있다는 사실을 발견했다.

그러므로 우리는 위험을 무릅쓴다. 이끌고, 보살피며, 섬긴다. 그
와중에 항상 기억해야 할 것은 우리는 얼굴 없고 이름 모를 어떤 인류
가 아니라, '저 고독한 개인'을 섬긴다는 사실이다.[14]

쫓기는 한 젊은 도망자에 관한 옛날이야기가 있다.[15] 그는 도망치

다 어느 작은 마을 주민이 마련해 준 은신처에 숨어 있었다. 적군 병사들은 계속해서 추적해 왔고, 결국 이 마을에 당도해 젊은이가 숨은 곳을 말하라고 다그쳤다. 사람들이 말하려 하지 않자, 병사들은 만약 아침까지 그를 내놓지 않으면 온 마을을 쑥대밭으로 만들고, 남녀노소 불문하고 모두 죽여 버리겠다고 협박했다. 주민들은 잔뜩 겁에 질려, 마을의 존경받는 목사를 찾아가 도움을 청했다.

'마을 주민들을 희생시킬 것인가, 쫓기는 젊은이를 넘겨줄 것인가' 하는 심각한 고민을 안고서 목사는 방에 들어가서 성경을 읽기 시작했다. 아침이 되기 전에 응답을 주십사 하는 마음으로, 그는 밤새 성경을 읽었다. 마침내 해가 뜨기 직전, 말씀 한 구절이 눈에 들어왔다. "한 사람이 백성을 위하여 죽어서 온 민족이 망하지 않게 되는 것이 너희에게 유익한 줄을 생각하지 아니하는도다"(요 11:50).

목사는 떨면서 밖으로 나와 병사들에게 젊은 도망자가 숨은 곳을 알려 주었다. 병사들이 그 젊은이를 처형하기 위해 끌어내자, 마을 주민들은 자기 목숨이 붙어 있음을 기뻐하며 잔치를 벌이기 시작했다. 하지만 목사는 함께 즐거워할 수가 없었다. 방으로 다시 들어와 무거운 비탄에 잠겼다.

그날 저녁, 천사가 나타나 목사에게 물었다. "네가 무슨 일을 저질렀는지 알고 있느냐?"

그는 천천히 대답했다. "그 젊은이를 배신했습니다."

"네가 배신한 그가 바로 메시아인 줄 몰랐느냐?"

목사는 신음하듯 울먹였다. "아닙니다. 아니에요. 정말 몰랐습니다. 제가 그걸 어떻게 알았겠습니까?"

천사는 말했다. "네가 그 성경책을 덮고 그에게 가서 그의 눈을 봤다면 알았을 텐데!"

무엇보다도 섬김 서약은 "저 고독한 개인"의 눈을 들여다보기로 서약하는 일이다. 그러면 (적어도) 그 바라봄이 우리가 영광의 주님을 배신하지 못하도록 지켜 줄지 모른다. 섬김이란 사실 여러 장의 차트나 프로그램, 정교한 전략으로 인류를 섬기는 게 아니다. 그것은 그 도망자의 눈을 들여다보는 것이다.

우리를 에워싼 적군 병사들을 보기란 어렵지 않다. 그들의 기세는 몹시 위압적이라 우리가 소중히 여기는 모든 것을 위협하고 있다. 우리는 병사들에게 너무 몰두한 나머지 겁에 질려 떨고 있는 이 어린아이의 눈을 들여다볼 수조차 없으며, 저 멀리 떨어진 노인의 눈도 바라볼 수가 없다. 실제로 우리는 이들을 전혀 보지 못하고 있다. 우리가 볼 수 있는 거라고는 우리 자신의 안정을 위협하는 것들뿐이다. 우리가 놓친 건 그리스도의 시선이다.

섬김 서약은 "저 고독한 개인"을 바라보는 것이다. 이것은 그리스도의 길이요, 순종의 좁은 길이다. 나는 이 길이 우리를 어디로 이끌든, 어떤 어려운 결정으로 우리를 떠밀든 상관없이 이 길만이 '생명의 길'임을 발견했다.

이 세대의 영적 부흥을 기대하고 기다리며

당신이 살고 있는 사회에
끊임없이 비판적 질문을 던지는 한에서 ……
현상 유지에 만족하지 않고,
새로운 세계가 올 것을 계속해서 말하는 한에서만
당신은 그리스도인이다.
—헨리 나우웬

단순성 서약, 신의 서약, 섬김 서약은 모든 시대, 모든 그리스도인을 위한 것이다. 이는 순종하신 그리스도를 따르는 순종의 제자들을 위한 정언명령이며, 우리가 영적 삶의 깊이를 탐험하고 세상에서 우리의 선교의 사명을 발견하는 출발점이 된다.

이 서약들은 더 깊은 영적 생활을 추구하도록 우리를 자극한다. 우리는 현대 문화의 피상성에 등을 돌리고, 묵상, 기도, 금식, 성경 공부, 단순성, 고독, 순종, 섬김, 고백, 예배, 축하 등의 전통적인 영적 훈련을 통해 더 깊은 삶으로 뛰어들어야 한다.[1] 우리는 영적으로 성장하는 사람을 격려하고 넘어진 사람은 위로해 줌으로써, 서로 영적 생활이 전진하도록 도울 수 있다.

이 서약들은 강력한 사회적 증인으로 우리를 부른다. 우리는 이 시대를 지배하는 문화에 대항해 서 있다. 이 시대 문화는 탐욕과 방종과 이기주의에 그 정신을 내주었다. 따라서 우리는 이런 현대사회의 공허한 가치들을 비판적으로 분석하면서, 그리스도를 따르는 환희에 찬 제자도로 그것들을 불러내야 한다.

이 서약들은 복음 전도와 선교에 대한 열심으로 우리를 부른다. 이는 우리만이 독점하는 이상일 수 없으며 수도원 같은 곳에 틀어박혀 우리끼리 즐거워하자는 것도 아니다. 이는 그리스도를 자기 주인이요, 왕으로 고백하는 모든 사람이 함께 자유롭게 나누어야 하는 것이다. 우리에게는 "그 날"을 소망하면서 이 땅의 모든 나라와 족속을 얻어야 할 의무가 있다. "하늘에 있는 자들과 땅에 있는 자들과 땅 아래에 있는 자들로 모든 무릎을 예수의 이름에 꿇게 하시고 모든 입으로 예수 그리스도를 주라 시인하여 하나님 아버지께 영광을 돌리게 하"실 날 말이다(빌 2:10-11).

지금은 성령이 위대하고도 새롭게 역사하시는 시대다. 과거에도 그런 운동의 시대가 여러 번 있었다. 압바 안토니와 사막의 교부들, 끌레르보의 베르나르와 시토회 수도사들, 아시시의 프란체스코와 프란체스코회의 카푸친 작은 형제회 수도사들, 마르틴 루터와 종교개혁자들, 조지 폭스와 초기 퀘이커 전도자들, 존 웨슬리와 감리교 순회 전도자들…….

이 운동들은 이미 지난 일이지만, 지금도 얼마든지 다시 일어날 수 있다. 단, 이는 반드시 훈련된 운동이어야 하며, 복음적이고, 사회적 적절성을 지닌, 당당한 기독교 운동이어야 한다. 또한 '신앙생활을 유지하게 하고, 선으로 악을 이기는' 영적 능력의 필요성을 진지하게 받아들인 운동이어야 한다. 또한 여기에 용기 있는 실천과 희생적인 사랑이 잘 결합되어야 한다.

단순성 서약, 신의 서약, 섬김 서약이 그런 운동을 위한 공동의 결단 역할을 할 수 있을 것이다. 교회는 교인들의 입교를 위한 최소한의 요건에 이 서약들을 포함시킴으로써 이 운동에 앞장설 수 있을 것이다. 또한 마음먹기만 한다면, 이런 서약들을 지킬 수 있는 삶의 환경을 제공할 수도 있을 것이다.

진심 어린 기도의 새 물결이 신앙 공동체를 휩쓸어, 이런 성령의 운동이 일어나도록 하나님께 간구하게 하소서. 사도적 성격을 지닌 능력 있는 섬김의 리더들이 일어나 우리를 신실함의 새 길로 인도하게 하소서. 이 세대에서 그리스도께 향하는 새로운 운동의 선봉에 우리가 기꺼이 서게 하소서!

감사의 말

•

가족의 희생이 없었다면 결코 이 책을 완성하지 못했을 것이다. 무엇보다 아내 캐롤린에게 마음 깊이 고마움을 전한다. 아내는 나와 함께 부담을 나누어 지고, 통찰력 있는 제안을 해 주었다. 덕분에 처음 생각했던 것보다도 훨씬 좋은 내용을 담을 수 있었다. 또 기특하게도 우리 조엘과 네이선은 이 책을 쓰느라 꼼짝도 못 하는 아빠를 몇 달씩이나 이해하고 참아 주었다. 특히 네이선은 밤에 아빠와 단둘이 함께 책을 읽던 귀한 시간을 기꺼이 내주었다. 가족 덕분에 집필 작업을 무사히 마쳤고, 이제는 다시 즐거운 시간을 마음껏 함께 보내고 있다.

이 책이 나오기까지 동료 린다 그레이빌이 정말 큰 역할을 감당해 주었다. 원고를 기록하고 활자화하고 교정하는 수고는 물론이고, 그녀가 낸 수많은 의견은 귀중한 지혜의 원천이 되어, 이 책에 완전히 새롭고 창조적인 방향을 열어 주었다.

몇 년 전 나는 경제선교연구소(The Ministry of Money)에서 후원한 워싱턴 DC 교외의 한 리트릿에서 강연한 적이 있는데, 그곳에서 소장인 돈 맥클래넌을 만났다. 맥클래넌 덕분에 나는 '돈, 섹스, 권력'의 문제와 '수도원 서약' 간에 연관성이 있음을 발견했다. 그에게 감사 인사를 전한다.

프렌즈대학교(Friends University) 도서실 사서인 캐시 게이너는 내 연구에 특별한 도움을 주었다. 캐시는 '찾기 힘든' 책들을 놀라운 속도로 찾아 주었고, 때로는 잘 알려지지 않은 온갖 자료를 구하느라 시골 구석구석까지 헤매곤 했다. 그녀에게 큰 고마움을 전한다.

여러 달 동안 나는 내가 속한 이곳 프렌즈대학교 문예 모임에서 이 원고 전체를 강독했다. 비비안 펠릭스, 조지 푸시, 데이비드 홀리, 리처드 소스노우스키를 비롯해 이 모임 멤버들이 유익한 피드백을 많이 해 주었다. 몇몇 다른 사람들도 이 원고의 일부 또는 전부를 읽고 논평해 주었으며, 큰 도움이 되었다. 샌프란시스코 하퍼앤로우(Harper & Row) 출판사의 편집자 로이 M. 칼라일은 몇 년 전 내가 갓 싹튼 생각을 털어놓은 날부터 이 책의 내용이 무르익기까지의 여정에 깊이 참여해 왔다. 그의 인내와 격려에 한없이 고마운 마음이다.

여기까지는 내가 알고 있는 선에서 내게 도움을 준 사람들을 밝힌

것이다. 분명 이외에도 (나는 어쩌면 영원히 모를 수 있겠으나) 내가 이 책을 쓰는 데 긴요한 도움을 준 사람이 많을 것이다. 여기 어느 한 문장, 저기 등장한 어느 사건 같은 것들이 내 사고를 심화시켰고 새로운 생각을 낳게 했으리라. 이런 생각들의 근원을 다 추적해 낼 수는 없다. 그것들은 수천 개의 다른 사고와 어우러져 내 사고 체계 속에 융합되어 들어왔을 테니 말이다. 그 모두에게 일일이 고마움을 표할 순 없겠지만, 작게나마 이 지면을 빌려 진심으로 감사의 인사를 전하고 싶다.

PART 1

chapter 1.

1. James O'Reilly, *Lay and Religious States of Life: Their Distinction and Complementarity* (Chicago: Franciscan Herald Press, 1976), p. 22.

2. 나는 《백치》(*The Idiot*)를 본 책과 관련하여 볼 수 있도록 격려해 준 짐 스미스에게 빚을 졌다.

3. Fyodor Dostoevsky, *The Idiot*, trans. Constance Garnett (London: Heinemann, 1913), p. 569. 표도르 도스토옙스키, 《백치》.

4. Letter to Apollon Maikov, January 12, 1868, *Konstantin Mochulsky, Dostoevsky: His Life and Work*, trans. Michael A. Minihan (Princeton, N. J.: Princeton University Press, 1967), p. 344 에서 인용.

5. Brother Ugolino di Monte Santa Maria, *The Little Flowers of Saint Francis*, trans. Raphael Brown (London: Hodder and Stoughton, 1985). 우골리노, 《성 프란체스코의 작은 꽃들》(CH북스 역간).

6. 같은 책.

7. Leland Ryken, *"Puritan Work Ethic: The Dignity of Life's Labors,"* Christianity Today, 19 Oct. 1979, p. 15.

8. 같은 책, p. 16.

9. 같은 책, p. 18.

10. Henri, J. M. Nouwen, *Clowning in Rome: Reflections on Solitude, Celibacy, Prayer, and Contemplation* (Garden City, N. Y.: Image Books, 1979), p. 45. 헨리 나우웬, 《로마의 어릿광대》(가톨릭대학교출판부 역간).

11. Brother Ugolino, *Little Flowers*, p. 274. 우골리노, 《성 프란체스코의 작은 꽃들》(CH북스 역간).

12. Massachusetts Historical Society, *Proceedings*, vol. 21. p. 123, Edmund S. Morgan, *The Puritan Family: Religion & Domestic Relations in Seventeenth-Century New England*, rev. ed. (New York: Harper & Row, 1966), p. 64에서 인용.

13. 같은 책, pp. 62-63.

14. Francis J. Bremer, *The Puritan Experiment* (New York: St. Martin's Press, 1976), pp. 177-178.

15. 같은 책, p. 177.

16. Brother Ugolino, *Little Flowers*, p. 75. 우골리노, 《성 프란체스코의 작은 꽃들》(CH북스 역간).

17. Leonardo Boff, *God's Wintnessses in the Heart of the World* (Chicago, Los Angeles, Manila: Claret Center for Researches in Spirituality, 1981), p. 149, Francis J. Moloney, *A Life of Promise: Poverty, Chastity, Obedience* (Wilmington, Del.: Michael Glazier Inc., 1984), p. 152에서 인용.

18. Thomas Hooker, *The Cambridge Platform*, 제4장 3절, Herbert Wallace Schneider, *The Puritan Mind* (New York: Henry Holt, 1930), p. 19에서 인용.

19. Dostoevsky, *The idiot*, p. 156. 표도르 도스토옙스키, 《백치》.

20. 여기에서 말하는 '악마'라든가 '악령 추방'이란 순전히 은유적인 표현이다. 탐욕이나 육욕이나 오만의 성격이 나타나는 자들이라고 해서 악령에 '사로잡혀' 있어 엑소시즘이 필요하다는 뜻이 아니다.

chapter 2.

1. Edward W. Bauman, *Where Your Treasure Is* (Arlington, Va.: Bauman Bible Telecats, 1980), p. 74에서 인용.

2. 골 1:16; 2:15; 롬 8:38; 고전 15:24-26; 엡 1:21; 2:2; 3:10; 6:12 등.

3. Edward W. Bauman, *Where Your Treasure Is* (Arlington, Va.: Bauman Bible Telecats, 1980), p. 84에서 인용.

4. Bernard Gavzer, "What People Earn", *Parade Magazine*, 10 June 1984, p. 4에서 인용.

5. jacques Ellul, *Money & power* (Downers Grove, Ill.: Inter-Varsity Press, 1984), pp. 166-168. 자끄 엘륄, 《하나님이냐 돈이냐》(대장간 역간).

6. Elizabeth O'Connor, *Letters to Scattered Pilgrims* (San Francisco: Harper & Row, 1979), p. 8에서 인용.

chapter 3.

1. Bauman, *Where Your Treasure Is*, p. 73에서 인용.
2. 같은 책, p. 113.
3. 같은 책, pp. 89-90.
4. Dallas Willard, "The Disciple's Solidarity with the Poor," 1984(미간행 논문), p. 15.
5. '베풂의 은혜'에 대한 이런 통찰은 린다 그레이빌에게 빚졌다.
6. '돈의 사용과 통제'에 대한 이런 통찰은 달라스 윌라드에게 빚졌다.

chapter 4.

1. Ellul, *Money & Power*, p. 94. 자끄 엘륄, 《하나님이냐 돈이냐》(대장간 역간).
2. Don McClanen, *Ministry of Money Newsletter* (Germantown, Md.: Nov. 1983), p. 4에서 인용.
3. John Woolman, *The Journal of John Woolman and a Plea for the Poor* (Secaucus, N. J.: The Citadel Press, 1972), p. 41.

chapter 5.

1. John Calvin, *The Institutes of the Christian Religion*, Book II, John Allen 역, (Phi-ladelphia: Presbyterian Board of Publication, 1813), 8장 45절. 존 칼빈, 《기독교강요》(CH북스 역간).
2. Ellul, *Money & Power*, pp. 110-111. 자끄 엘륄, 《하나님이냐 돈이냐》(대장간 역간).
3. O'Connor, *Letters to Scattered Pilgrims*, p. 7.
4. Ron Sider, *Rich Christians in an Age of Hunger: A Biblical Study* (London: Hodder and Stoughton, 1978), pp. 175-178. 로날드 사이더, 《가난한 시대를 사는 부유한 그리스도인》(IVP 역간).
5. 이 '나눔의 원리'에 대한 통찰을 준 돈 맥클래넌에게 감사드린다.
6. William Law, *A Serious Call to a Devout and Holy Life* (Oxford: Mowbray Sc Co. Ltd, 1981), p. 60. 윌리엄 로우, 《경건한 삶을 위한 부르심》(CH북스 역간).
7. Malcolm MacGregor, *Training Your Children to Handle Money* (Minneapolis: Bethany Fellowship, 1980), p. 111에서 인용.
8. 이런 생각들은 '경제선교연구소'(Ministry of Money) 소장인 돈 맥클래넌과의 만남에서 탄생했다.
9. Goldian VandenBroeck, ed., *Less Is More: The Art of Voluntary Poverty* (New York: Harper &

Row, 1978), pp. 172, 223에서 인용. 골디언 밴던브뤼크 엮음, 《자발적 가난》(그물코 역간).

chapter 6.

1. 칼 바르트는 제2창조설화(창 2:18-25)가 남자와 여자로서 창조하신 우리 인간 창조의 주제를 보여 주기 위한 목적으로 기록되었다고 생각한다. 그러므로 이런 관점에서 제2창조설화를 창세기 1장 27절에 대한 주석이라고 본다.

2. Lewis B. Smedes, *Sex For Christians* (Grand Rapids, Mich.: Eerdmans, 1976), p. 47.

3. David Allan Hubbard, "Love and Marriage," *The Covenant Companion*, 1 Jan. 1969, p. 2. 이곳은 물론 앞으로 계속될 아가서에 관한 연구는 허바드 박사의 통찰에 빚졌다.

4. '어느 정도'라는 수식어는 인간의 복잡하고 비극적인 상황에 대한 인식의 표현이다. 하나님 나라가 '이미, 여기에' 임했으나 동시에 '아직은 아니다.' 우리는 삶의 많은 영역에서 하나님의 구속의 손길을 경험해 왔지만 그 외 어떤 영역에서는 그렇지 못한 채로 남아 있기도 하다. 따라서 우리는 '주님의 구원'이 계속 나타나기를 소망하는 가운데 살아가야만 한다. 이는 삶의 모든 다른 영역에서와 마찬가지로 성의 영역에서도 매한가지다.

5. David Allan Hubbard, "Love and Marriage," *The Covenant Companion*, 15 Jan. 1969, p. 4.

6. 예수님은 또한 독신 생활에 관해 말씀하셨다. 이에 관련해서는 7장에서 살펴볼 것이다.

7. Saint Augustine, *The City of God*, vol. II of *The Nicene and Post-Nicene Fathers*, 1st series (Buffalo: The Christian Literature, 1887), 14권 18장. 아우구스티누스, 《하나님의 도성》(CH북스 역간).

8. Derrick Bailey, *Sexual Relations in Christian Thought* (New York: Harper & Brothers, 1959), p. 59.

9. Letha Dawson Scanzoni, *Sexuality* (Philadelphia: Westminster Press, 1984), p. 46.

10. Jeremy Taylor, *The Rule and Exercise of Holy Living and Dying*, rev. ed., vol. III of *The Whole Works of the Right Rev. Jeremy Taylor*, ed. Charles Page Eden (London: Longman, Green, Longman & Roberts, 1862), p. 63.

11. Edward S. Morgan, "The Puritans and Sex," *The New England Quarterly*, Dec. 1942, p. 607.

12. 우리가 지금까지 교회사 줄기를 통해 살펴본 성에 관한 견해들은 적어도 부분적으로는, 성경이 주는 경고들을 심각하게 고려한 데서 기인했다. 하지만 그런 경고들에 대해 배타

적으로 주의를 기울이다 보면 성에 관한 긍정적이고 복된 면을 전혀 고려할 수 없게 된다는 데 문제가 있다.

13. Smedes, *Sex for Christians*, p. 49.

14. C. S. Lewis, *Mere Christianity* (London: Fontana Books, 1970). C. S. 루이스, 《순전한 기독교》 (홍성사 역간).

15. Frederick Buechner, *Godric* (London: Chatto and Windus Ltd, 1981), p. 153.

16. Smedes, *Sex for Christians*, p. 56.

17. 예를 들면, 레위기 18장 22절, 20장 13절, 로마서 1장 21-27절, 고린도전서 6장 9절, 디모데전서 1장 10절이다. 이 구절들은 물론 자유주의파 관점에서 재해석될 수 있는 다양한 가능성이 있음을 잘 알고 있다. 그런 노력 중에 어떤 것은 매우 세련되기도 할 것이다. 하지만 나는 지금 그럴 필요가 없다고 생각한다.

18. E. Mansell Pattison and Myrna Loy Pattison, "'Ex-Gays': Religiously Mediated Change in Homosexuals," *American Journal of Psychiatry*, vol. 167, no. 12 (Dec. 1980), p. 1553.

19. 독신 생활은 분명 동성애자들을 위한 소명이긴 하지만, 모든 독신자가 동성애자라는 말은 결코 아니다.

chapter 7.

1. Donald Goergen, *The Sexual Celibate* (London: S. P. C. K., 1976), p. 181.

2. Smedes, *Sex for Christians*, p. 128.

3. Derrick Sherwin Bailey, *The Mystery of Love & Marriage* (New York: Harper, 1952), p. 53.

4. Smedes, *Sex for Christians*, p. 130.

5. Bailey, *Mystery of Love & Marriage*, pp. 53-54.

6. Smedes, *Sex for Christians*, p. 210.

7. 중세 로마가톨릭교회는 자손의 번성과 거리가 멀다는 이유로 자위행위는 사악하다고 강조했다. 당시에는 생식능력이 성의 유일한 기능으로 생각됐으며, 이 문제에 관해 나온 최근 바티칸 공의회 문서에서도 "자위행위는 본질적으로 심각히 빗나간 행위다"라고 선언하고 있다. 그리고 복음주의 개신교 측의 어원 루처(Erwin Lutzer)는 *Living with Your Passion*에서 자위행위를 죄와 직접적으로 동일시하는 입장을 확실하게 취하고 있다. 이와는 대조적으로 오늘날 대부분의 의사는 자위행위가 죄가 아니요, 해롭지도 않다고 본다. 제임스 돕슨(James Dobson)은 '포커스 온 더 패밀리'(Focus on the Family)라는 인기 있는 시리즈에서 자위행위를 지나치지만 않는다면 정상적인 성장 과정의 일부로서 인정한다. 찰리 쉐드(Charlie Shedd)는 *The Stork Is Dead*에서 자위행위는 오히려 무절제한 성관계를 피하게 하기 때문에 "하나님의 선물"이라고까지 말한다. 자위행위와 머리 긁는 행위의 비교는 다음 책에서 빌린 것이다. James McCary, *Human Sexuality*, 3d ed. (New York: D. Van

Nostrand, 1978) pp. 293-294.

8. McCary, James, Human Sexuality, 3rd ed. (New York: D. Van Nostrand, 1978), p. 150.

9. "Autoeroticism," in The Encyclopedia of Sexual Behavior, ed. A. Ellis and Aborbanel, vol. I (New York: Hawthorne Books, 1961), p. 204.

10. Smedes, Sex for Christians, p. 246.

11. 이 도식은 원래 월터 트로비쉬(Walter Trobische)가 사용했던 것인데, 내가 거기에 약간의 첨가를 했다. 이에 대한 논의는 I married You (New York: Harper & Row, 1971), pp. 77-83에 있다.

12. 주로 유대교가 독신주의를 이상야릇한 것으로 경멸했다. 예를 들면, 거세된 남자들은 제사장이 되는 것을 금한 것 등이다(레 21:20). 내가 아는 유일한 예외의 경우는 쿰란의 에세네파 공동체에서였다. 그들에게는 독신주의가 있었으며, 예수님도 그의 조카였던 세례 요한이 아마도 이 에세네파였을지도 모르기에 그들에 관해 알고 있었을 것이다.

13. 성경 용어인 "고자"(鼓子, eunuchs)는 결혼하지 않은 사람을 가리키는 것인지, 아니면 결혼했는데 그 배우자가 타락한 생활에 빠져 다시 결혼하지 않은 경우를 가리키기에 "천국을 위하여 스스로 된 고자"라고 한 것인지로 많은 논란이 있다. 어떤 해석이 옳든, 실제 결과는 동일하다. 즉 천국을 위해 독신으로 사는 사람을 의미한다.

14. Richard J. Foster, Freedom of Simplicity (London: Triangle, 1981), p. 137.

15. Heini Arnold, In the Image of God: Marriage & Celibacy in Christian Life (Rifton, N. Y.: Plough Publishing House, 1976), p. 161.

chapter 8.

1. Arthur Cushman McGiffert, Martin Luther: The Man and His Work (New York: Century, 1910), p. 287.

2. Helmut Thielicke, The Ethics of Sex, trans. John V. Doberstein (Cambridge: J. Clarke & Co., 1964), pp. 79-144를 보라. 헬무트 틸리케, 《성 윤리학》(새물결플러스 역간).

3. 달라스 윌라드가 기독교인의 결혼과 이혼, 재혼 문제의 기독교적 기초에 대해 제공한 여러 가지 통찰에 많은 빚을 졌다.

4. 간단히 말해서, 에로스는 낭만적 사랑과 관계가 있고 아가페는 하나님의 사랑과 자비와 관계가 있다.

5. C. S. Lewis, Mere Christianity. C. S. 루이스, 《순전한 기독교》(홍성사 역간).

6. J. Allan Peterson, The Myth of the Greener Grass (Wheaton, Ill.: Tyndale House, 1983), p. 175에서 인용.

7. 마태복음 5장 32절과 19장 9절을 보라. 그리고 이 말씀과 마가복음 10장 11절, 누가복음

16장 18절을 비교해 보라. 그 본문에는 같은 말씀이 나오지만, 간음에 관한 예외 구절은 생략되어 있다. 이와 관련해 '그 구절이 그 가르침의 핵심을 흐리게 하기 때문에 후대에 생략되었다'라는 고려해 볼 만한 논쟁이 있다.

8. 이 비유는 C. S. 루이스에게서 빌렸다. *Mere Christianity*를 보라. C. S. 루이스, 《순전한 기독교》(홍성사 역간).

9. Charles R. Swindoll, *Strike the Original Match: Rekindling & Preserving Your Marriage Fire* (Eastbourne: Kings way Publications Ltd, 1983), p. 136.

chapter 9.

1. Ashley Montagu, *Touching: The Human Significance of the Skin*, 2nd ed. (New York: Harper & Row, 1978), p. 166. 애슐리 몬터규, 《터칭》(글항아리 역간).

2. Scanzoni, *Sexuality*, pp. 60-62.

3. Thielicke, *The Ethics of Sex*, p. 90. 헬무트 틸리케, 《성 윤리학》(새물결플러스 역간).

4. 엄밀히 말하면 '일부다처제'로 옮긴 'polygamy'라는 용어는 남성이나 여성 어느 한쪽이 여럿의 배우자를 소유하는 경우를 말한다('polyandry'는 일처다부제, 'polygyny'는 일부다처제를 뜻한다). 하지만 대부분의 사람이 'polygamy'를 일부다처제로 생각하며, 대부분의 문화권에서 실제로 일부다처제 형태로 나타나는 것이 현실이다.

5. Charlie Shedd, *Letters to Karen* (New York: Avon Books, 1978), pp. 61-69.

6. 최근에 헬라어 단어 "케팔레"를 '머리'가 아닌 '근원'으로 해석해 이 구절을 가지고 남편-아내 관계를 계층적 모델로 격하시키려는 시도가 있었다. 또한 "복종하다"(to submit)라는 동사가 22절에는 보이지 않는다. 단지 "너희의 남편에게 속한 아내들이여"라고 되어 있을 뿐이다. 그 동사는 분명히 21절에서부터 연결된 것이며, 이는 모든 그리스도인들에게 요구되는 복종을 말하는 것이다. 이에 관해 보다 심도 깊게 알고 싶다면, 다음 논문을 참고하라. Berkeley, Alvera Mickelsen, "The 'Head' of the Epistles," *Christianity Today*, 20 Feb. 1981, pp. 20-23.

7. 예를 들면 예수님도 이런 맥락의 원리를 사용하신 적이 있었다. "내가 율법이나 선지자를 폐하러 온 줄로 생각하지 말라"(마 5:17). 하지만 이 말씀을 하실 때까지의 가르침 내용으로 봐서는 율법과 선지자를 폐하기 위해 오셨다고밖에 볼 수 없었다! 예수님은 '과거와의 철저한 분리'에서 물러서지 않으면서, 자신의 가르침이 전통과 연결되어 있고 나아가 그 전통을 완성하고 있음을 보여 주신다. 바울도 에베소서의 이 구절에서 동일한 시도를 하고 있다.

8. Elizabeth Achtemeier, *The Committed Marriage* (Philadelphia: Westminster Press, 1976), p. 86.

9. Moloney, *A Life of Promise: Poverty, Chastity, Obedience*, p. 118.

10. C. S. Lewis, *The Four Loves* (London: Fontana Books, 1963), p. 140. C. S. 루이스, 《네 가지

사랑》(홍성사 역간).

11. Smedes, *Sex for Christians*, p. 169.

12. 간단히 말해서 '분별 집회'(meeting for clearness)란 모임은 개인이나 커플이 가진 관심사에 대해 그들이 하나님의 뜻을 분별하도록 돕기 위한, 영적 분별력이 있는 사람들의 모임이다. 우리는 모두 힘을 합쳐서 주님에게서 오는 '분명함'을 얻고자 노력하고 있다. 여기에서 가장 흔히 다루어지는 결정은 배우자 선택, 직업 선택이다.

13. C. S. Lewis, *Mere Christianity*, p. 102. C. S. 루이스, 《순전한 기독교》(홍성사 역간).

14. James B. Nelson, *Embodiment: An Approach to Sexuality and Christian Theology* (London: S. P. C. K., 1979), pp. 211-235. 이하의 통찰들도 넬슨 박사에게서 빚졌다.

15. James B. Nelson, *Embodiment: An Approach to Sexuality and Christian Theology* (London: S. P. C. K., 1979), p. 213.

16. 같은 책, p. 217.

17. 같은 책, p. 219.

18. 같은 책, pp. 220-221.

19. 같은 책, p. 222.

PART 3

chapter 10.

1. 다음의 상상은 아서 로버츠의 "금속 시대"(The Age of Metal)라는 시에서 빌린 것이다. Arthur Roberts, "The Age of Metal," in *Listen to the Lord* (Newberg, Ore.: Barclay Press, 1974), pp. 61-63.

2. Paul Tournier, *The Violence Within*, trans. Edwin Hudson (London: S. C. M. Press, 1978), p. 128.

3. J. R. R. Tolkien, *The Silmarillion* (London: Allen and Unwin, 1977), p. 8. J. R. R. 톨킨, 《실마릴리온》(씨앗을뿌리는사람 역간).

4. Cheryl Forbes, *The Religion of Power* (Grand Rapids, Mich.: Zondervan, 1983), p. 85.

5. 고린도전서 2장 8절은 다음과 같다. "이 지혜는 이 세대의 통치자들이 한 사람도 알지 못하였나니 만일 알았더라면 영광의 주를 십자가에 못 박지 아니하였으리라." "이 세대의 통치자들"이라는 말은 바울이 "권세들"에 대해 사용하던 말이다. 모든 주석가는 이 말이 인간사에 대한 것이 아니요, 지상을 초월한 실재에 대한 것이라는 점에 동의한다. 더 상

세하게 알고 싶다면 다음 책을 보라. Hendrik Berkhof, *Christ and the Powers*, trans. John Yoder (Scottdale, Penn.: Herald Press, 1962), chapter 2.

6. Walter Wink, *Naming the Powers: The Language of Power in the New Testament*, vol. 1 (Philadelphia: Fortress Press 1984), p. 5.

7. 고백교회(Berkennende Kirche)란 히틀러의 주구였던 제국의 주교 뮐러(Müller)가 교회를 지배하고자 하는 데 반대했던 독일의 그리스도인들이 세운 교회였다. 그들은 교회에 대한 국가의 우월성을 정면으로 반대하고 예수 그리스도의 주 되심을 고백하는 바르멘 선언을 1934년에 초안했다. 이 교회 지도자 가운데는 칼 바르트(Karl Barth), 마르틴 니묄러(Martin Niemöller), 디트리히 본회퍼(Dietrich Bonhoeffer)가 있었다.

8. Roselle Chartock and Jack Spencer, eds., *The Holocaust Years: Society on Trial* (New York: Bantam Books, 1978), pp. 132-136.

9. Brother Ugolino, *The Little Flowers*, pp. 44-45. 우골리노, 《성 프란체스코의 작은 꽃들》 (CH북스 역간).

10. John Woolman, *The Journal and Essays of John Woolman* (New York: Macmillan, 1922), p. 167.

11. Thomas E. Drake, "Cadwalader Morgan-Antislavery Quaker of the Welsh Tract", *Friends Intelligencer*, vol. 98, no. 36 (1941), p. 200에서 인용.

12. Tournier, *Violence Within*, p. 119.

13. Jacques Ellul, *The Technological Society* (New York: Alfred A. Knopf, 1970), p. xi에서 인용. 자끄 엘륄, 《기술의 역사》(한울 역간).

14. Wink, *Naming the Powers*, p. 130.

15. 같은 책, p. 86.

16. James Nayler, *The Lamb's War* (1658), in Hugh Barbour and Arthur Roberts, Early Quaker Writings (Grand Rapids, Mich.: Eerdmans, 1973), pp. 106-107.

17. C. S. Lewis, *The Screwtape Letters* (London: Fount Paperbacks, 1982), p. 17. C. S. 루이스, 《스크루테이프의 편지》(홍성사 역간).

18. George Fox, *The Journal of George Fox*, rev. John L. Nickalls (Cambridge: Cambridge University Press, 1952), p. 19.

chapter 11.

1. 이 문장은 내가 전에 가르쳤던 셰리 맥아담(Sherri McAdam)이라는 학생이 "영적 생활의 선구자들"이라는 과목 기말 시험에 쓴 문장이다.

2. Dietrich Bonhoeffer, *The Cost of Discipleship*, trans. R. H. Fuller (London: S. C. M. Press,

1964), p. 7.

3. Dietrich Bonhoeffer, *The Cost of Discipleship*, trans. R. H. Fuller (London: S. C. M. Press, 1964), p. 35에서 인용.

4. M. Scott Peck, *The Road Less Traveled* (New York: Simon & Schuster, 1978), p. 286. 스캇 펙, 《아직도 가야 할 길》(열음사 역간).

5. Moloney, *A Life of Promise: Poverty, Chastity, Obedience*, p. 128.

6. Aleksander I. Solzhenitsyn, *The Gulag Archipelago*, trans. Thomas P. Whitney (New York: Harper & Row, 1973)을 보라. 또한 Cheryl Forbes, *The Religion of Power*, p. 35도 보라.

7. Jürgen Moltmann, *The Power of the Powerless*, trans. Margaret Kohl (San Francisco: Harper & Row, 1983)을 보라.

8. Martin Hengel, *Christ and Power*, trans. Everett R. Kalin (Belfast: Christian Journals, 1977), p. 81.

9. Robert H. Schuller, *Self Esteem: The New Reformation* (Waco, Tex.: Word Books, 1982), p. 15.

10. Jean-Pierre de Caussade, *The Sacrament of the Present Moment*, trans. Kitty Muggeridge (London: Fount Paperbacks, 1981), p. 22.

11. James Dobson, *The Strong-Willed Child* (Wheaton, Ill.: Tyndale House, 1978), P. 76.

12. Myron Rush, *Management: A Biblical Approach* (Wheaton, Ill.: Victor Books, 1983), p. 13.

chapter 12.

1. Caussade, *Sacrament of the Present Moment*, p. 64.

2. *Christian Faith and Practice in the Experience of the Society of Friends*, London Yearly Meeting of the Religious Society of Friends, ed. (Richmond, Ind.: Friends United Press, 1973), no. 25.

3. 이 구절의 진실성이 논란이 되는 것을 나 역시 잘 알고 있다. 하지만 이 내용은 예수님의 다른 진술과 사도행전에 나타난 초대교회의 체험과도 일치한다.

4. Jacques Ellul, *Violence: Reflections from a Christian Perspective* (Oxford: Mowbray & Co. Ltd, 1978), p. 166.

5. Fox, *The Journal of George Fox*, p. 263.

chapter 13.

1. Michael Korda, *Success!* (New York: Random House, 1977), p. 4.

2. Donald P. McNeill, *Douglas A. Morrison, and Henri J. M. Nouwen. Compassion: A Reflection on the Christian Life* (Garden City, N. Y.: Image Books, 1982), p. 4.

3. Robert K. Greenleaf, *Servant Leadership: A Journey into the Nature of Legitimate Power and Greatness* (New York: Paulist Press, 1977).

4. McNeill, *Morrison and Nouwen*, Compassion, p. 35.

5. 같은 책, p. 40.

6. Charlie Shedd, *Promises to Peter* (Waco, Tex.: Word Books, 1970), pp. 17-59.

7. Richard J. Foster, *Celebration of Discipline* (London: Hodder and Stoughton, 1981), p. 110에서 인용. 리처드 포스터, 《영적 훈련과 성장》(생명의말씀사 역간).

8. 대략 추산한다면, 내가 기도하는 사람들 경우에 20퍼센트 정도는 감정적으로나 신체적으로나 병세에 전혀 차도가 없으며, 또 다른 20퍼센트 정도는 약간의 차도를 경험하고 있고, 약 50퍼센트 정도의 사람들은 뚜렷한 호전을 보였다. 나머지 10퍼센트 정도의 사람들은 극적으로 호전되거나 완치를 경험했다.

9. 이어지는 분석은 모두 헨리 나우웬에게 빚진 것이다. Henri Nouwen, *The Wounded Healer* (Garden City, N. Y.: Image Books, 1979), pp. 25-47을 보라. 헨리 나우웬, 《상처 입은 치유자》(두란노 역간).

10. 같은 책, p. 36. 헨리 나우웬, 《상처 입은 치유자》(두란노 역간).

11. 같은 책, pp. 43-46. 헨리 나우웬, 《상처 입은 치유자》(두란노 역간).

12. 같은 책, p. 45. 헨리 나우웬, 《상처 입은 치유자》(두란노 역간).

13. Greenleaf, *Servant Leadership*, p. 142.

14. "저 고독한 개인"(that solitary individual)은 키에르케고어의 표현이다. *Purity of Heart Is to will One Thing*이라는 책의 헌사에서 썼다.

15. 이 이야기를 각색한 판은 수없이 많지만 여기 실린 것은 Henri Nouwen, *The Wounded Healer* (Garden city, NY: Image Books, 1979), p. 25에서 가져온 것이다. 헨리 나우웬, 《상처 입은 치유자》(두란노 역간).

에필로그.

1. Foster, *Celebration of Discipline*을 보라. 리처드 포스터, 《영적 훈련과 성장》(생명의말씀사 역간).